JN424237

EDRS를 이용한

# 지능형 로봇 C++ 프로그래밍

남상엽 · 정완균 · 김주원 공저

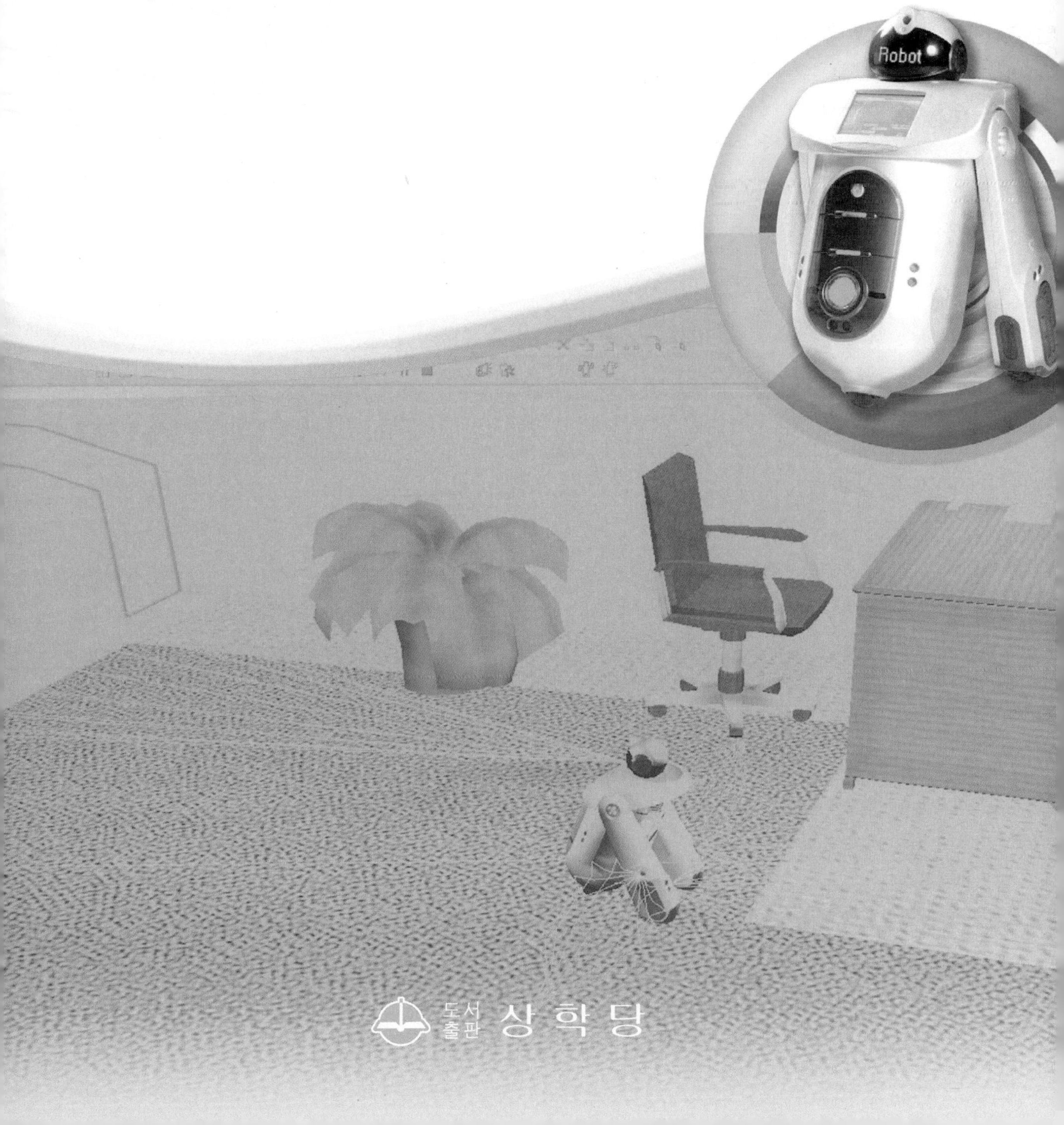


도서출판 상학당

# Preface

로봇의 정의에 대한 가장 교과서적인 모범답안은 과반수 로봇 전문가들이 다양한 작업 수행을 위해 프로그래밍이 가능한 다기능 매니퓰레이터(Schlussel, 1985)라고 했다. 즉 소프트웨어(S/W)로 제어되는 다기능 기계가 로봇이라는 뜻이다. 이처럼 소프트웨어의 탑재 여부는 지능을 갖춘 로봇과 일반 기계장비를 구분하는데 중요한 기준이다.

로봇을 제어하는 소프트웨어는 현대 로봇의 역사와 함께 시작되었다.

초창기 산업용 로봇은 로봇 팔의 위치・속도・타이밍을 적절히 맞추기 위해 어셈블리나 C언어로 일일이 프로그램을 짜는 불편한 작업이 필요했다. 그나마 로봇 제조사마다 제어방식이 다른 까닭에 로봇 소프트웨어도 호환성이 떨어졌다. 당연히 서로 다른 회사의 로봇 장비를 혼용하기란 매우 어려웠지만 각 로봇 회사의 기술자들이 밤새워 프로그램 작업을 해준 덕택에 자동화 생산 라인은 그러저럭 돌아갔다.

많은 로봇 연구실에서 새로운 로봇 플랫폼을 개발할 때도 소프트웨어는 큰 문제가 되지 않았다. 어차피 연구용 로봇이란 한 두대 만들어서 기술력만 인정받으면 됐기에 로봇 소프트웨어를 어떻게 짜든지 확장성이나 호환성은 고려대상이 아니었다.

결국 로봇 소프트웨어의 종류는 세상의 로봇 기업 숫자만큼 계속 늘어났고 로봇 산업의 발전에 심각한 걸림돌로 작용하기 시작했다. 결국 2000년 이후 지능형 로봇 분야에서도 새로이 통합된 소프트웨어 플랫폼을 만들려는 움직임이 본격화 되었다.

로봇은 전기, 전자, 기계, 자동화, 전산 등의 복합기술이 총 망라된 첨단기술의 산물이지만, 특히 지능형 로봇은 인공지능과 신경회로망, 퍼지이론, 음성과 화상인식기술, 마이크로프로세서와 모터의 제어, 센서 사용 등 다양한 기술이 접목되는 첨단 기술체이며, 인간이 로봇에게 명령을 내리거나 로봇으로부터 인간이 정보를 전달받기 위하여 명령을 전달하기 위한 각종 입력기구와 로봇을 연결하고, 로봇이 작업하는 환경의 여러 가지 정보(즉, 오감을 느끼는 시각, 촉각, 역각, 위치감, 청각 등)를 인간에게 전달시키게 된다.

그러므로 로봇 기술의 기반이 물리학, 화학 등 기초과학 분야에서 기계공학, 전자공학, 소재공학 등의 응용학문까지 범위가 다양한 복합기술이기 때문에 산학연 및 정부가 체계적이고 전략적으로 육성해나가야 하는 산업이라 할 수 있다. 이에 따라 우리나라 정부에서도 21세기 유망지식기반산업의 하나로 로봇 산업을 선정하여 이를 중점 육성하고 있는 실정이다.

이러한 유비쿼터스의 로봇 시대에 맞추어 적용될 요소의 기초 로봇 제어 프로그래밍 기술이 필요해짐에 따라 《EDRS를 이용한 지능형 로봇 C++ 프로그래밍》을 구성하여 발

# Preface

간하게 되었다.

이 교재에서는 지능형 로봇 시뮬레이터를 이용하여 C++ 언어를 처음 접하는 사람이라도 쉽게 따라 할 수 있도록 단계별로 간단한 예제와 함께 각 실습에서 사용하는 함수들에 대한 사용방법과 코드들을 나타내었다. 함수들과 프로그램 흐름에 대한 간략한 설명, 그리고 각 함수들이 쓰이는 목적, 용도 등을 생각하며 순서에 맞게 따라서 하면 각 장별로 실습목적에 부합하는 프로그램 작성과 함께 지능형 로봇 플랫폼의 제어가 쉽게 다가올 것이다. 각 실습에서 작성된 프로그램들은 프로그램 언어에 대하여 문외한, 혹은 입문자를 기준으로 작성하였으므로, 어느 정도 숙달된 사람들에 있어서는 너무 쉽게 보일 수도 있으나, 그런 만큼 다른 각도에서의 C++ 프로그래밍을 통하여 지능형 로봇 시뮬레이터(EDRS)를 더욱 능숙하게 제어하길 바란다. 이 교재는 시중에 나와 있는 C++ 프로그램 언어에 대한 전문적인 해설이나 설명을 하는 교재가 아닌, 지능형 로봇 응용 시스템의 제어를 위한 프로그래밍 기법을 되도록이면 쉽게 접근하고 사용할 수 있도록 하는 목적으로 작성된 교재이므로, 보다 깊은 이해와 응용을 하고자 한다면 C++ 언어에 대한 별도의 공부가 필요할 것이다. 특히 새로운 시대의 변화에 발맞추어 이론만 구현되던 기초 지능형 로봇 제어를 C++ 프로그램을 통하여 로봇 이론과 제어실습을 동시에 시뮬레이션을 할 수 있고 지능형 로봇은 각종 지능형 로봇 시뮬레이터 대회에서 사용되는 로봇의 시뮬레이션을 위한 준비서로써 활용에 만전을 기할 수 있다.

지능형 로봇 산업의 차세대 엔진으로 성장할 수 있는 기초 로봇 제어들의 제어이론과 지능형 로봇의 동작원리 및 특성들을 시뮬레이션을 통하여 구현함으로써 앞으로 좀 더 고차원적인 제어이론과 지능형 로봇을 공부하는 데 바탕이 된다.

이 교재는 지능형 로봇의 기초가 되는 제어소자와 제어 프로그램의 기초이론에 근거를 둔 응용회로를 공부하고 실험을 통해 이론을 증명하는 형태로 구성되어 있다. 단지 일반 로봇 구조의 책처럼 깊이 있는 내용보다는 쉽게 이해할 수 있도록 구성하였으므로 좀 더 깊이 있고 보다 전문적인 내용은 이 교재를 통하여 개념을 이해하고 추가적인 참고서적을 통하여 학습하는 것이 효과적일 것이다.

이 교재는 지능형 모바일 로봇 플랫폼(ED-7271, 7272, 7237)과 병행하여 로봇, 컴퓨터, 전자, 제어, 통신분야의 관련 학생 및 초보개발자를 대상으로 한 기초 로봇 제어에 대한 기본학습 및 실습을 위한 C++ 프로그램 교재로, 처음 기초 로봇 제어 및 로봇 구조의 응용을 접하는 학생에게 쉽고 빠르게 접근할 수 있도록 초점을 맞추었으므로 기초 지능형 로봇 및 제어이론의 작동원리에 대한 이해와 C++ 프로그래밍 감각을 키우는 데 부족함이 없을 것이라 생각된다.

이 교재의 주요 구성은 다음과 같다.

제I부에서 지능형 로봇 제어로 1장은 지능형 로봇 개요 소프트웨어, 2장은 지능형 로봇이란, 3장은 지능형 로봇의 구조, 4장은 지능형 로봇 제어 시뮬레이터의 개요 및 특징으로 구성되어 있다.

제II부에는 지능형 로봇 제어 프로그래밍으로써 5장은 모터 Actuator의 이해와 제어, 6장은 센서의 이해와 제어, 7장은 EDRS를 활용한 로봇 제어 심화 실습으로 구성되어 있다.

끝으로 이 책을 집필하는 데 많은 도움을 주신 (주) ED의 박용후 사장님, 김석중 이사님, 이효영 차장님 그리고 기술연구소의 김덕수 연구소장님, 지능형 로봇팀 등 관계자 여러분과 도서출판 상학당의 관계자 여러분에게 감사의 마음을 전한다.

어떤 일이든 첫발을 내딛고 개척하는 것이 가장 힘든 일일 것이나 그 어려움을 극복하고 얻는 것이 무엇보다 값진 결실이 될 것이다. 아직은 열악하고 힘든 개발환경이지만 이 책이 보다 많은 지능형 로봇 프로그래밍 제어 관련 인력양성에 힘이 되어주길 바란다.

저 자 씀

# Contents

# Contents

PART

# I

# 지능형 로봇 개요

# 01장 지능형 로봇 제어 소프트웨어



## 01 지능형 로봇 제어 소프트웨어의 개요

### 1-1 지능형 로봇 제어 소프트웨어

로봇의 정의에 대한 가장 교과서적인 모범답안은 과반수 로봇 전문가들이 다양한 작업 수행을 위해 프로그래밍이 가능한 다기능 매니퓰레이터(Schlussel, 1985)라고 했다. 즉 소프트웨어로 제어되는 다기능 기계가 로봇이라는 뜻이다. 이처럼 소프트웨어의 탑재여부는 지능을 갖춘 로봇과 일반 기계장비를 구분하는데 중요한 기준이다.

로봇을 제어하는 소프트웨어는 현대 로봇의 역사와 함께 시작됐다.

초창기 산업용 로봇은 로봇팔의 위치 · 속도 · 타이밍을 적절히 맞추기 위해 어셈블리나 C언어로 일일이 프로그램을 짜는 불편한 작업이 필요했다. 그나마 로봇 제조사마다 제어방식이 다른 까닭에 로봇 소프트웨어도 호환성이 떨어졌다. 당연히 서로 다른 회사의 로봇 장비를 혼용하기란 매우 어려웠지만 각 로봇 회사의 기술자들이 밤새워 프로그램 작업을 해준 덕택에 자동화 생산 라인은 그럭저럭 돌아갔다.

많은 로봇 연구실에서 새로운 로봇 플랫폼을 개발할 때도 소프트웨어는 큰 문제가 되지 않았다. 어차피 연구용 로봇이란 한 두대 만들어서 기술력만 인정받으면 되었기에 로봇 소프트웨어를 어떻게 짜든지 확장성이나 호환성은 고려대상이 아니었다. 결국 로봇 소프트웨어의 종류는 세상의 로봇 기업 숫자만큼 꾸역꾸역 늘어났고 로봇 산업의 발전에 심각한 걸림돌로 작용하기 시작했다.

중소 로봇 기업들은 갈수록 복잡해지는 로봇 소프트웨어 수요를 따라잡는데 인력과 시간, 예산의 한계에 부딪혔다. 새로운 로봇 제품을 개발할 때마다 다른 회사에서 이미 완성한 소프트웨어 코드를 사용 못하고 처음부터 프로그램을 다시 하는 악순환이 거듭됐다. 마치 각 개인이 인터넷 접속을 위해 직접 웹브라우저를 개발하고 문서작성을 하려고 워

드프로그램까지 만들어야 하는 듯한 상황이었다. 이 같은 소프트웨어 부문의 비효율성 때문에 가끔 TV뉴스에서 나오던 신기한 로봇 제품의 상용화는 극히 지지부진했다. 반면 소프트웨어 표준이 마련된 PC와 인터넷은 지구차원의 폭발적 성장세를 거듭했다.

결국 2000년 이후 지능형 로봇 분야에서도 새로이 통합된 소프트웨어 플랫폼을 만들려는 움직임이 본격화됐다.

## 1-2 해외의 지능형 로봇 제어 소프트웨어

일본과 유럽의 경우 정부주도의 로봇 소프트웨어 개발이 활발하다. 문제는 산업용을 제외한 지능형 로봇의 출시가 활발하지 못해 수준 높은 로봇 S/W 규격이 개발돼도 산업계 파급속도가 느리다는 것이다.

미국은 거대한 로봇 시장과 R&D 수요를 바탕으로 Saphira, TCA, Player/Stage 등 다양한 로봇 소프트웨어 플랫폼이 일찍 개발되어 상용화되고 있다.

미국의 에볼루션 로보틱스(ER)사는 2004년 ERSP라는 모바일 로봇 소트웨어 개발 툴을 선보여 로봇 개발자들의 호평을 받았다. 에볼루션 외에도 모바일 로봇이나 컴퓨터 비전에 대해 연구하고 있는 기업들이 있다. 여기에는 컴퓨터 비전 전문기관인 Tyzx와 포인트 그레이 리서치를 비롯해 로봇 제조업체인 아이로봇과 액티브미디어 로보틱스 등이 포함된다.

포인트 그레이 리서치는 에볼루션의 시스템이 이 분야의 돌파구 역할을 한다. 이로 인해 내비게이션 가격이 훨씬 더 저렴해질 뿐 아니라 성능도 훨씬 좋아질 것이라는 점에서 이는 매우 중요하다.

### 1) 에볼루션 로보틱스(ER)사의 ERSP

ERSP는 그동안 고도의 기술력이 필요했던 비전기반의 모바일 로봇 제어를 간단한 프로그램 작업으로 구현해 지능형 로봇 개발에 널리 사용되고 있다. 캘리포니아 파사데나에 있는 에볼루션 로보틱스는 자사의 기술을 이용하면 로봇들의 가격이 50달러 미만인 휠 센서와 웹캠을 기반으로 주위환경에서의 자신의 상대적인 위치를 결정할 수 있게 된다.

현재 가격이 레이저 레인지 파인더에 의존하고 있는 현재의 로봇 내비게이션 시스템 가격에 비해 몇 분의 1밖에는 되지 않는 저렴한 가격이다. 레이저 레인지 파인더의 가격은 5000달러 정도이다. 에볼루션 로보틱스는 상대적으로 저렴한 시스템을 통해 과거에는 상상도 할 수 없었던 전혀 새로운 제품들이다.

vSLAM(visual Simultaneous Localization And Mapping)이라는 이 시스템은 로봇의 바퀴을 통해 움직이는 거리와 방향, 그리고 시스템에 내장된 카메라와 소프트웨어가 구별해내는 물체 등을 이용해서 특정 공간의 지도를 그려낼 수가 있다. 이 기술이 탑재된 로봇은 자신이 있는 위치를 유추해내기 위해서 자신의 바퀴에서 얻은 데이터와 카메라 이미지로부터 얻은 데이터를 이용하게 된다. 이 시스템을 사용하려면 먼저 로봇을 사용할 환경을 일차적으로 한 번 돌아다니면서 '훈련'시켜야 하지만, 이 시스템은 그 후 가구의 위치가 바뀌었다든지 하는 변화가 있을 때 자신의 지도를 업데이트할 줄도 안다. 이 로봇이 장애물과 충돌하는 것을 피하려면 이 밖의 다른 센서도 필요하다.

그러나 일단 필요한 센서가 설치되면 vSLAM을 내장한 로봇은 자신이 가려던 맨 처음 경로를 바꾸면서도 목적지까지 도달할 수 있다. 이 로봇들은 자신의 경로를 재조정하면서 목적지까지 포기하지 않고 계속 갈 수 있다.

내비게이션 시스템을 보안용 로봇 및 공장 로봇 제조업체와 같은 산업 주자들과 소비자 모두에게 판매할 수 있다.

VSLAM을 이용해서 만들 수 있는 소비자 중심적인 로봇에는 진공청소기와 가정보안용 로봇, 모바일 화상회의 로봇, 오락기기 로봇 등이 있다. 에볼루션은 일본의 장난감 제조사인 반다이와 계약을 맺었다. 반다이는 파워 레인저와 디지몬 제품들을 만드는 회사다. 에볼루션은 반다이가 자사의 내비게이션 시스템과 에볼루션에서 라이선스하는 여러 가지 다른 종류의 로봇 기술을 이용해서 고양이처럼 생긴 로봇을 만든다. 여기서 말하는 기술이란 인간과 로봇 사이에 서로 상호작용이 가능하게 하거나 로봇 성격을 만들어내는 일에 초점을 맞추는 것 등이다.

에볼루션은 ER2라고 하는 개인용 로봇을 소개한다. 이 로봇은 한 개의 카메라 눈과 귀같이 생긴 돌출부, 그리고 흉부에는 비디오 스크린이 달린 이 작고 딱벌어진 체격의 로봇은 vSLAM 기술을 내장하고 있어서 가정보안부터 어린이들과 함께 책읽기를 한다든지 아니면 화상회의에 이르는 다양한 업무를 수행할 수가 있다.

최근 로봇의 '뇌' 속에 스테레오 카메라 여러 대와 3D 컴퓨터 그리드 한 개를 넣어서 만든 내비게이션 시스템을 개발해냈다.

### (1) ERSP 내비게이션

ERSP 3.1의 내비게이션 기술은 로봇이 일반 웹 카메라를 주 센서로 사용하여 완전히 자율적으로 행동하고 환경 내에서 안전하게 이동할 수 있게 하는 다양한 기능을 제공한다.

구체적으로 로봇은 ERSP 내비게이션으로 다음 기능을 할 수 있다.

- 환경 내에서 위치에 대한 지식을 가지고 이동
- 환경에 대한 지도작성
- 목적지에 도달하는 효율적인 경로 계획수립
- 배터리 충전을 위해 충전대를 찾아서 접속
- 장애물과 위험물 회피

내비게이션 API는 원격작동, 장애물 회피, 표적추적, 위치측정, 매핑 및 경로 계획수립을 위한 모듈을 비롯하여 로봇의 이동을 제어하는 기능에 액세스할 수 있게 한다.

① vSLAM®

vSLAM을 갖춘 로봇은 시각측정을 사용하여 지도를 작성하고 나중에 그 지도를 사용하여 시각적 형태를 인식하여 자기위치를 정함으로써 이전에 모르던 환경에서 작동할 수 있다.

vSLAM이 생성한 지도는 로봇이 주변환경을 탐색하면서 시각적 측정값과 주행기록 데이터를 사용하여 생성하는 독특한 일련의 랜드마크들로 구성된다.

각 랜드마크는 주어진 로봇의 위치와 방향으로부터 취한 인식 가능한 이미지로 구성된다. 정교한 센서 데이터 처리방법과 특허 계류중인 ER 비전을 활용하기 때문에 vSLAM 기능은 조명의 변화, 움직이는 사람 및 물체의 이동에 의해 쉽게 영향을 받지 않는다.

새로운 지역이나 환경으로 들어갈 때 로봇이 그 지역의 기존 지도를 로드하거나 즉시 새로운 랜드마크와 맵을 작성하기 시작할 수 있다. 새로운 환경에서 첫째 랜드마크는 처음으로 포착된 시각적 랜드마크를 상대로 한 로봇의 위치와 방향에 대한 추정값으로 작성된다. 그런 다음 로봇은 계속 이동하면서 이전의 랜드마크를 탐지하고 새로운 랜드마크를 작성하며 해당 지도를 사용하여 주행기록을 수정한다.

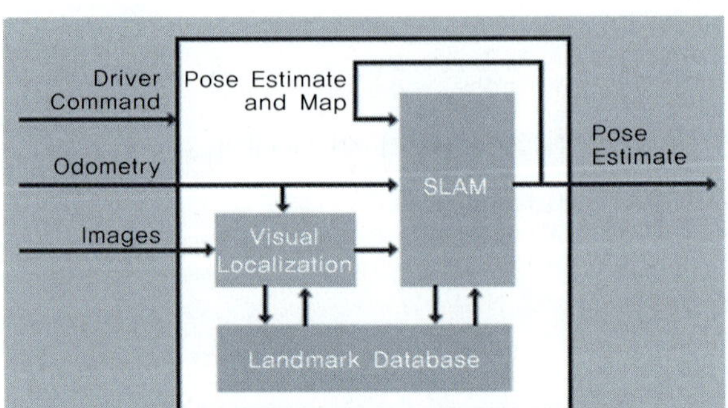


[그림 1-1] vSLAM의 블록도

vSLAM이 로봇에 제공하는 가장 중요한 능력의 하나는 로봇이 "유괴되었을 때" 즉 들어서 모르는 위치로 이동하였을 때 복구하는 능력이다. 유괴가 탐지되면 vSLAM은 자신의 위치를 재지정(자신의 위치를 회복)할 때까지 랜드마크 업데이트와 새 랜드마크 작성을 중단한다. 유괴가 탐지되지 않을 경우에는 로봇은 시각측정이 이루어지면서 시스템에 의해 자동으로 교정된다. vSLAM은 로봇 유괴에 대한 최초의 건실한 해결방안을 제공한다.



② 경로 계획수립

경로 계획수립은 2가지 방법으로 달성할 수 있다. 사용자가 경로를 요청할 수 있고 로봇은 주변환경 내에서 돌아다니는 동안 수집한 지점과 장애물에 대한 지식을 사용하여 하나를 선택할 것이다. 경로 계획수립은 vSLAM과 함께 사용할 경우에 최적화될 수 있다.

③ 장애물 및 벼랑 회피

장애물 회피 기능은 로봇이 지속적으로 장애물을 탐지하고 장애물을 회피하기 위한 국지 경로를 계산하게 한다. 벼랑/계단 회피 기능은 로봇의 안전한 이동을 위해 위험한 상황에 대해 반사적으로 반응하게 한다.

④ 답 사

답사 기능은 로봇이 모르는 환경에서 안전하게 돌아다닐 수 있게 한다. vSLAM과 장애물 및 벼랑/계단 회피와 더불어 이 기능은 강력한 자율적 지도작성 수단을 제공한다.

⑤ 점유 그리드

점유 그리드는 로봇 주변의 환경을 점유공간과 자유공간으로 모델화한 2차원 지도를 섬세한 그리드를 사용하여 나타낸다. 점유 그리드는 로봇을 원격제어하고, 장애물과 경로

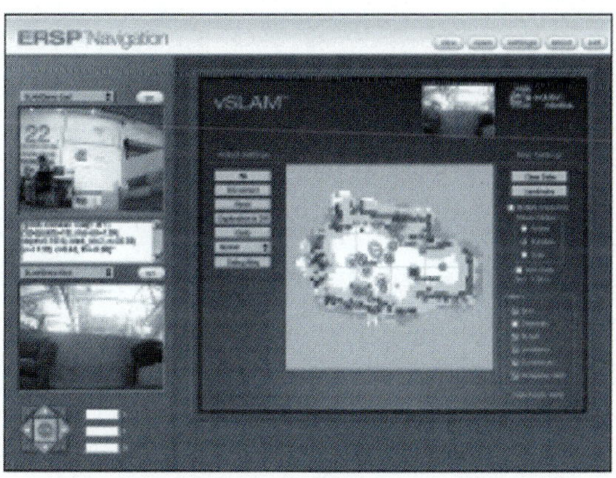


[그림 1-2] 내비게이션 응용사례

에 대한 과거의 사진과 실황 사진을 제공하는데 유용하다. 또한 로봇은 점유 그리드를 사용하여 기존 vSLAM 지도에서 알려진 장애물의 과거 사진을 유지한다.

### (2) ERSP 비전

ERSP 비전은 로봇이나 장치가 조명과 물체 배치가 제어되지 않는 실세계 환경에서 2차원 및 3차원 물체를 인식할 수 있게 한다.

비전 API는 매우 강력한 컴퓨터 비전 알고리즘에 액세스할 수 있게 한다. 이 알고리즘은 카메라 이미지를 분석하여 물체인식, 동작탐지 또는 피부탐지와 같은 다양한 작업을 위해 사용할 수 있는 정보를 추출할 수 있다. 성능 및 특성은 다음과 같다.

- 인식 대상의 특성에 따라 좌우되는 80~100%의 인식률 광범위한 보기각도, 렌즈 왜곡, 이미지 소음 및 조명상태에서 제대로 작동한다.
- 패턴의 큰 부분(90%까지)이 다른 개체에 의해 시야가 차단된 경우에도 제대로 작동하고 동시에 여러 개체를 인식할 수 있다.
- 전산 요건의 상당한 증가 없이도 수백 또는 심지어 수천 개의 시각적 패턴을 가진 데이터베이스를 취급할 수 있다(계산의 규모는 패턴의 수에 따라 대수적으로 변화한다).
- ViPR은 1400MHz PC를 사용하여 초당 약 14~18 프레임의 속도로 208×160픽셀 이미지를 처리할 수 있다.

### (3) ERSP 인터액션

인터액션 모듈은 풍부한 인간-로봇 인터페이스를 개발하기 위한 다양한 구성요소 기술을 제공한다. 이 구성요소들은 로봇이나 장치의 지휘통제를 위한 인터페이스를 지원하며 그 내부 상태에 대한 피드백을 제공할 수 있게 한다. 이 구성요소들은 로봇이 독창적이고 흥미로운 방식으로 상호작용할 수 있게 한다. ERSP 인터액션 기술은 다음과 같이 구성된다.

- 대화를 위한 음성인식 및 텍스트-음성 변환(TTS)
- 재미있고 즐거운 사람같은 로봇의 성격을 만들기 위한 로봇 감정 및 개성
- 사람 탐지 및 사용자가 고개를 흔드는 것과 같은 단순한 제스처의 인식

### (4) ERSP 아키텍처

ERSP 아키텍처는 로봇의 하드웨어 및 소프트웨어 구성요소들을 통합하기 위한 핵심적인 기반구조와 시스템을 제공한다. 소프트웨어 아키텍처는 모든 소프트웨어 구성요소들

을 상호간에 그리고 로봇 하드웨어와 통합하기 위한 일련의 API를 제공한다. 기반구조는 하드웨어를 다루고 결정을 내리고 로봇을 제어할 수 있는 태스크 달성 모듈을 구축하고 이 모듈들의 조정과 실행을 결집하고 시스템 자원에 대한 액세스를 제어하기 위한 API로 구성된다.

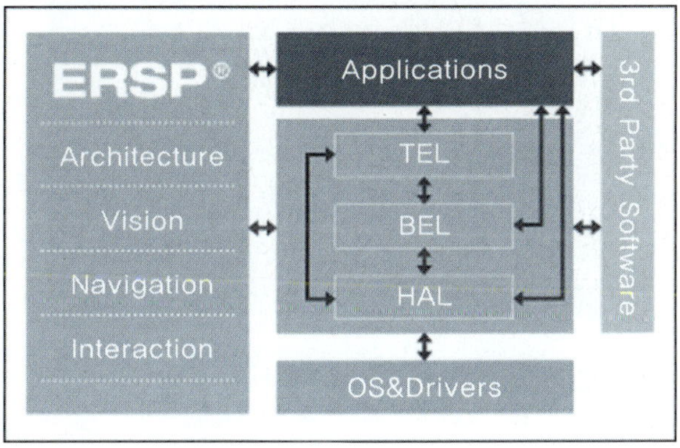


[그림 1-3] ERSP 구조

이 아키텍처는 하드웨어 관리를 위한 3개의 주 계층이 있어 여러 애플리케이션이 사용할 행동을 만들고 목적 지향의 작업이나 애플리케이션을 개발한다.

① 하드웨어 추상계층

하드웨어 추상계층(HAL)은 로봇과 애플리케이션간의 하드웨어 및 운영체제 종속성을 제거한다. 이에 따라 아키텍처와 애플리케이션 프로그램의 이식성이 보장되므로 한 로봇을 위한 코드를 다음 세대의 제품에 사용할 수 있으며 따라서 엔지니어링 자원이 확장된다.

- 자원
- 자원관리자
- 하드웨어 인터페이스
- 장치지원

② 행동 실행계층

행동 실행계층(BEL)은 감지, 결정 및 자율행동을 위해 사용되는 모듈과 기반구조로 구성된다.

- 행동
- 행동 인터페이스

• 행동 실행

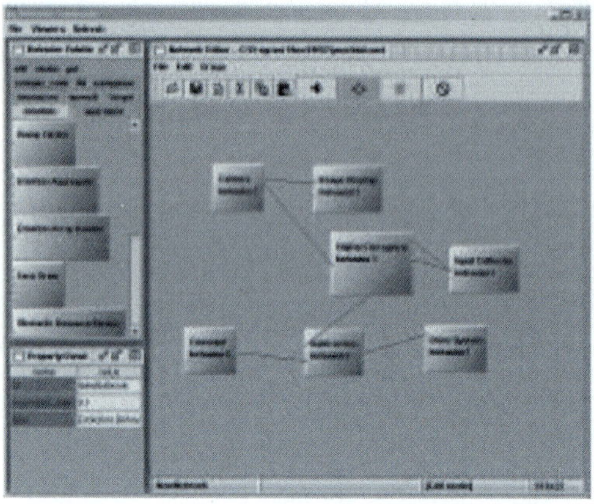

[그림 1-4] Behavior Composer

ERSP 3.1은 다양한 로봇 애플리케이션을 위해 유용한 75가지 이상의 정의된 행동과 함께 제공된다. 행동의 종류에는 드라이버, 인지, 태스크 달성, 행동조정, 집합, 내비게이션, 감정 및 입출력이 포함된다.

• ObjRecRecognize
• SafeDriveSys
• A/VClient
• MalleableBehavior
• FaceDrive

③ 태스크 실행계층

태스크 실행계층(TEL)은 고차원의 목표 지향적 프로그래밍 방법과 BEL에 대한 인터페이스를 제공한다. 태스크의 한 예는 로봇이 방을 두루 다니면서 물체를 찾아서 집어올리는 것이다. 기능 구성을 사용하여 태스크들의 순서를 정하고 결합함으로써 사용자는 표준절차 유형에서 코드를 작성하면서 로봇이 실행할 융통성 있는 계획을 수립할 수 있다.

• 태스크
• 태스크 인터페이스
• 이벤트

[그림 1-5] ERSP의 비전 툴의 응용 예제

### 2) 미국 TYZX의 DeepSea G2

미국 TYZX사에서 개발된 DeepSea G2라는 스테레오 매칭 시스템은 VGA급 CMOS 카메라를 사용하고 있으며, census transform을 사용하여 계산량을 줄이면서 스테레오 매칭을 초당 200프레임 정도의 고속으로 처리할 수 있는 기능을 가지고 있다.

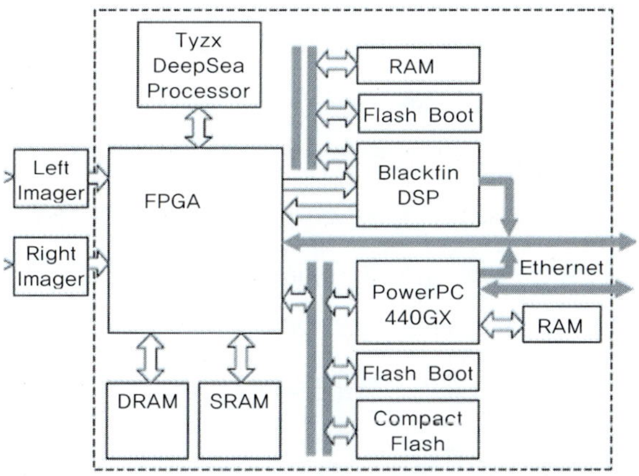


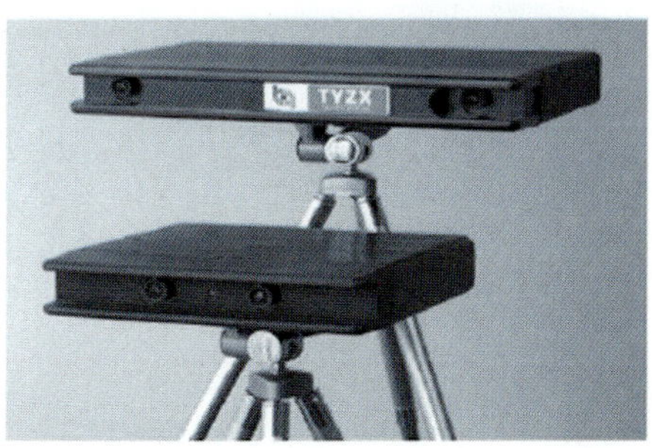


[그림 1-6] TYZX사의 스테레오 매칭 시스템

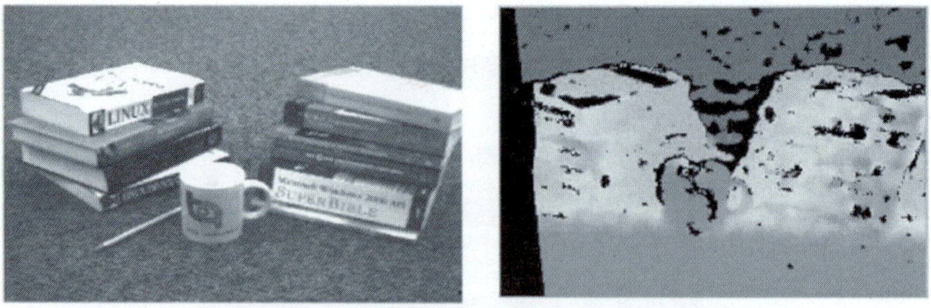

[그림 1-7] TYZX사의 스테레오 영상결과

[그림 1-6]은 DeepSea G2의 하드웨어 구성과 스테레오 카메라의 사진을 나타내며 임베디드 프로세서(Power PC), Tyzx DeepSea 칩, DSP 그리고 FPGA로 구성된다.

[그림 1-7]은 DeepSea G2 시스템을 이용한 실제 영상과 스테레오 매칭 결과에 의한 실시간 depth 이미지를 나타낸다. 또한 TYZX사에서는 스테레오 비전 시스템의 응용 소프트웨어 패키지로 사람추적과 장애물 검출 및 제스처 인식 소프트웨어를 함께 제공하고 있다.

### 3) 캐나다 Point Grey Research

캐나다 Point Grey Research사의 bumblebee라는 스테레오 비전 카메라 시스템은 스테레오 비전 분야에서 현존하는 최고의 선도기술로 평가되고 있다.

Bumblebee는 1/3″고성능 CCD 카메라를 사용하고 있고, QVGA급에서 초당 2~3프레임을 처리하고 있으며, [그림 1-8]과 같은 스테레오 카메라를 사용하고 있다. 카메라 캘리브레이션 오차는 0.05픽셀 이하로 상당히 정교한 카메라 캘리브레이션 성능을 가지고 있다. 교정된 좌/우 영상을 IEEE1394를 통해 PC에서 수집한 후 PC에서 SAD 알고리즘을 이용해 스테레오 정합을 소프트웨어로 구현하고 있다.

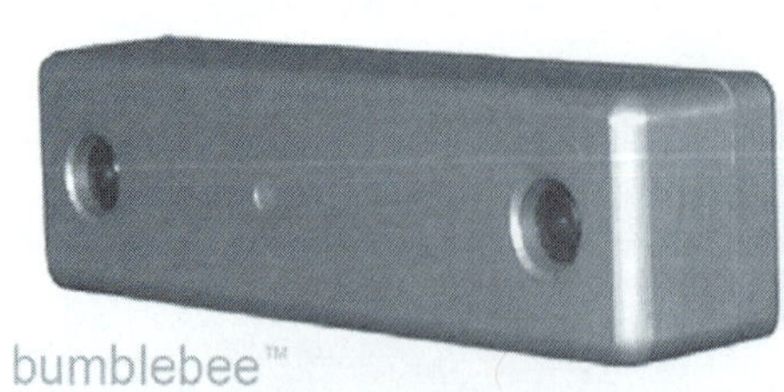


[그림 1-8] Point Grey Research사의 스테레오 카메라 사진

Maximum disparity는 64~230까지 지원하며 [그림 1-9]는 bumblebee 시스템을 이용한 실제 영상과 스테레오 매칭 결과에 의한 3차원 depth 이미지를 나타낸다. Point Grey Research사에서도 스테레오 매칭결과를 이용해 사람추적, 제스처 인식 등의 다양한 응용 소프트웨어를 제공하고 있다.

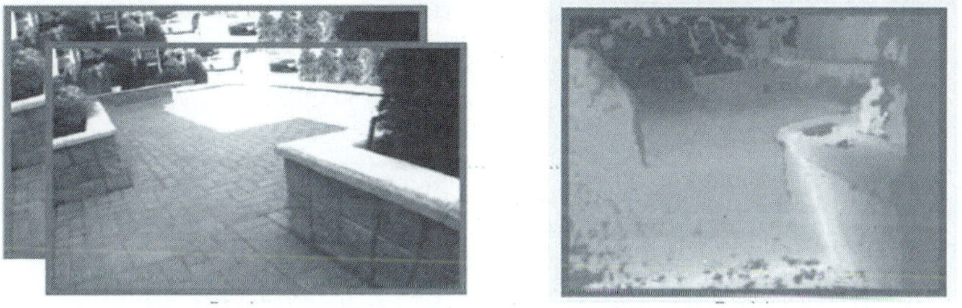

(a) Raw Images (b) Depth Image

[그림 1-9] Point Grey Research사의 스테레오 영상 결과

## 4) 미국 Videre Design

캐나다 Point Grey Research사에서 제작 공급하고 있는 스테레오 비전 카메라 시스템과 비슷한 저가형 제품으로 미국의 Videre Design사의 STHMDCS 제품이 있다. 저가격화를 위해 30만 화소의CMOS 카메라를 채택하고 있고 QVGA급에서 초당 16~17프레임을 처리하고 있으며 두 대 카메라 사이의 거리(base line)를 가변적으로 조정할 수 있는 제품을 출시하고 있다.

[그림 1-10]은 STH-MDCS 제품 사진이며 Point Grey Research사와 마찬가지로 IEEE1394 I/F를 통해 PC로 한 쌍의 영상을 전송하고 PC에서 스테레오 정합 기능을 구현하고 있다.

[그림 1-11]은 STH-MDCS 시스템을 이용한 실제영상과 disparity image 결과이다.

또한 Videre Design사에서는 기존 제품과는 달리 STOC라는 모듈이 장착된 [그림 1-12]와 같은 블록의 제품을 출시하고 있는데, 이는 disparity image 생성을 비교적 작은 용량의 FPGA를 이용해 하드웨어로 구현한 제품이다.

[그림 1-10] Videre Design사 스테레오 카메라 사진

[그림 1-11] Videre Design사의 스테레오 영상결과

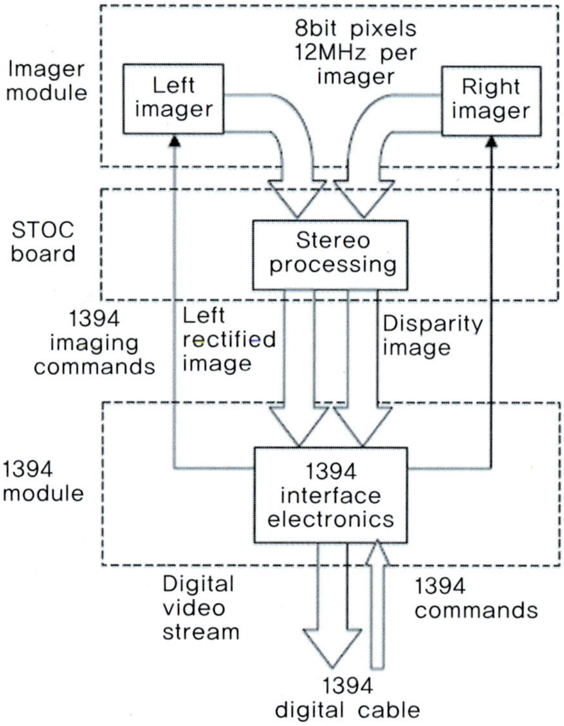


[그림 1-12] Videre Design사 STOC 제품 구성도

### 5) MS 로보틱스 스튜디오

MS는 윈도우 전용의 로봇 S/W 개발툴인 'MS 로보틱스 스튜디오(MSRS)'를 발표하면서 로봇 시장에 진출했다. MSRS는 PC시장에 이어 로봇 시장에도 윈도우 OS를 보급하려는 MS의 전략적 포석이다. 일부 전문가들은 MSRS의 기술수준이 생각보다 높지 않고 미국, 한국기업을 제외하면 채택사례도 거의 없다며 냉소적이다.

그러나 과거 MS-DOS, 윈도우 OS도 꾸준한 성능개선과 마케팅 공세로 결국 세계시장을 석권한 전례를 볼 때 MSRS가 로봇 S/W 시장의 표준을 주도할 가능성은 적지 않다. MS는 특히 한국을 가장 중요한 로봇 S/W 해외시장으로 보고 국내 MS개발자 10만여명에게 MSRS를 보급시켜 1인 1로봇 개발시대를 앞당긴다는 계획이다.

2010년경이면 미니홈피를 관리하듯 일반인도 MSRS로 손쉽게 로봇기능을 짜맞추는 시기가 온다. 로봇 S/W개발의 대중화는 국내 로봇 산업활성화에 기폭제가 될 것이다. 특히 MS가 로봇 시장진출에 대해 너무 국수적으로 배척할 필요도 없지만 맹목적 추종도 곤란하다.

MS와 같은 공룡기업이 로봇 S/W 시장에 진출하면서 PC시장에 이어 로봇 분야도 독과점이 우려된다. 외산 로봇 S/W의 장점은 취하고 우리가 앞설 수 있는 분야에 개발역량을 집중시켜 로봇 S/W의 국제경쟁력을 높여가야 한다. 과거 PC와 인터넷 보급에서 S/W 표준이 미친 영향을 거론하면서 한국이 로봇 S/W 표준을 신속히 확립하는 것이 지능형 로봇 시장을 선점하는 지름길이다.

## 1-3 국내의 지능형 로봇 소프트웨어 현황

우리나라 최초의 지능형 로봇 소프트웨어 개발은 지난 2001년 산자부 주도로 처음 시작되어 경쟁국과 비교해도 앞선 편이다.

지능형 로봇 소프트웨어 분야는 미국, 일본도 최근에야 본격적인 사업화를 시작했기 때문에 한국과 기술격차가 크지 않다. 완성도 높은 국산 지능형 로봇 소프트웨어 플랫폼이 등장할 경우 로봇 산업이 서비스, 콘텐츠 중심으로 바뀌면서 외국에 경쟁우위를 확보하는 계기가 될 것으로 평가된다.

지능형 로봇 개발시 중복투자와 시간, 사업 리스크도 크게 줄이는 효과도 기대된다.

한국 지능형 로봇 소프트웨어 분야의 최대 취약점으로 전문인력의 부족을 지적한다. 로봇 공학자들은 로봇을 제어하는 고급 소프트웨어 개발에 흥미가 없고 소프트웨어 전문가는 여러 개의 로봇모터를 실시간 제어하는데 익숙하지 않다는 것이다.

이 교재의 EDRS도 로봇 시뮬레이션을 할 수 있는 대표적인 로봇 시뮬레이터이다. 빌 게이츠의 예언이 맞다면 로봇과 소프트웨어 기술을 모두 이해하는 전문가 집단이 새로운 골드컬러로 부상할 날도 머지 않았다. 앞으로 소프트웨어가 지능형 로봇 산업의 향방을 좌우하게 될 것이다. 우리가 만든 로봇 S/W도 완성도만 높다면 세계 로봇 업계의 표준을 이끌 가능성이 있다.

지능형 로봇 소프트웨어 분야에서는 아직 국제표준도 표준화기구도 없다. 미국 마이크로소프트와 에볼루션 로보틱스, 일본 경제 산업성 산하 과학기술연구소(AIST), 국제 S/W 표준화단체인 OMG(Object Management Group) 등의 관계자들을 초청해 루피를 중심으로 하는 세계 로봇 S/W 표준과 표준화 기구를 만들 계획이다.

HTTP, HTML이란 소프트웨어 표준이 없었으면 인터넷의 폭발적 확산이 불가능했듯이 전세계의 지능형 로봇을 묶는 로봇 소프트웨어의 표준 플랫폼을 만들면 우리도 로봇 시장을 선도할 수 있다. 로봇은 지능을 갖춘 기계이기 때문에 소프트웨어와 하드웨어(H/W) 기술의 융합이 차세대의 지능형 로봇 발전에 중요한 요소이다.

### 1) 루피 버전 2.0

로봇의 주요 기능을 외부서버로 분산시키는 네트워크 로봇이 등장한 덕택에 로봇과 서버간 통신방식, S/W 플랫폼 등의 표준을 하나로 통합시킨 'RUPI(Robot Platform Unified Initiative)' 개발사업을 지경부가 진행중이다. 지경부는 RUPI의 소스코드를 공개해 누구나 자유롭게 지능형 로봇 소프트웨어(S/W)를 개작하도록 허용하고 민간기업의 참여를 유도하고 있다.

순수 국내기술로 집약된 로봇 소프트웨어 표준 플랫폼인 '루피(RUPI: Robot Unified Platform Initiative)'가 세계 표준에 도전한다.

지경부는 루피 추진위원회를 중심으로 로봇 산업계, 학계, 연구소 관계자 등 50여명이 집대성한 한국형 로봇 소프트웨어 표준규격인 루피의 2.0버전을 공식 발표하였다. 또한 루피를 중심으로 국제 로봇 소프트웨어 표준화 작업을 추진하고 있다. 지경부의 RUPI 사업을 총괄하는 그는 "RUPI는 로봇과 컴퓨터를 연결하는 네트워크 로봇을 위한 S/W 플랫폼 개발에 촛점을 맞췄다. 미국과 달리 로봇의 통신의존도가 높은 한국상황에 들어맞는 로봇 소프트웨어가 필요하기 때문이다.

루피 버전 2.0은 다음의 6개 분야에 대한 광범위한 로봇 S/W 아키텍처를 담고 있다.

- 로봇 내부 S/W 분야(응용 S/W, 컴포넌트, 통신 미들웨어, API 등)
- 로봇 서버 S/W분야(서버 컴포넌트, 서버 관리 미들웨어, 통신 미들웨어 등)
- 네트워크(서버와 로봇간 통신 프로토콜, 보안인증규격 등)
- 콘텐츠 분야(콘텐츠 서버 플랫폼 등)
- 개발 저작도구(프레임워크, 시뮬레이터 등)
- 응용 S/W 컴포넌트 분야(사용자 인식, 음성인식, 내비게이션 등)

루피 2.0은 다른 국가나 단체가 규정하지 않고 있는 로봇 네트워크와 콘텐츠 규격까지 정리하고 있는 상당히 포괄적인 표준이고 해외 로봇 관련 기관과 기업들과 힘을 합쳐 부족한 부분을 더 보강해 로봇 개발자라면 누구나 마음대로 가져다 쓸 수 있는 로봇 통합 규격이다.

로봇 통합 소프트웨어 플랫폼이란 서로 다른 이기종 로봇들에 내장되는 소프트웨어 플랫폼들끼리 서로 데이터를 주고받을 수 있도록 해주는 기술표준이다. 이 플랫폼을 적용하면 로봇과 다양한 통신기기 또는 정보기기와 상호운용성이 확보될 뿐 아니라 이종 통신망과의 상호접속성을 갖는 지능형 로봇을 개발할 수 있게 된다.

RUPI를 적용한 로봇은 다양한 종류의 로봇과 네트워크 및 정보기기 등이 호환되어 유비쿼터스형 로봇 사회를 창출하고 로봇의 표준화를 통한 로봇 산업경쟁력 제고에 도움이 될 것이다. 그동안 지능형 로봇 내에 탑재되는 소프트웨어는 표준으로 정해진 것이 없이 대부분 독자적으로 개발되었기 때문에 중복개발의 우려가 있고 결과물의 재활용이 어려웠다.

그러나 표준규격인 RUPI가 개발되면 로봇 제조업체들은 특화된 로봇 소프트웨어(S/W) 기술에 집중할 수 있게 되며 특히 로봇 서비스 사업, 로봇 콘텐츠 제공사업, 로봇 소프트웨어(S/W) 컴포넌트 사업 등과 같은 새롭고 다양한 사업들이 창출될 것으로 예상된다.

앞으로 개발될 RUPI는 윈도우, 리눅스 등 운영체제(OS)에 관계없이 지원되고 휴대인터넷(와이브로), 하향고속패킷접속(HSDPA), 광대역통합망(BcN), 코드분할다중접속(CDMA), 홈네트워크 등 다양한 정보통신망에서도 끊김없는 서비스 제공을 가능하게 해 로봇 서비스가 비약적으로 발전할 수 있을 것으로 기대된다.

지능형 로봇이란 외부환경의 변화를 인식하고 스스로 상황을 판단하여 자율적으로 동작하거나 인간과 상호작용을 하는 로봇을 의미한다. 이 실습교재는 이러한 지능형 로봇의 제어를 처음 접하는 학생에게 쉽고 빠르게 접근할 수 있도록 다양한 실습예제를 통하여 지능형 로봇의 작동원리에 대한 이해를 높이는데 주안섬을 두었다.

이 교재에서는 다음의 소프트웨어를 활용하여 실습을 진행한다.

# 02 지능형 로봇 제어 시뮬레이터의 개요 및 특징

## 2-1 지능형 로봇 제어 시뮬레이터의 개요

지능형 로봇 제어 시뮬레이터(EDRS : Exciting & Dynamic Robot control Simulation software)는 2차원 가상 격자 맵에서 가상 자율이동 로봇의 이동기능과 센서 시스템을 통합하여 해당 기능을 시뮬레이션한다.

지능형 로봇 시뮬레이터는 초기 지능형 로봇 응용 프로그램 설계에서 알고리즘 개발과 성능 향상의 과정을 가상환경에서 실제 지능형 로봇 시스템과 근접한 특성을 고려한 개발이 이루어질 수 있도록 한다. 지능형 로봇 제어 시뮬레이터(EDRS)는 사용자에게 다양한 환경과 로봇을 제공하여, 쉽고 빠르게 지능형 로봇을 개발하고 응용하기 위한 시뮬레이션 소프트웨어이다.

또한, 3D 환경을 토대로 역동적인 로봇 시뮬레이션을 제공할 뿐만 아니라 Kinetic 엔진을 통해 실감나는 로봇 시뮬레이션과 섬세한 동작 제어를 제공한다.

- 지능형 로봇 제어 시뮬레이터(EDRS)는 사용자가 쉽고 편리하게 지능형 로봇을 시뮬레이션하기 위한 강력한 지능형 로봇 시스템을 제공한다.
- 사용자는 지능형 로봇 시뮬레이터를 이용해 체계적인 지능형 로봇 응용시스템을 실현할 수 있다.

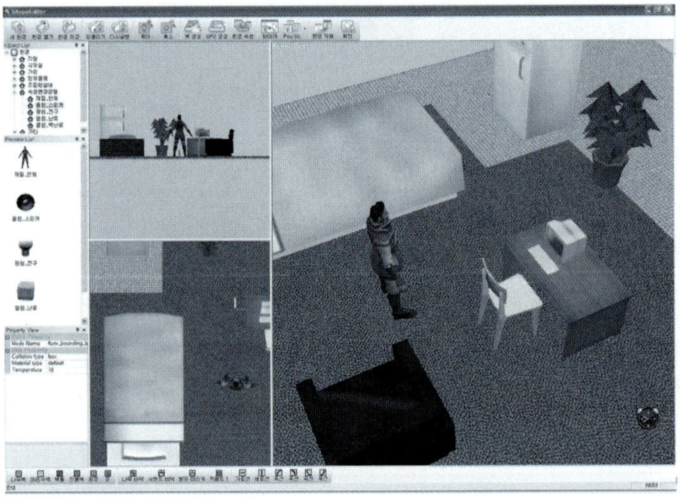

[그림 1-13] 지능형 로봇 시뮬레이터의 가상 환경

- 손쉽고 빠르게 사용자가 원하는 환경에서 다양한 종류의 지능형 로봇 시뮬레이션을 실현할 수 있다.

## 2-2 지능형 로봇 시뮬레이터를 이용한 로봇 개발

지능형 로봇 제어 시뮬레이터를 이용한 로봇 개발과정은 다음과 같이 진행된다.

① 지능형 로봇의 센서와 제어기를 PC에서 시뮬레이션하면서 원격 PC에서 제어 소프트웨어를 개발한다. 지능형 로봇 시뮬레이션은 로봇 하드웨어로는 불가능한 테스트를 다양하게 할 수 있어 강인한 소프트웨어를 개발할 수 있다.

② 지능형 로봇 제어 시뮬레이터를 이용하여 제어 소프트웨어 개발이 어느 정도 완료되었다면, 지능형 로봇 제어 시뮬레이터를 로봇 하드웨어와 디바이스 드라이버로 교체한다. 이는 제어 소프트웨어에서 연결 정보를 수정하면 된다. 지능형 로봇 하드웨어와 연결된 제어 소프트웨어는 지능형 로봇 제어 시뮬레이터에서 예측하지 못한 문제들을 가지고 있다. 제어 소프트웨어는 여전히 원격 PC에서 개발되기 때문에 지능형 로봇에 탑재하여 개발하는 것보다 디버깅이 편리하다.

③ 하드웨어 테스트가 완료된 경우 원격 PC에서 개발한 제어 소프트웨어를 지능형 로봇으로 탑재하여 지능형 로봇이 독립적으로 기능을 수행할 수 있다.

④ 지능형 로봇에서 사용중인 센서와 액추에이터를 같은 클래스에 속하는 다른 종류로 바꾸어 제어 소프트웨어가 정상적으로 동작하는지 본다.

지능형 로봇 제어 시뮬레이터(EDRS)는 RFID 센서와 카메라 디바이스(Camera Device)를 제외한 센서 디바이스(Sensor Device)와 운송수단 디바이스(Vehicle Device)를 시뮬레이션을 할 수 있다. 디바이스 클래스별로 시뮬레이터가 존재하며, 시뮬레이터에서 프로파일(Profile)의 교체만으로 특성이 다른 다양한 센서들을 만들어 낼 수 있다.

현대 산업기술의 근간이 되는 첨단기술인 메카트로닉스, 생산자동화, 로보틱스 및 생산정보화 분야의 고급기술자와 연구자 양성에 중점을 두고 있다. 현대 산업사회는 고도의 정밀화, 자동화, 지능화 및 정보화가 요구되고 있으며, 이와 관련하여 자동차 및 항공기 등의 수송기계와 컴퓨터, 영상음향기기, 가전기기 등의 정밀기기 제조업계에서는 기계공학기술이 전기전자공학, 인공지능, 컴퓨터 및 정보공학기술과 함께 융합된 형태로 응용, 발전되고 있다.

이러한 산업계의 요구에 부응하기 위해 우리 전공에서는 정역학, 동역학, 기구학, 고체역학, 진동공학 등의 기계공학의 기본과목, 그리고 공학기초로서 중요한 센서 공학, CAD/CAM 공학 등을 교육한다. 아울러 우리 전공에서는 디지털 제어, 로봇 공학, 생산자동화 및 신호처리 등에 대한 이론과 실무지식을 학습・연마하여 이 분야의 우수한 전문인력을 양성하는 것을 목표로 하고 있다.

## 2-3 지능형 로봇 제어 시뮬레이터의 특징

### 1) 사용자 지향형 로봇 모델링

3DS 맥스에서 로봇을 디자인한 후에 지능형 로봇에 조인트와 충돌 오브젝트를 부여하여 지능형 로봇의 내부와 외부의 속성을 사용자의 의도에 따라 설정할 수 있다. 또한 편집한 지능형 로봇은 로봇 편집기와 환경 편집기에서 로드하여 지능형 로봇 제어 시뮬레이션을 수행할 수 있다.

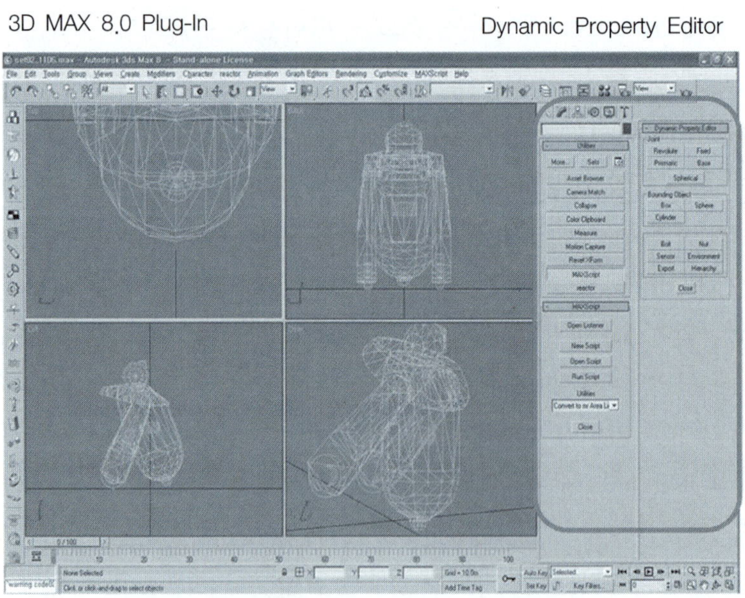


[그림 1-14] 3D MAX(동적인 특성 편집기)

### 2) 다양한 조합형 로봇 모델링

다양한 지능형 로봇을 설계할 수 있도록 로봇 에디터 리스트의 창에서 다양한 종류의 로봇 캐릭터, 유저 모델 등을 선택하여 머리, 몸통, 팔, 손, 다리 등을 선택하여 사용자에

의하여 조합할 수 있도록 리스트를 구성하였고, 로봇의 조합 또는 완성형 로봇의 객체 상관관계를 트리 형식으로 제공한다.

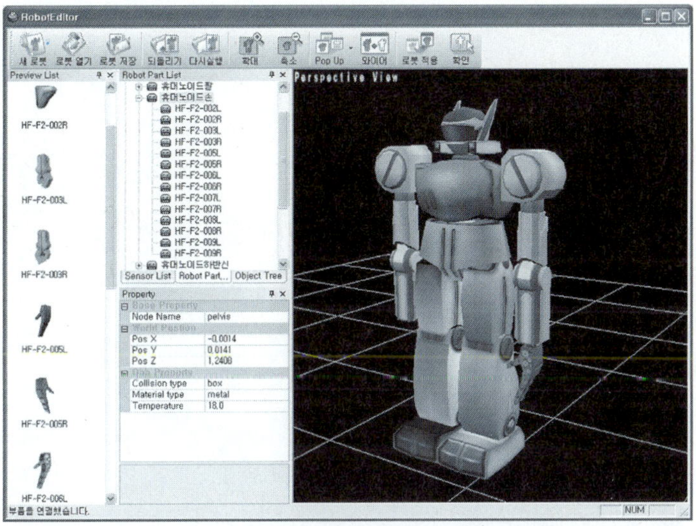


[그림 1-15] 다양한 조합형 로봇 모델링 편집기

### 3) 다양한 센서 및 효과적 센서 배치

센서 리스트에서는 생성한 지능형 로봇에 삽입된 센서 리스트를 제공하여 사용자가 용도에 맞추어 사용할 수 있도록 하였고, 다양한 센서의 효과적인 배치를 위하여 최소거리, 최대거리 센싱 단위거리와 형태를 선택할 수 있도록 하였다.

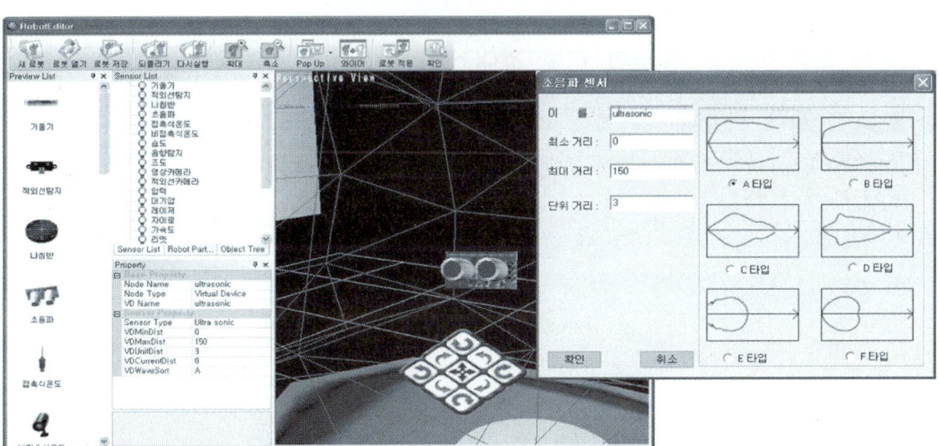


[그림 1-16] 다양한 센서 및 효과적 센서 배치

### 4) 라이브러리 방식으로 편리하게 다양한 시뮬레이션 환경구성

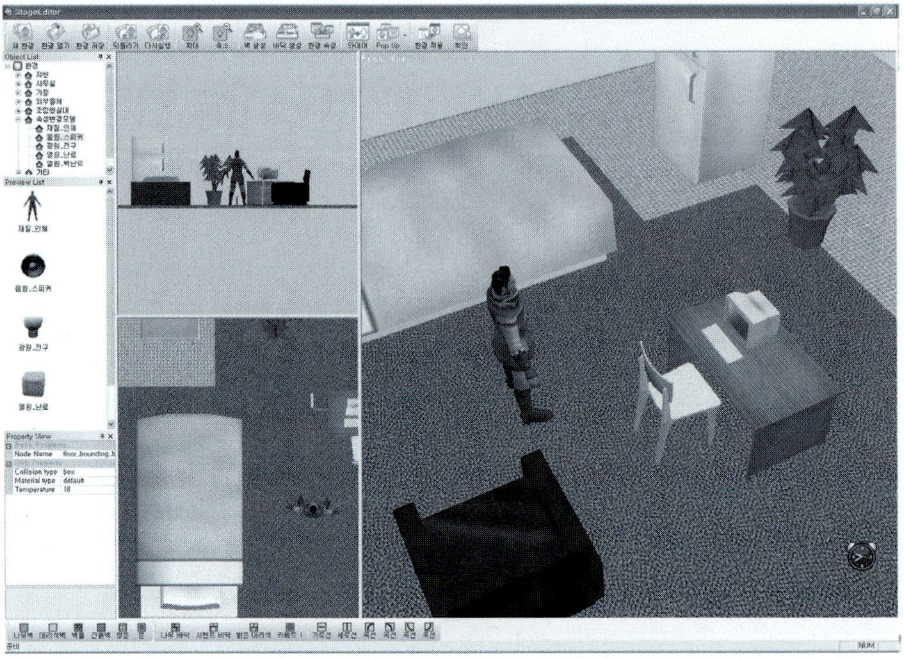

[그림 1-17] 시뮬레이션 환경구축 편집기

지능형 로봇이 동작하는 환경을 구성하여 지능형 로봇의 기능을 최대한 효과를 거둘 수 있도록 다양한 시뮬레이션 환경을 구축할 수 있다.

각 환경 리스트를 라이브러리 방식으로 작성하여 지형, 사무실 등의 객체들을 구성할 수 있고 그 구성환경들의 속성창을 통하여 분석이 가능하다.

### 5) 사용자 수준에 맞는 지능형 로봇 제어

지능형 로봇 제어 시뮬레이터에서 초보자를 위하여 순서도 기반 프로그래밍과 중・고급자를 위하여 C나 C++로 프로그래밍을 할 수 있도록 구성하였다.

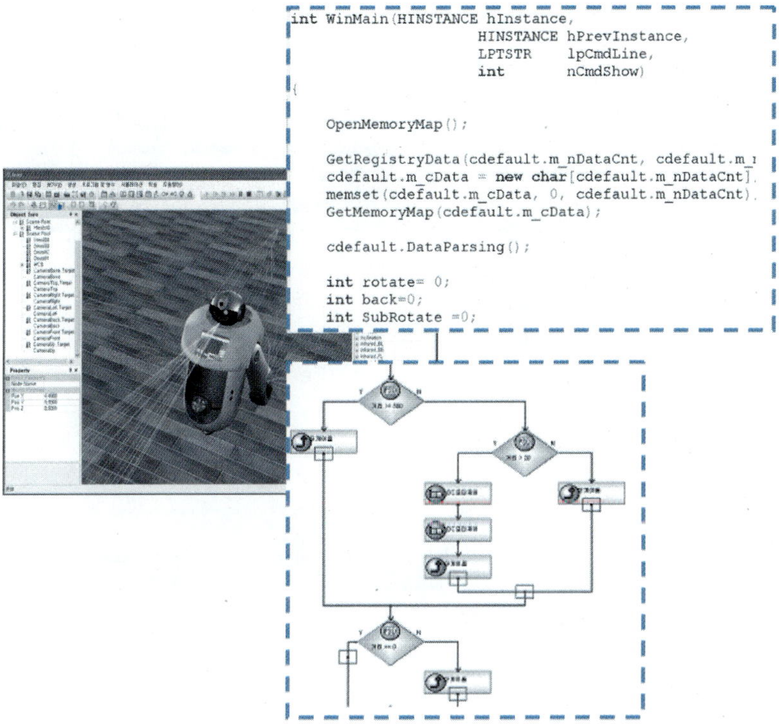


[그림 1-18] 사용자 수준에 맞는 로봇 제어

### 6) 지능형 로봇 제어 시뮬레이션의 구조

지능형 로봇 제어 시뮬레이터는 총 5단계로 구성되어 있다.

1단계는 지능형 로봇 이론 및 지능형 로봇 제어 시뮬레이션에 필요한 라이브러리를 생성, 2단계는 지능형 로봇 및 환경 라이브러리를 이용한 지능형 로봇과 환경구성, 3단계는 시뮬레이션 환경구성, 4단계는 C/C++, 순서도 기반 언어를 이용한 지능형 로봇 제어 프로그램 작성, 5단계는 지능형 로봇 및 환경 시뮬레이션으로 구성되어 있다.

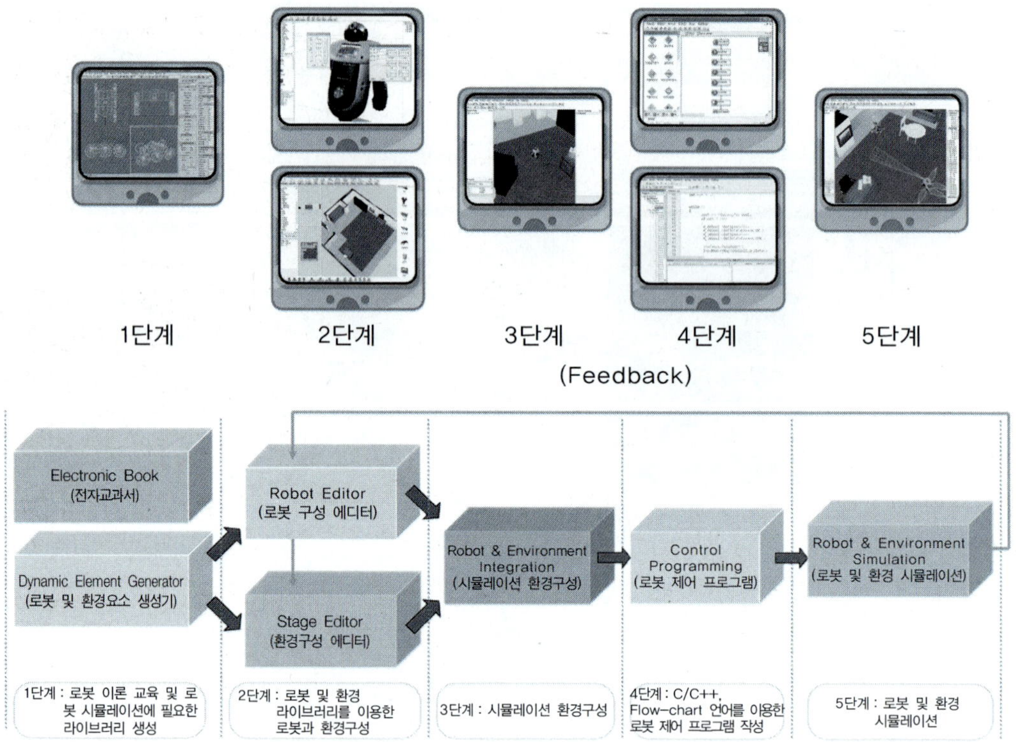


**[그림 1-19]** 지능형 로봇 제어 시뮬레이션 구조

## 03 지능형 로봇 제어 프로그램의 개요 및 특징

### 3-1 IRES 개요

로봇 응용시스템에서 사용하는 순서도 기반의 로봇 제어 소프트웨어는 Intelligent Robot Education Studio의 앞 글자를 따서 'IRES'라고 명한다. IRES는 지능형 로봇 실험 응용시스템(ED-7271)뿐만 아니라 로봇(ED-7270, 7272, 7273, EDRS)의 제품에도 사용할 수 있는 로봇 제어 프로그램이다.

지능형 로봇 응용시스템의 (ED-7270[Urobo], 7271, 7272[iRoed], 7273, EDRS)은 Visual C++에서 사용할 수 있는 로봇 제어 라이브러리를 제공하는데 이 제어 라이브러리를 사용하려면 Visual C++ 언어를 충분히 다룰 수 있는 사용자이어야 한다. 여기에서 사용하는 지능형 로봇 응용시스템들은 지능형(Intelligent) 로봇 제품군은 Visual C++의 언어를 사용하지 않아도 로봇을 동작시킬 수 있도록 만들어져 있다.

즉, IRES는 Visual C++뿐만 아니라 로봇을 제어가 가능한 순서도 기반(Flowchart base)의 프로그래밍 언어이다. 프로그래밍 언어에 익숙하지 못한 초보자들에게 또는 로봇을 간단히 테스트 및 제어하고 싶은 사용자를 위해 만들어져 있어 그 사용방법이 간단명료하다.



### 3-2 IRES 컴포넌트의 특징

지능형 로봇을 제어할 수 있도록 각 제어 부분을 도시화하여 컴포넌트 형태로 IRES 프로그램에서 프로그래밍을 할 수 있다. 다음은 IRES에서 제공되는 컴포넌트에 대한 특징에 대하여 설명을 한다.

- 프로그램 왼쪽 부분에서는 여러 컴포넌트들이 있는데 여기 컴포넌트들만 있으면 로봇 혹은 로봇 응용시스템을 원활하게 제어할 수 있다.
- 컴포넌트 아이콘과 함께 있는 다이얼로그는 각 컴포넌트에 해당하는 환경설정에 대한 내용이다.
- 환경설정을 하는 방법은 컴포넌트를 작업 윈도우에 컴포넌트를 옮겨놓고 해당 컴포넌트에서 더블클릭이나 오른쪽 클릭 후 환경설정을 클릭해주면 환경설정 다이얼로그를 활성화할 수 있다.

## 04 지능형 로봇 제어 프로그래밍 환경

지능형 로봇 프로그램을 작성하기 위해 IRES와 함께 제공하는 C/C++ 프로그래밍 환경이다. IRES는 프로그래밍 언어에 익숙하지 못한 초보자들 또는 로봇을 간단히 테스트, 제어하고 싶은 사용자를 위해 만들어져 있는 반면, C/C++은 프로그래밍 언어에 기초적인 지식만 있으면 조금 더 복잡하고 광범위한 시뮬레이션을 해 볼 수 있는 장점이 있다.

좀 더 상세한 소프트웨어에 대한 설명은 지능형 로봇 시뮬레이션 구성 및 응용에 자세히 설명되어 있다.

이 교재에서는 상세한 소프트웨어 사용법은 제공하고 있지 않다. 이 교재를 활용하여 실습하기 전에 지능형 로봇 시뮬레이션 구성 및 응용을 통하여 기본적인 소프트웨어 사용법을 숙지하고 실습을 시작하는 것이 실습을 원활하게 진행하는데 도움이 될 것이다.

이 교재는 다음과 같이 구성되어 있다.

- 목표 : 해당 실습에서 학습해야 할 목표를 제시한다.
- 과제 : 해당 실습에서 구현해야 하는 과제를 제시한다.
- EDRS 환경구축 : 해당 실습을 시뮬레이션하기 위한 EDRS의 환경을 구축한다.
- IRES 제어 프로그래밍 : Flow Chart 형태의 프로그램을 작성하여 로봇을 제어하는 실습내용을 구현한다.
- C++ 제어 프로그래밍 : C++ 언어를 통해 프로그램을 작성하여 로봇을 제어하는 실습내용을 구현한다.

# 02장 지능형 로봇이란

- 로봇이란 움직이는 것에 흥미를 갖는 것은 인간의 본성으로서, 움직이는 로봇에게 많은 사람들이 매력을 느끼는 것은 이해할 수 있다. 그러나 로봇의 동작원리를 배우고 그것을 설계 · 유지관리를 하려면 광범위한 공학 분야의 지식과 경험이 필요하다. 따라서 로봇이란 어떠한 것이고 어떻게 구성되어 있는지 고찰하고, 로봇 공학에 관련된 요소기술에 대하여 살펴보고, 이어서 로봇의 동작원리를 인간의 동작과 비교해 본다.



## 01 로봇의 탄생

"로봇 Robot"이라는 말은 1920년 체코슬로바키아의 극작가 칼렐 차펙(Karel Capek)이 발표한 희곡 "로봇의 만능 로봇 R.U.R(Rossum's Universal Robots)"에서 처음 등장하였다.

차펙은 이 희곡 속에서 기술의 발달과 인간사회와의 관계에 대하여 아주 비관적인 견해를 상징적으로 표현하였다.

"로보틱스"라는 용어는 1942년 3월에 첫 출판된 Isaac Asimov의 공상과학 소설에서 새로 만들어졌다. 여기서 Asimov는 로봇의 부정적인 면만 가지고 있는 것이 아니라 인간을 돕기 위한 긍정적인 측면도 함께 가지고 있다고 묘사하였다. 또한 Asimov는 그의 소설에서 다음과 같은 로봇 특성의 기본적인 3가지 법칙을 설정하였다.

① 로봇은 인간을 해할 수 없으며, 자신이 행동을 하지 않음으로써 인간이 해를 입도록 방치해서는 안 된다.

② 로봇은 첫 번째 법칙에 어긋나는 명령을 제외하고 인간이 내리는 모든 명령에 복종해야 한다.

③ 로봇은 첫 번째와 두 번째 법칙에 어긋나지 않는 한도 안에서 자신의 존재를 보호해야 한다.

[그림 2-1] R.U.R(Rossum's Universal Robots) 포스터

현재까지 로봇에 대한 정의는 관련 단체들 사이에서 많이 제안되어 왔지만 같은 업종에 종사하는 엔지니어, 혹은 로봇 제작사별로 로봇에 대한 정의를 달리하고 있는 실정이다. 오늘날 인간과 산업용 로봇들의 유사함은 매우 적다. 즉, 산업용 로봇들은 인간과 유사한 외형을 가지고 있지도 않고, 인간과 유사한 행동을 하지도 않는다.

대신에 로봇은 하나 또는 여러 개의 팔들로 구성된 형상을 이루며, 거의 항상 고정된 위치에서 작업을 한다. 미래의 로봇들은 더욱 많은 감각능력과 높은 지능과 높은 수준의 서비스 기술을 가지게 될 것이지만 인간과 비교하면 이동성의 정도는 제한될 것이다.

그러나 점점 더 인간과 유사한 능력을 가진 로봇이 개발되는 추세로 가고 있다는 것을 부인할 수는 없다. 최근 인공지능(Artificial intelligence)과 지각능력(Sensory perception) 등의 관련 분야가 빠르게 발전하고 있어서 산업용 로봇의 적용범위를 크게 넓혀줄 지능적인 로봇의 사용이 본격화되는 시기가 멀지 않았다.

# 02 로봇의 역사

초창기의 단순히 인간과 인간의 움직임을 모방하는 기계들을 제외시키고 최근의 로봇의 역사만 살펴보면 왕성한 인간의 상상력과 그 당시의 공업상황, 사회적 이슈, 수치적 컴퓨터에 의한 기계의 제어분야의 발전, 우주 탐사분야와의 밀접한 관계를 알 수 있다. 칼렐차펙의 저서인 Rossum's Universal Robots에서부터 시작하여 Flash Gordon, Metropolis, Lost In Space, The Day The Earth stood still, I Robot 등의 영화까지 살펴보면 R2D2, C3PO, 로보캅, I Robot 등에 등장하는 로봇과 같은 기계가 인간의 작업을 수행하는 단계까지 와 있다.

다음은 산업발선 및 사회적 흐름에 따라 로봇의 발전 방향에 대하여 요약한 로봇(Intelligence Robot)의 역사이다.

## 1) 창세기~1800년대의 로봇

인류역사의 태동과 함께 진화해온 로봇은 '신에 의해 창조된 인간', 아담과 이브에서 그 근원을 찾을 수 있다.

초혼적 곡선을 거쳐 SF문화의 태동과 함께 본격적으로 전개된 로봇의 진보는 레오나르도 다빈치의 '인체 황금분할도'를 통해 비로소 개념적 정립이 전개되며, 인간의 모습을 닮은 최초의 동화 로봇 '피노키오'의 탄생으로 이어진다.

그 후 중세가 되고 나서도 많은 사람들이 건물의 문을 열든가, 악기를 연주하는 자동인형을 만들었다. 이들 자동인형은 장식용이었거나 또 사람들을 놀라게 하거나 또는 신과 결부시켜 지배자의 권위를 과시하는데 이용되었는데, 한편으로 기계기술자들의 장난이기도 하였다.

[그림 2-2] 창세기~1800년대의 로봇 유형

### 2) 1900년~1930년대의 로봇

1900년 '오즈의 마법사'에 나오는 최초의 양철 로봇 '틴맨(Tin Man)'은 인텔리전트 로봇의 본격적인 성장을 주도하기 시작한다. 독일, 미국을 중심으로 발전하기 시작한 로봇 문화는 최초의 SF영화 '달나라 여행A', '로섬의 만능 로봇' 등 다양한 문화를 자양분으로 '슈퍼맨'이라는 미국의 시대적 영웅을 탄생시킨다.

[그림 2-3] 1900년~1930년대의 로봇 유형

### 3) 1940년~1960년의 로봇

1940년대 세계를 경악하게 만든 2차 대전은 세계 로봇 산업의 새로운 패러다임(Paradigm)을 보였다. 일본이 패전국의 열등감을 치유하고, 로봇 산업의 강국으로 세계시장을 석권하는데 결정적인 역할을 한 '아톰(ATOM)'을 창조해낸 것도 바로 이 시기이다.

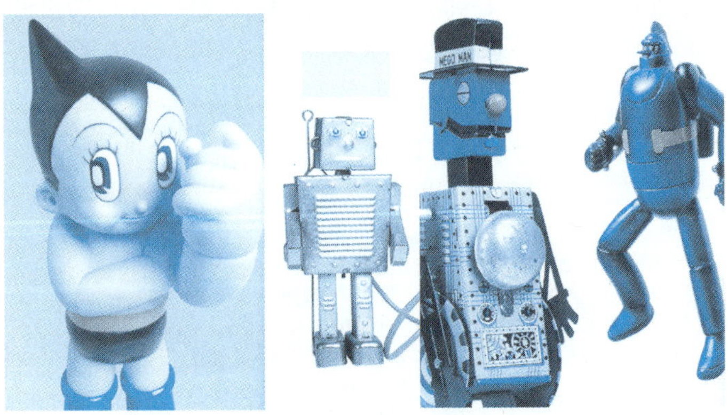

[그림 2-4] 1940년~1960년의 로봇 유형

### 4) 1970년~1980년의 로봇

일본의 마징가 Z가 히트하던 1970년대에 들어서서 로봇 연구개발의 황금기로 본격적으로 연구가 시작되었다. 이 세대의 로봇은 미리 결정된 범위나 궤적을 따라서 작업 대상물을 이동시키거나 용접이나 도장을 반복하는 정도였다.

이때에 사용한 제어는 기구의 위치 제어를 주제로 한 것으로 로봇은 자동적이지 못한 수준이었다. 그러나 자동차 등의 대량 생산 공장에 작업라인의 생산성과 신뢰성의 향상에 커다란 역할을 하였지만 실질적인 보급은 1980년대 전후에 절정에 달했다.

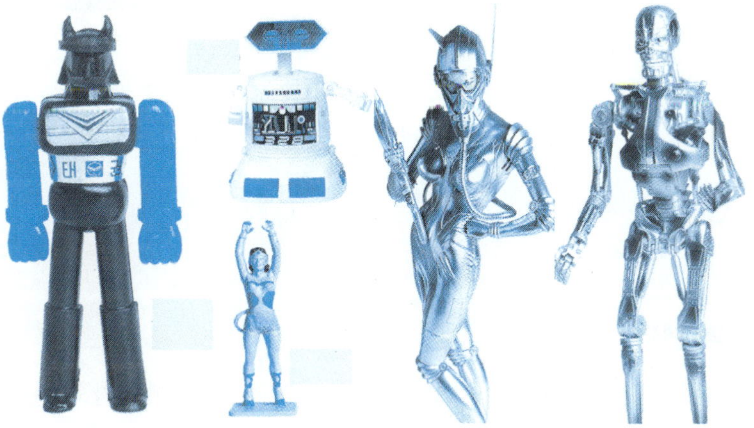

[그림 2-5] 1970년~1980년의 로봇 유형

### 5) 1990년~현재의 로봇

이제 로봇의 진화는 인간을 닮은 첨단 지능 로봇의 등장으로 발빠른 행보를 거듭하고 있다. 영화 '터미네이터'와 '스타워즈'를 통해 만난 첨단 로봇이 어느새 우리생활에 가까이 디가왔다. 특히 일본은 엔터테인먼트 분야의 장난감 로봇과 휴머노이드 로봇 분야인 이족보행 로봇에서 상당한 기술력 인정을 받았으며, 일부 상품의 경우에 연구 수준에 이어서 시장화에 성공을 거두고 있다.

1999년에 처음 출시된 소니의 강아지 로봇인 AIBO를 비롯하여 혼다의 아시모가 본격적인 로봇 시대를 열고 있다. 국내에서는 국내 벤처 기업에서 가정용 청소 로봇과 공공도우미 로봇의 상품화가 진행되고 있으며, 청소 로봇의 경우에는 현재 일반인이 직접 구매할 수 있는 1가구 1대 로봇의 시대를 열고 있다.

[그림 2-6] 1990년~현재의 로봇 유형

## 03 지능형 로봇의 역사

### 1) 피노키오의 변화

1881년에 출간된 이태리 작가 카를로 콜로다가 탄생시킨 '피노키오'는 인간을 닮은 최초의 동화 로봇이자 목각인형이다. 1세기가 지나도록 전 세계 어린이들에게 변함없는 사랑을 받고 있는 피노키오는 진화를 거듭하여 21세기 첨단 로봇 '피노(PINO)'로 재탄생되었다.

[그림 2-7] 피노키오의 변화 유형

### 2) 아톰의 변화

전쟁의 상처를 치유하기 위해 데스카 오사무에 의해 탄생한 국민적 캐릭터 '아톰'은 다양한 진화를 거듭해왔다. 마치 슈퍼맨과 미키마우스를 합성한 듯한 형상으로 1980년대에는 절정기를 보여준다. 그러다가 검은색과 흰색으로 채색되어 장기불황을 반영하듯 휴면기에 들어가더니 최근에 다시 모습을 보여주고 있다.

[그림 2-8] 아톰의 변화 유형

### 3) 모바일 로봇의 변화

1980년대는 인간의 생명체와 유사한 안드로이드 로봇의 출현과 함께 로봇 캐릭터 산업 또한 절정기를 가진다. 1982년 영화 'ET'는 엄청난 파장을 몰고 온다. 그 후 1984년 '터미네이터', 1987년의 '로보캅' 등이 사이버 로봇의 상징이 되었다. 그리고 SF의 대명사인 '스타워즈'는 모든 로봇의 교과서가 되었다.

[그림 2-9] 모바일 로봇의 변화 유형

### 4) 휴머노이드 로봇의 변화

세계 최초 인간형(휴머노이드) 로봇 '아시모'는 일본의 혼다가 2000년 11월 세계 최초로 걸어다니는 '자율 2족보행' 로봇으로 만들면서 세계의 주목을 받았으며, 2004년 12월엔 걷는 것은 물론 시속 6km로 달릴 수 있는 기능까지 갖춘 차세대 아시모가 선을 보였다. 차세대 아시모는 음성인식 기능과 함께 물컵을 집거나 전기 스위치 작동, 문을 열고 닫는 동작 등 30여가지 몸동작 기능까지 갖췄다. 이 후 한국과학기술원(KAIST)에서는 아시모보다 세밀한 동작이 가능한 휴보를 개발하였으며, 이 후 휴보 2세를 개발을 하고 있다.

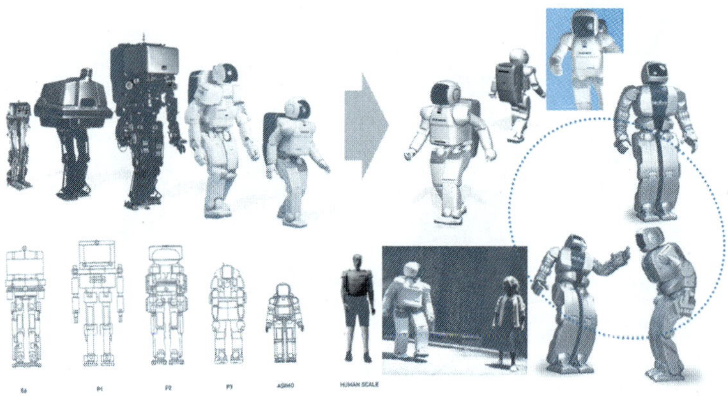

[그림 2-10] 휴머노이드 로봇의 변화 유형

## 04 지능형 로봇의 분류

[표 2-1] 지능형 로봇의 분류

| 산업용 로봇 | | 인간공존형 로봇 | |
|---|---|---|---|
| 제조업용 로봇 | 현장 로봇 | 개인용 로봇 | 공공용 로봇 |
| 제조라인에서<br>단순 작업 | 의료용<br>군사용<br>농업용<br>건설용<br>우주용<br>원자력용<br>수중용 | 청소용<br>교육용<br>장난감용<br>헬스로봇 | 안내용<br>경비용 |

### 1) 개인용 로봇

개인용 로봇은 개인생활의 본질적인 운동성을 보조하며, 지능을 갖는 인간공존형 대인 지원 로봇이다. 가정 자동화(Home Automation)를 지원하는 가정용, 고령자와 신체장애자 등에 대한 생활지원용, 오락용(Entertainment) 등으로 분류할 수 있다. 기술개발의 최종 목적은 인간의 삶의 질향상, 노령화 사회의 실질적인 최종 목적인 로봇으로 분류할 수 있다.

[그림 2-11] 개인용 로봇

#### (1) 오락용 로봇

[표 2-2] 개인용 로봇 분류

| 로 봇 | 기 능 |
|---|---|
| 가사 로봇 | 가정에서 조리, 세탁, 청소 등의 일을 수행하여 가사노동의 부담을 줄여줌 |
| 생활도우미 로봇 | 병원, 요양소 등에서 재활훈련을 돕거나 일상생활을 해나가는데 불편이 없도록 도와줌 |
| 애완용 로봇 | 인간의 감정적 동반자의 역할을 하며 여가선용에 도움을 줌 |
| 서빙 로봇 | 음식점 등 대형 서비스 업체에서 효율적인 서빙 작업을 수행함 |
| 교육용 로봇 | 학교, 가정에서 다양한 도구를 이용해 교육에 효과적이며 친근한 수단으로 이용 |
| 퍼포먼스 로봇 | 테마파크나 기업체의 홍보 등에 사용되어 다양한 볼거리를 제공함 |
| 경기용 로봇 | 대중매체를 통해 로봇간의 흥미로운 경기를 보여주거나 가정에서 인간의 스포츠 활동에 동반자가 됨 |

개인용 로봇의 한 분야인 오락용 로봇(Entertainment Robot)은 2002년부터 2005년까지 비디오 게임에서 로봇게임으로 시장이 형성되었으며, 주류는 현재 대중화되어 가고 있는 로봇 축구를 중심으로 이루어질 것이다. 휴머노이드 로봇의 발전과 더불어 로봇 경기는 점점 인간의 스포츠 등의 경기 형태와 닮아갈 것으로 보인다.

2010년 이후에는 인간과 로봇의 스포츠 경기의 형태가 거의 닮게 되고, 또한 사용자는 자신의 로봇을 훈련시키고 함께 연습하여 호흡을 맞추어 경기에 임하게 될 것이다.

### 2) 공공용 로봇

감응장치가 개량되면서 금융기관의 현금수송이나 주택경비에 로봇을 활용하는 기술이 잇따라 개발되고 있다. 경비용 로봇인 경우 범죄율 증가로 중저가형 원격정비에 대한 수요가 증가되고, 또한 공공기관이나 박물관에서 방문객을 대상으로 안내를 담당하는 로봇의 등장하고 있다. 자유로운 이동성과 지능을 가진 로봇을 만들기 위해 많은 기술이 필요하지만, 현재 개발된 안내 로봇들은 방문객들에게 큰 호응을 얻고 있으며 계속적인 로봇이 등장할 것이다.

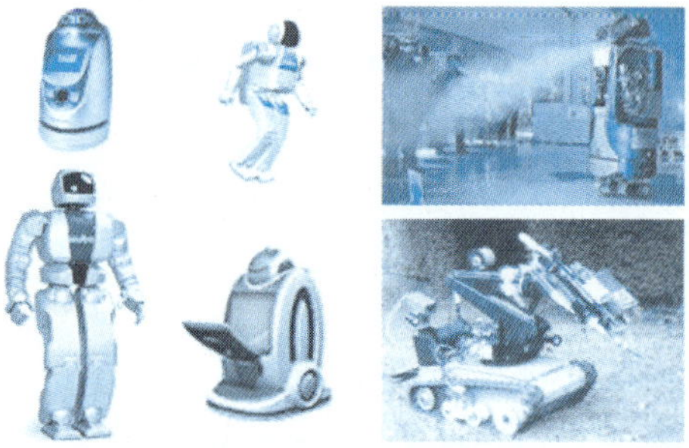

[그림 2-12] 공공용 로봇

### 3) 현장 로봇

국민에게 선진화된 의료복지를 제공하기 위하여 기존의 로봇 기술을 활용하여 일상생활에서 국민의 건강을 실시간 관리하고 건강에 문제가 있을 때 보다 정확한 진단을 내릴 수 있도록 도와주고 환자를 보살피는 범주의 로봇 시스템을 말한다. 의료복지 로봇 시스템은 국민의 삶의 질을 향상시키고 일반인들이 건강한 삶을 영유하고 21세기를 더 살기 좋은 사회로 만들어 나갈 것이다.

### (1) 수술 로봇 시스템

실제 수술에서 의사를 도와 보다 나은 수술을 수행하도록 도와주는 시스템으로서, 일차적으로 현재 인턴과 같은 보조인력이 수행하는 보조수술 로봇에서부터 가공 정밀도를 향상시키거나 어려운 수술을 용이하게, 만들어 주면서 직접 수술에 사용되는 특수목적 수술 로봇 시스템(Robot and Medicine)의 개발과 비슷한 유형의 다양한 수술을 집도할 때 사용할 수 있는 지능적이면서도 유연성이 좋은 다목적 수술 로봇 시스템을 말한다.

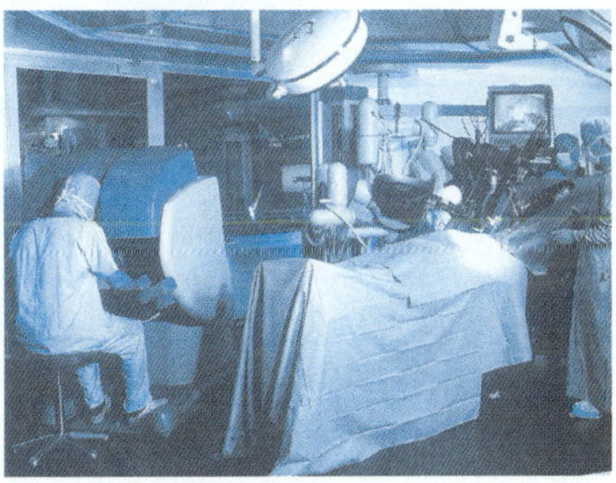
[그림 2-13] 외과수술용 로봇 시스템

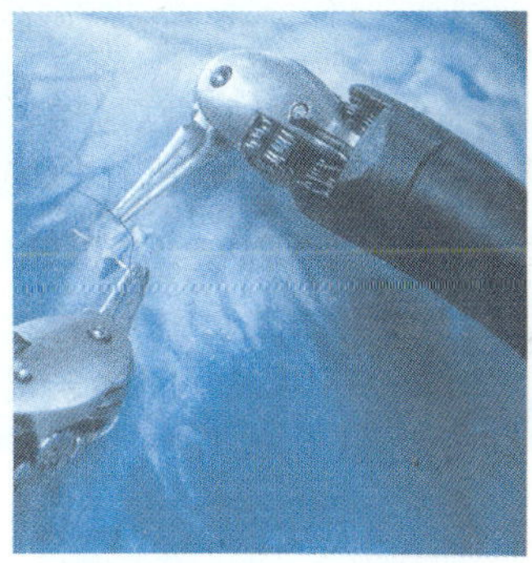
[그림 2-14] 보조수술 로봇

### (2) 재활 로봇 시스템(Medical Care Robots)

노인과 장애인의 재활치료와 일상생활을 도와주는 로봇 시스템으로서, 단순한 신체를 지지해 주는 역할을 벗어나 중증환자나 노인의 신체 움직임을 향상시키고 빠른 시일 내에 회복하도록 중요 기능을 수행하고 장애인의 장애를 극복하여 독립적인 생활을 가능하게 할 수 있는 기능이다.

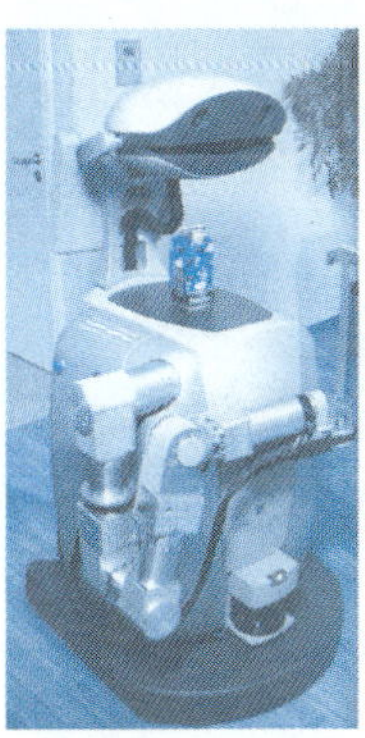
[그림 2-15] 환자도우미 로봇

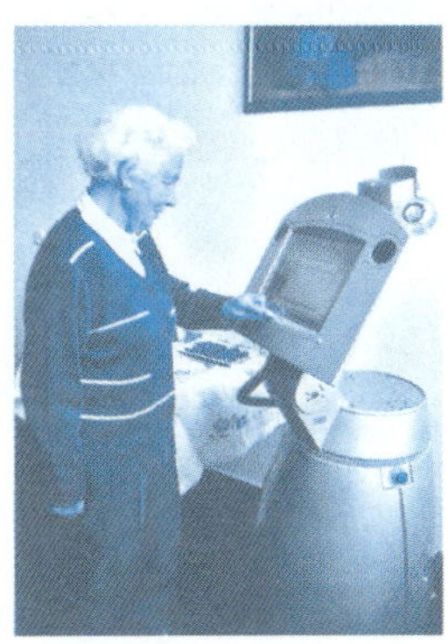
[그림 2-16] 환자상태 및 독립적인 생활지원 로봇

### (3) 농업·건설용 로봇

생물산업, 건설시공에서의 로봇 기술 연구개발의 목표는 작업생산성, 작업쾌적성, 안정성, 환경보존성 향상을 목표로 한 인간, 컴퓨터, 기계의 복합 시스템(로봇시스템), 비구조적 영역작업과 가변적 작업공정의 생산화와 환경변화에 대한 적응, 유해, 위험작업 대처 시스템 로봇이다.

[그림 2-17] 원격 트랙터 로봇

[그림 2-18] 멜론 수집 로봇

### (4) 군사용 로봇

현재 주목받고 있는 분야의 하나로써 첨단 군사용 로봇 시스템(Military Robot System)이다. 1차 세계 대전 때에는 탱크와 비행기가 출현해서 전쟁의 개념을 새로이 했고, 2차 세계대전 때에는 전쟁에 레이더와 핵폭탄 등의 첨단 과학기술이 이용되었다. 이는 다가올 미래의 첨단 군사 시스템 분야에 최신 기술이 더욱 이용될 것이라고 한다.

[그림 2-19] 무인 폭격기

[그림 2-20] 무인 정찰기

[그림 2-21] 휴전선 무인 경계 로봇



## 05 지능형 로봇의 기술

로봇의 기술에 대하여 논하기 전에 우선 지능형 로봇에 대한 정의에 대하여 알아보자. 지능형 로봇에 대한 정의는 각 기관 및 국가마다 다르며 공통적으로 사용되는 의미는 다음과 같다.

지능형 로봇(Intelligent Robot)은 목적이 정확하게 주어지면 그것을 달성하기 위하여 필요로 하는 작업, 조작 및 그 실행 순서를 자체의 정보에 따라 도출하고, 그것에 따라서 작업하여 목적을 달성하는 로봇이다.

위와 같은 정의가 지능형 로봇의 가장 기본적인 행동에 대한 정의로 해석을 할 수 있으며, 지능형 로봇에 대한 기술적인 행동에 대한 정의는 "지능 로봇이란 시각, 청각, 촉각, 후각, 미각 등 오감 센서를 장착한 로봇을 의미한다. 여기서 지능이란 AI(Artificial Intelligence)와는 다른 것이다.

예를 들면, 비전(Vision) 센서가 장착되어 있는 지능 로봇은 센서를 통해 물체를 확인하고 따라 가거나 피할 수 있다. 마찬가지로 후각 센서가 장착되어 있는 지능 로봇은 향을 맡고 따라 갈 수 있다. 즉, 센서와 센서를 이용할 수 있는 소프트웨어의 결합적 의미라고 하겠다. 따라서 지능 로봇은 짜여진 프로그램대로 움직이는 것이 아니라 로봇 스스로 행동을 한다는 의미로 정의를 내릴 수 있으며, [표 2-3]은 지능형 로봇의 기술을 인간의 오감과 행동에 대하여 분류한 것이다.

[표 2-3] 지능형 로봇의 기술에 따른 분류

| 인간의 행동에 따른 분류 | 지능형 로봇 기술에 따른 분류 |
|---|---|
| 운동 | 이동 |
| | Manipulation |
| | Haptic Device |
| 감각 | 촉감 |
| | 시각 |
| | 음성 |
| | 후각 |
| 제어 | 학습 및 인지 |
| | 자율제어 |
| | 기반기술 |
| 기타 | 동력/전원 |

## 1) 운 동

### (1) 이동성(Mobility)

로봇이 가정이나 실내에 적용되어 다양한 서비스 작업을 수행하기 위해서는 우수한 주행 성능이 요구된다. 특히 가정은 구조적으로 복잡하고 장애물이 산재해 있으며 장애물이 이동하는 환경으로, 이러한 지역에서 로봇이 자율주행을 하기 위해서는 전 방향 주행이 가능한 이동 메커니즘 구조를 가진 로봇이어야 하며, 문턱이나 계단승월을 위해서는 크로라식, 특수차륜식, 보행식 등의 방식이 요구된다.

#### ① 계단이동

건물같이 계단이 많은 환경을 극복하기 위해서 계단의 한계를 극복하는 기능을 갖는 것이 필요하다. 현 개발현황으로는 탱크형태의 크로라식이 가장 일반적으로 사용되고 있고, 평지주행성이 우수한 특수차륜식에 대한 개발이 추진중에 있다.

[그림 2-22] 크로라식 구동형식

[그림 2-23] 특수한 차륜식 계단승월 로봇

② 2족보행

인간 걸음을 100% 흉내낼 수 있는 2족 보행은 평면, 계단 모두에서 사용이 가능하다. 인간이 사는 환경의 대부분에서 적응이 가능해질 것이지만 아직까지는 기술적으로 어려운 문제가 많이 있다.

사용할 수 있는 고출력 모터, 고배율 소형 감속기를 가지고 있어야 하는 기술적인 한계가 이런 문제 중 하나이다. 이러한 문제를 해결하기 위해 기초적인 2족보행 로봇의 개발을 시작으로 현재는 보행속도 6km의 정도의 2족보행 로봇이 등장하였으며 머지않아 사람과 거의 유사한 로봇이 개발될 것이다.

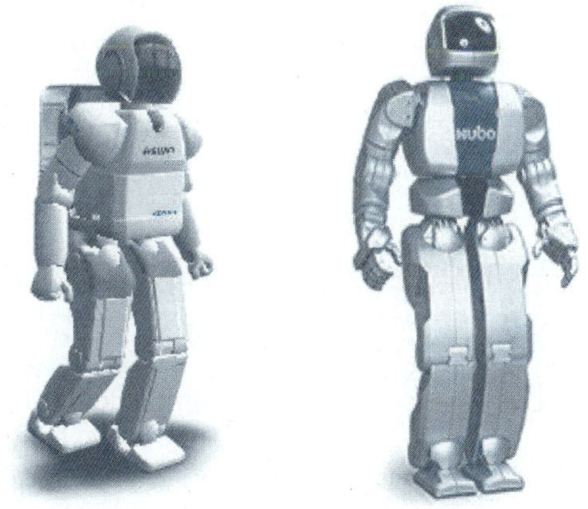

[그림 2-24] 2족보행 로봇

(2) 조 작

로봇의 조작(Manipulation)에 대한 기술개발은 로봇에서 가장 중요한 부분으로 로봇 구동에 있어서 중요한 역할을 한다. 아래는 조작에 대한 현재 기술개발 현황 및 기술개발 과제에 대하여 설명하여 본다.

① 모듈화

로봇의 모듈은 팔(ARM)을 링크와 관절 모듈로 나누어 주어진 작업에 적합형태로 쉽게 조립될 수 있는 시스템을 의미한다. 제조하는 입장에서도 모듈만 제조하면 되므로 쉬워지고, 작업에 따른 변신이 가능하고 또 하나 축이 잘못되면 그것만 바꾸어 주면 되는 장점을 가지는 반면 아직 가격적인 면에서 불리하다는 단점이 있다. 이러한 단점을 보안하기 위해 많은 연구·개발이 진행되고 있다.

우선 적응(Orientating)부를 하나의 모듈화 하며, 위치(Positioning)부를 1축과 2/3축의

2모듈로 개발하여 저렴한 모듈로 개발하는 것을 목표로 한다.

② 경량화

경량화는 인간환경에서의 적응력을 높이는데 매우 중요한 기술이다. 팔이 경량화되고 또 슬림화되면 이들을 이동시키는 이동 로봇에게는 부하가 작아지므로 에너지 문제, 하중문제 등을 해결해주어 매우 중요하다.

③ 스마트 팔

로봇의 팔에 다양한 센서들이 결합되어 있어 보다 지능적으로 작업을 할 수 있도록 만들어진 팔을 총칭하여 스마트 팔(Smart ARM)이라고 정의할 수 있다. 피부 센서들이 있어 로봇의 외부와의 접촉여부를 알 수 있으며, 또 더 나아가 장애물과 얼마나 떨어져 있는지도 알 수 있게 될 것이다. 그리고 동작(Actuation)이 거의 인간의 동작과 유사한 모습을 보이고 크기도 인간의 팔과 비슷하게 된다.

### (3) 촉각 디바이스

햅틱 인터페이스의 넓은 의미로는 가상환경과 촉각적 상호작용을 하는 시스템 전체를 일컫기도 하지만 좁은 영역의 의미로 사람에게 촉감을 전달하기 위한 물리적 장치(Device)를 말하며, 통상적으로 촉각 디바이스(Haptic device)라고 부르기도 한다. 원격지에서 로봇을 제어하는 방법으로 촉각 인터페이스를 이용하여 제어를 하게 되며, 주로 정밀도를 요구하는 작업에서 주로 사용된다.

[그림 2-25] 손의 촉각 디바이스

## 2) 감 각

### (1) 촉 감

#### ① 소형 힘(Force)/토크센싱(Torque Sensing) 시스템

로봇의 팔과 관절에는 상호 작용하는 힘과 관련한 것으로 로봇이 접촉하는 대상 물체에 대해서 사람이 가지고 있는 근감각과 같은 감각으로 인식하게 하고, 이같이 인식된 감각을 이용하여 사람의 근감각과 같은 감각으로 적절하게 반응을 할 수 있어야 하며, 주변환경 및 대상물체와 접촉할 때 로봇에게 인간과 유사하게 인식하고 동작하게 하는 기능을 부여하여 로봇을 이용하거나 상대하는 사람들에게 좀 더 친근감을 느끼게 할 수 있어야 한다. 이를 위해서는 다음과 같은 세부 기술이 필요하다.

- 힘 · 토크 센싱 및 재생 기술
- 대상물을 잡고 있는 압력 감지 기술
- 대상물의 미끄럼 정도를 느끼게 해주는 전단력 감지 기술

#### ② 인공피부 센서 시스템

로봇이 상호작용을 하고 있는 물체 또는 주변환경과의 접촉유무 뿐만 아니라 접촉력, 접촉부위에서의 미끄러지는 정보, 접촉부위의 표면 조도, 접촉부위의 물성 등의 복합적인 힘의 성분을 분해 또는 합성할 수 있는 기능을 부여하여 로봇의 안정성 향상과 보다 인간 친화적인 수단을 제공하여야 한다. 이를 위해서는 다음과 같은 세부 기술이 필요하다.

- 마이크로 어레이(Hicroamays) 고분자 힘 센서 기술
- 전 방향 힘 고성능 감지 및 실시간 신호처리 기술
- 착용 가능한(Wearable) 고분자 감압 천(sheet) 기술

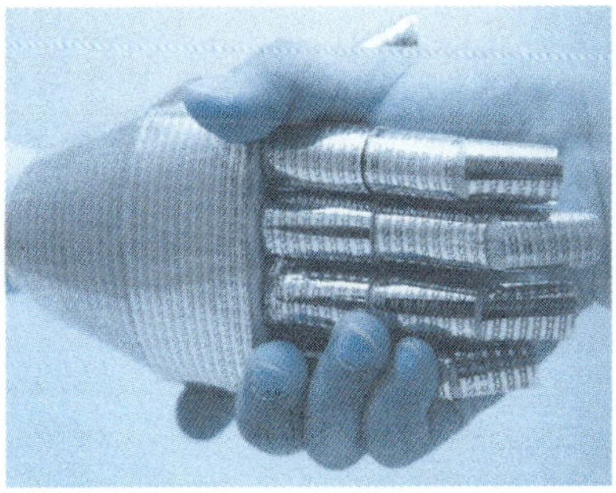

[그림 2-26] 인공피부 손

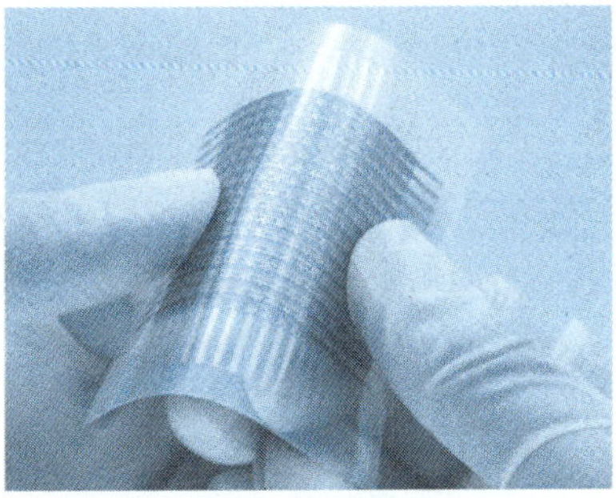

[그림 2-27] 인공피부 센서

### (2) 시 각

① 실시간 스테레오 시각 시스템

로봇이 물체 또는 주변환경에 대한 영상정보를 실시간으로 획득하여 작업환경에 대한 정보를 보다 정확하게 판단할 수 있는 수단을 제공하는 시스템이다. 이를 위해서는 다음과 같은 세부 기술이 필요하다.

- 소형 양안식 또는 다안식 입체 카메라 시스템
- 입체 카메라의 줌, 초점 주시각 및 자동감지 기술
- 입체 영상신호 무선화를 위한 부호화/복호화 기술

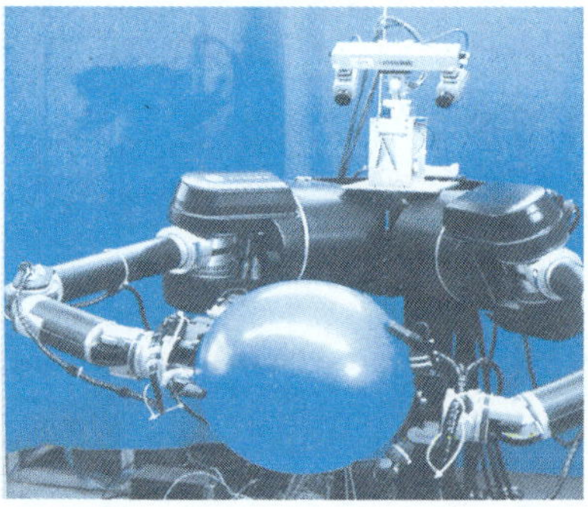

[그림 2-28] 실시간 스테레오 로봇

② 스마트 스테레오 시각 시스템

인간의 시각과 유사한 기능을 로봇에게 부여하기 위한 것으로 로봇이 주변환경 및 대상물체 사이의 3차원 정보를 측정하여 측정된 정보를 이용하여 주변환경 및 대상물체를 검출·인식·재상·추적하는 기술이며, 주변환경 및 대상물체의 3차원 형상을 사람과 같이 실시간으로 인식할 수 있게 하여 로봇이 스스로 판단하여 주어진 임무를 수행할 수 있는 기능을 제공하여야 한다. 이를 위해서는 다음과 같은 세부 기술이 필요하다.

- 물체간 삼차원 형상정보 실시간 획득기술
- 입체영상정보를 이용한 형상인식 및 추적기술
- 3차원 형상 복원 및 학습기술

③ 열화상인식 시스템

화재현상 또는 심야에 주변의 열분포를 인식하여 열 함유 물체를 인식하고 위치를 추적하는 기술을 말한다. 이를 위해서는 다음과 같은 세부 기술이 필요하다.

- 소형・경량・고분해능의 적외선 카메라 시스템 기술
- 적외선을 이용한 물체 감지기술

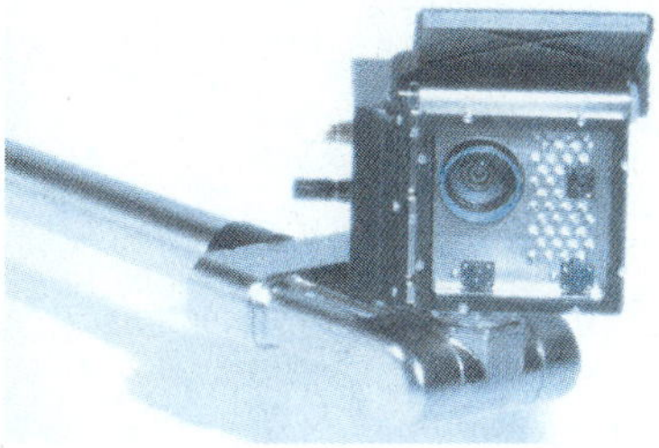

[그림 2-29] 열화상 카메라



### (3) 음 성

① 음성명령언어 인식기술

로봇이 명령어(Keyword)만을 인식하거나, 명령어 전후에 임의의 음성이 발성되어도 명령어만을 추출하여 인식하거나, 또는 정형화된 문장형태로 발음된 음성을 인식하여 명령을 수행하는 기술을 말한다. 이를 위해서는 다음과 같은 세부 기술이 필요하다.

- 고립음성 인식기술
- 연속음성 인식기술
- 음성명령 차례

② 감정대화 인식기술

로봇시스템에 효과적으로 적용하기 위하여 로봇에 응용되는 영역을 제한하여 기술을 개발하고, 이를 토대로 응용 영역을 확대하고 영역을 전환하는 기술을 말한다. 이를 위해서는 다음과 같은 세부 기술이 필요하다.

- 응용영역 제한 감정이해 대화인식기술
- 감정이해・구현, 인식・합성 기술

[그림 2-30] 음성인식에 따른 표정변화

#### (4) 후 각

로봇이 활용되는 곳에서 유해가스 누출 등과 같은 생화화적 이상상태를 감지하고 위험사항을 인식하는 기술을 말한다. 이를 위해서는 다음과 같은 세부 기술이 필요하다.

- 가스 센서의 소형화 기술
- 다종 복합가스 인식용 센서 기술

### 3) 제 어

#### (1) 학습 및 인지

로봇에게 여러 번의 교육을 통해 물체나 행동을 학습시키며, 자율적 학습을 통하여 스스로 대상을 인식하고 학습을 강화해 나가는 기술을 말한다. 학습에 이용되는 도구로는 비전(Vision), 센서(Sensor), 인코더(Encoder) 등의 정보를 종합하여 집안 등의 외부환경을 3차원으로 인식 표시하여야 하며, 사람의 표정 등을 인식하여 그에 대한 로봇의 반응을 표현하여야 한다.

#### (2) 자율제어

로봇이 영상정보나 음성명령의 지시를 받고 외부환경으로부터 이동계획을 세우고 장애물을 회피하여 이동하는 경우 문턱 등 집안 장애물에 의한 미끄러짐 등이 있어도 자기의 절대위치를 인식할 수 있어야 하며, 로봇의 팔과 손을 가지고 작업을 하기 위해 여러 자유도 중 어느 것을 이용할지 최적화된 계획을 세워 제어하여야 한다.

### 4) 기 타

인간이 존재하기 위해서는 의·식·주를 해결하는데 존재의 이유가 있다. 로봇 또한 식에 대한 문제를 해결해야 하며, 이에 대한 방안이 충전지(Battery) 기술개발이다. 충전지는 로봇에서 가장 중요한 기술로 어떠한 기능 보다 초기에 충전지에 대한 설계가 이루어져야 한다.

우선 자동 충전 기능이 기본적으로 포함되어야 하며 위에 열거된 모든 기술에 자동충전에 대한 기능이 포함됨으로써 지능형 로봇이 탄생될 수 있다.

# 03장 지능형 로봇의 구조

• 로봇의 구조는 로봇의 모양, 구조, 구성요소 등에 따라 그 형태는 여러 가지이며, 이러한 로봇의 사용목적에 따라 산업용 및 가정용(서비스) 로봇으로 분류할 수 있다. 이 장에서는 산업용 및 가정용(서비스) 로봇의 예로 들어 로봇의 형태 및 구조를 알아본다.

## 01 산업용 로봇의 종류와 구조

산업용 로봇은 인간의 4D직업(지루함(Dull), 더러운(Dirty), 위험한(Dangerous), 어려운(Difficult))이라고 불리는 일에서 인간을 해방시켜 주기 위하여 여러 가지 형태의 산업용 로봇이 일선 현장에서 사용되고 있다. 산업용 로봇의 경우에는 각 현장의 작업조건에 따라 형태와 구조가 상이하면 반면, 기초 로봇 기술은 모든 로봇이 동일하게 적용되고 있다. 이러한 로봇의 형태와 구조에 대하여 알아본다.

### 1) 픽 앤 플레이스 로봇(Pick & Place Robot)

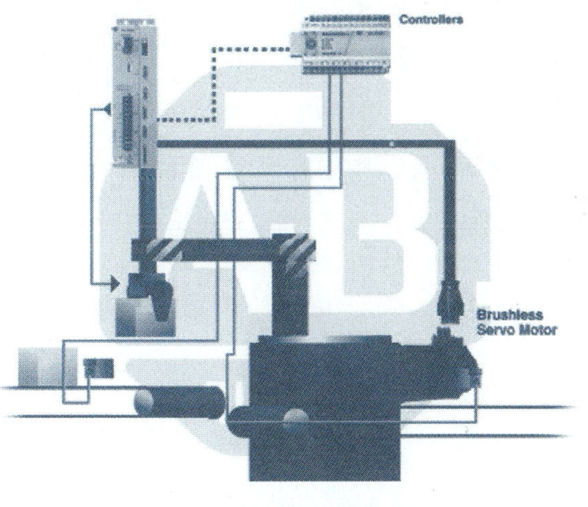


[그림 3-1] 픽 앤 플레이스 로봇

시작점과 끝점, 그리고 경로가 고정되어 있는 핸들링 공정에 적용되어 사용되는 로봇을 픽 앤 플레이스 로봇(Pick & Place Robot) 또는 시퀀스(Sequence)형 로봇이라고 한다.

[그림 3-1]과 같이 두 개의 자유도를 가지고 평면상에서 간단한 동작만이 요구되는 공정에 적용되며, 또 한 개의 자유도만 사용하여 한 방향으로만 움직이게 하며, 그리퍼(Gripper)를 한쪽 끝에 장착하여 다른 쪽은 로봇의 말단장치(End-effector)가 장착되어 깊숙한 곳의 물체를 잡는데 사용을 한다.

픽 앤 플레이스 장치는 고정된 운동순서와 경로 혹은 운동각을 가지며, 이들을 변경하려고 하면 사용된 부품을 다른 것으로 바꾸거나 이들을 다시 조정하여야 한다. 픽 앤 플레이스 로봇의 기본 운동은 픽업(Pick-up), 이송(Transfer), 정렬(Placing)의 운동형태를 나타내며 [그림 3-2]는 픽 앤 플레이스의 기본 운동형태이다.

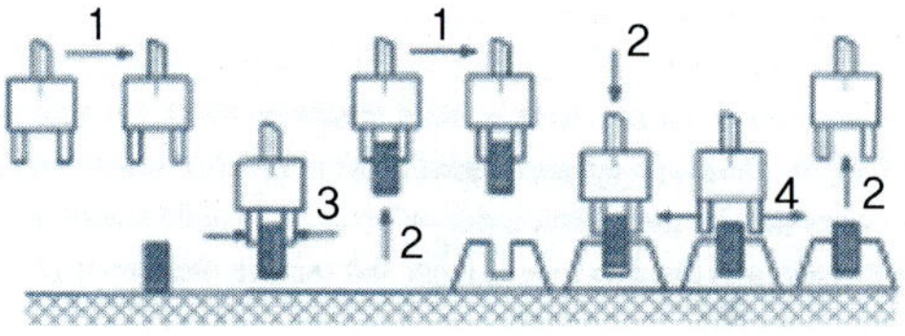


[그림 3-2] 픽 앤 플레이스 운동방법

## 2) 직교좌표 로봇

### (1) 정 의

직교좌표 로봇(Cartesian Coordinate Robot)은 직선 축으로만 구성되어 있는 로봇이다.

[그림 3-3]과 같이 1번 축은 좌우운동(X축), 2번 축은 전하운동(Y축), 3번 축은 상하운동(Z축)을 나타내는데 사용된다. 이러한 구조는 각 축의 운동이 어떤 한 방향에 제한을 받으며, 다른 2개의 축과는 서로 독립적이다. 또한 잡은 물체의 방향을 바꿀 수 있도록 끝에 회전축($\theta$)을 붙여 4축으로 만든 직교좌표 로봇도 있다.

[그림 3-3] 직교좌표 로봇

직교좌표 공간(XYZ)에서 로봇의 작업공간은 정육면체이거나 직육면체이므로 로봇이 수행하는 어떠한 작업도 이러한 작업공간 내에 포함되는 운동이어야 한다. 또한 인간에게 가장 익숙한 좌표계가 90°씩 떨어져 이루는 직교좌표계이기 때문에 일반 이용자가 쉽게 작업교시를 할 수 있도록 되어 있다.

직교좌표 로봇은 흔히 XYZ 로봇이라고 불리며, 로봇의 핵심 부품은 모터의 회전운동을 직선운동으로 바꾸는 동력전달 기구인 볼 스크루(Ball Screw)가 가장 많이 사용되고 있다. 또한 직교좌표의 특징은 기본적으로 직선운동을 하기 때문에 각 운동방향으로 완전히 운동이 독립되어 있다는 것이다. 작업영역의 모든 위치에서 기구학과 동역학이 변하지 않기 때문에 균일한 제어특성을 가지고 제어가 간단하다. 또 위치에 따른 반복 정밀도의 변화는 거의 무시할 수 있으며, 세 방향이 서로 독립적인 운동을 하기 때문에 한 축씩 모듈형으로 설계하는 것이 제어에 용이하다.

### (2) 장·단점

① 장 점

- 직선이동에 대하여 제어가 간단하다.
- 높은 기계적 강성, 정확한 반복 정밀도 성능
- 권상하중(Weight-lifting) 능력이 작업공간 내의 다른 위치에서도 변경되지 않기 때문에 무거운 하중을 운반할 수 있다.
- X축에 따른 작업반경을 넓힐 수 있으므로 큰 작업영역에 용이하다.

② 단 점

- 한 번에 한 방향으로만 이동하는 한계가 있다.
- 작업공간 이외의 접근은 로봇 지지구조에 의해 손상을 받을 수 있다.
- 오버헤드(Overhead) 구동 메커니즘과 제어장치를 가진 몇 가지의 모델은 유지보수가 어렵다.

### (3) 응용분야

- CNC 선반과 밀링 자동 장착
- 표면 마무리 가공작업
- 오염제거 로봇을 이용한 X-선 중성자 방사선 사진촬영
- 픽 앤 플레이스 응용분야

### 3) 원통좌표 로봇

#### (1) 정 의

원통좌표 로봇(Cylindrical Coordinate Robot)은 2개의 직선운동과 1개의 회전운동의 구조를 가진다. 1개의 회전능력인 자유도와 2개의 직선운동 자유도를 가진 로봇은 가벼운 운동을 수행할 수 있다. 첫 번째 좌표는 상하 좌표축에 대한 베이스 회전각이며, 두 번째 좌표는 로봇이 위치할 수 있는 각도에서 반지름 방향인 Y축의 입출운동에 해당한다. 마지막 좌표는 상향방향인 Z축에 해당한다.

[그림 3-4]는 원통좌표 로봇의 예로 반도체 웨이퍼 이송 로봇으로 웨이퍼를 정해진 구간으로 빠르게 정확하게 이송하는데 사용된다.

[그림 3-4] 웨이퍼 이송 로봇

#### (2) 장·단점

① 장 점

- 넓은 수평범위의 운동이 가능하며 원거리 범위 작업에 용이하다.
- 정확한 반복 정밀도 성능
- 수직구조는 측 공간을 유지한다.
- 1축의 회전축 자유도에 설계에 따라 큰 적재하중 능력을 가진다.

② 단 점

- 제어 시스템이 복잡하다.
- 회전축의 중력에 의한 관성을 이겨야 하므로 기계적인 강성은 직교좌표형 로봇의 강성보다 낮다.
- 오버헤드(Overhead) 구동 메커니즘과 제어장치를 가진 몇 가지의 모델은 유지보수가 어렵다.

(3) **응용분야**

- 코팅, 조립 일반적인 물류이송
- 정밀도를 요구하는 반도체 웨이퍼 이송장치
- 정밀 부품의 장착과 탈착
- 가공물 주소, 성형 사출

## 4) 수평다관절 로봇(Horizontal Articulated Robot)

(1) **정 의**

일반적으로 1개의 선형(수직)운동이고 2개의 회전운동으로써 특정 위치 좌표에 도달할 수 있다. SCARA(Selective Compliance Assembly Robot Arm)라 불리는 이 로봇은 수직요소인 베이스에 고정된 2개의 수평관절 세그먼트와 1개의 선형 수직운동 축을 갖고 있다.

첫 번째 회전운동은 수직축에 대한 어깨에 해당하며, 두 번째 회전운동은 수직축에 대한 발꿈치에 해당되며, 세 번째 선형운동은 수직으로 상하로 이동하는 Z축에 해당된다. [그림 3-5]는 현재 시판되고 있는 SCARA 로봇이며, [그림 3-6]은 SCARA 로봇의 운동반경을 나타낸다.

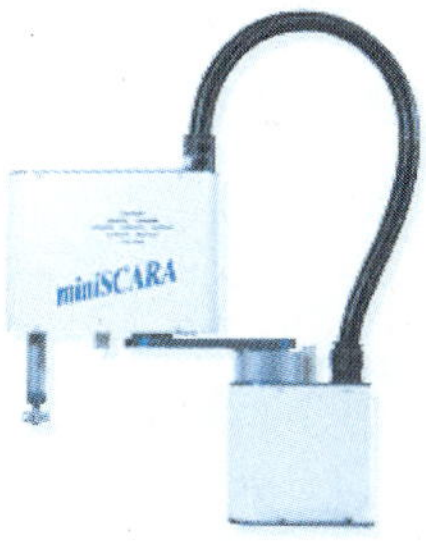


[그림 3-5] SCARA 로봇

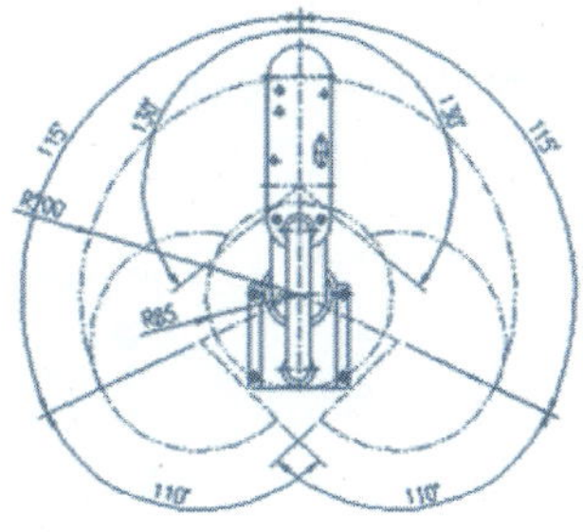

[그림 3-6] SCARA 로봇 회전반경

(2) **장·단점**

① 장 점

- 최소의 설치공간
- 직교형이 원통형보다 더욱 정밀하며, 비교적 넓은 작업영역을 갖는다.
- 유연성이 높다.

② 단 점

- 프로그래밍이 복잡하기 때문에 매우 정교한 제어기가 필요하다.

- 2축, 3축의 최대 범위에 접근할 때 안정성이 떨어진다.

(3) **응용분야**

- 자동조립, 다이캐스팅 재료절단·절삭 분야
- 반도체 부품검사 및 부품 착·탈착 분야
- 도장 및 접착제 도포공정 분야
- 정밀용접 분야

## 5) 수직다관절 로봇(Vertical Articulated Robot)

(1) **정 의**

불규칙하게 형성된 작업영역에서 작업을 수행하고 2개의 기본형상, 즉 수직과 수평형상을 갖는다. 수직(Vertical)관절 로봇은 공간상의 어떤 지점에도 도달할 수 있도록 3개의 회전운동을 한다. 이러한 디자인은 2개의 링크와 어깨와 팔꿈치로 구성된 인간의 팔과 유사하며, 그리고 Z축에 대하여 베이스를 회전시킴으로써 공간상의 원하는 지점에 손목을 위치시킬 수 있다.

첫 번째 회전은 베이스에 대한 회전, 두 번째 회전은 수평축의 어깨에 대한 회전, 마지막 운동은 팔꿈치에 대한 회전이다. 그것은 수평축에 대한 회전하지만 이 수평축은 베이스와 어깨의 회전에 의하여 공간상의 어떠한 위치에도 존재할 수 있다.

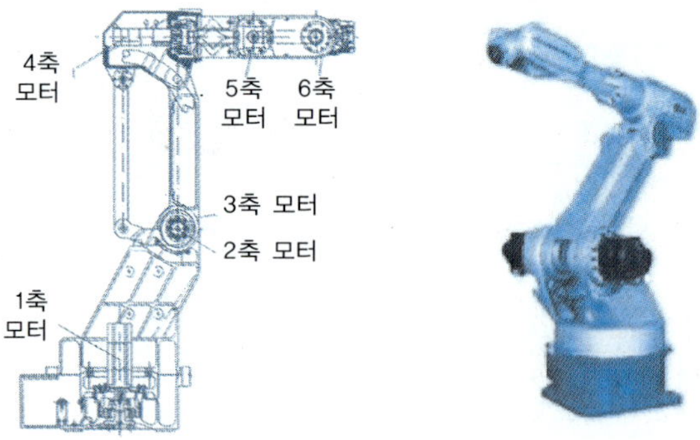


[그림 3-7] 수직다관절 로봇

작업영역은 로봇을 위에서 보았을 때 원형이고, 측면에서 보았을 때 관절의 운동 한계로 인하여 내부의 부채꼴 모양을 가진 형태를 한다. 이러한 로봇의 형태는 다양한 방향으로 빠른 속도로 이동할 수 있으며, 주어진 위치에 다양한 각도로 접할 수 있다. 그러므로 이것은 도장과 용접에 매우 유용하게 응용된다.

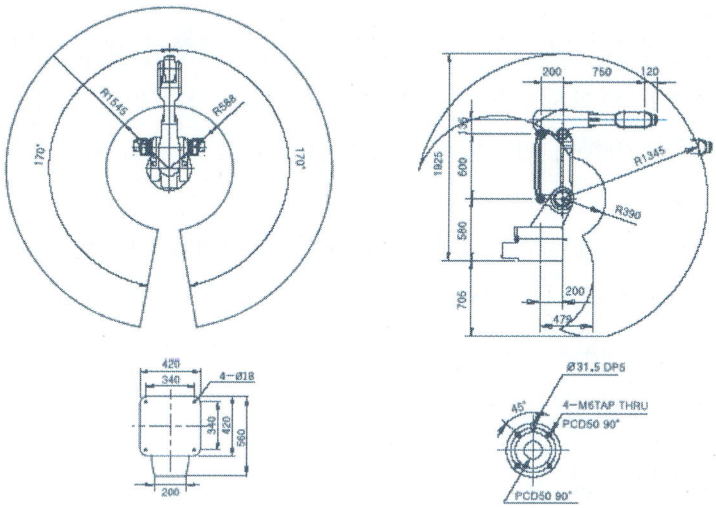


[그림 3-8] 수직다관절 로봇 운동반경

### (2) 장·단점

① 장 점

- 고속, 고성능, 높은 신뢰성을 갖는다.
- 넓은 작업영역을 갖는다.
- 유지보수가 용이한 AC 서브 모터를 사용한다.

② 단 점

- 가반하중에 대응하는 최적의 개별 단위의 설계가 필요하다.
- 프로그래밍이 복잡하기 때문에 매우 정교한 제어기가 필요하다.

### (3) 응용분야

- 자동조립 및 ARC 용접 분야
- 적재공정 등 정밀 및 무거운 하중 이송 분야

## 02 지능형 로봇의 종류와 구조

21세기의 인간중심사회에서 돌파형 기술혁명 결과를 융합한 새로운 시스템으로서 개인의 삶을 혁신적으로 변화시킬 도구는 인간과 같이 생활하며 인간의 기능을 대신하거나 오히려 인간기능을 능가하여 인간에게 새로운 삶을 누릴 수 있도록 하는 지능형 로봇시스템이라 할 수 있다.

인간기능을 갖는 지능형 로봇이란 인간과 상호작용하면서 현실공간을 공유하고 인간의 기능을 대신할 수 있는 여러 형태의 로봇시스템으로서 인공지능기술, 뇌공학기술, 초소형 기계전자기술, 생체공학기술(BT) 및 나노기술(NT) 등 혁신적인 신기술을 접목한 다양한 로봇이 있다. 이 장에서는 이러한 로봇에 대한 구성에 대하여 알아본다.

### 1) 공공안내 도우미 로봇

공공안내 도우미 로봇은 음성인식 가능 어휘 수 및 영상인식 기술을 기반으로 방문객과의 다양한 상호작용을 통해, 실제 사람이 수행하는 안내와 유사한 서비스를 제공하여 방문객의 호기심과 관심을 유도하여야 한다. 예를 들어 "화장실이 어디입니까"라고 관람객이 물으면 팔의 자유도 및 UI(User Interface)를 이용하여 화장실의 방향을 알려 주는 안내 도우미와 똑같은 역할을 수행할 수 있어야 한다.

또한 관람객에게 실질적인 서비스를 제공하게 되는 여러 가지 서비스 및 안내 콘텐츠, 인식 서비스, 센서 네트워크를 통한 환경인식 등은 독립된 서버를 통한 수행을 기본으로 하며, 이러한 동작을 하기 위해서는 기존의 독립적인 로봇과의 구조는 동일하나, 관람객에 대한 안내 및 의사표현을 하기 위한 UI 및 사람의 팔과 같은 자유도가 필요하다.

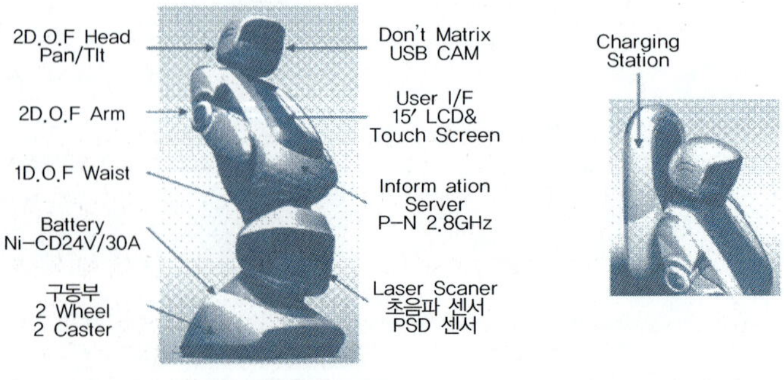


[그림 3-9] 공공 도우미 시스템 구조(로봇테크)

### (1) 시스템 구성

이 시스템의 구성은 정부에서 추진중인 공공 도우미 로봇에 대한 시스템 구성으로 사용자들에게 호기심을 불러일으키기 위한 디자인과 안내를 위한 유저 인터페이스(User Interface)로 구성되어 있다.

① 4 D.O.F 팔 : 사용자의 안내를 보다 효율적으로 안내하기 위한 4자유도의 팔을 장착하고 있다.

② 2 D.O.F Pan/경사(Tilting) : 팔 이외의 보다 많은 동작구현을 위한 Panning 및 Tilting 구조로 설계되어 있다.

③ 1 D.O.F 웨스트 : 보다 로봇의 유연성을 높여 사용자에 대한 안내를 효율적으로 대응하기 위한 허리 부분의 자유도 설계

④ 2 바퀴(Wheel) & 2 캐스터 : 자유로운 주행과 안정된 주행을 위한 2바퀴(Wheel) & 2다리바퀴(Caster) 설계

⑤ USB Camera : 원격 모니터링 및 감시, 제어를 위한 카메라 장착

⑥ 15" LCD & 터치 스크린 : 로봇의 감정을 표현하고, 필요에 따라 고객들에게 필요한 전달사항을 공지해 줄 수 있도록 하였으며, 마이크 및 스피커를 통한 음성인식이나 합성을 통해서 사용자와의 상호작용이 가능하도록 설계

⑦ 레이저 센서 : 지능 주행을 하기 위한 환경인식용 메인 센서

⑧ 초음파 및 PSD 센서 : 전방 및 후방의 물체를 감지하거나, 낭떠러지를 감지하기 위한 센서 설계

⑨ 결합부분 (Docking station) : 지능 주행중 배터리를 충전하기 위한 충전대 설계

이상이 공공안내 도우미 로봇에 대한 구조를 간략히 설명한 것이며, 세부 로봇 구조는 일반적인 지능형 로봇 구조와 동일한 구조를 가지고 있다.

### (2) 주요 서비스

지능형 로봇은 로봇의 기본 3원칙 외 편리함, 안전함, 즐거움의 3요소를 추가함으로써 인간과 공존하며, 인간에 대한 삶의 질의 향상시킬 수가 있다. 공공안내 도우미 로봇의 주목적은 특정 공간에서 사용자에게 안내 서비스를 제공하는 로봇이므로 다음과 같은 서비스에 대한 기본 기능을 포함하고 있다.

[표 3-1] 서비스 로봇의 구분과 기능

| 구 분 | 기 능 | 내 용 |
|---|---|---|
| 안 내 | 안내 및 업무보조 | 업무안내 및 전시내용 설명 |
| | 일반정보 서비스 | 뉴스, 날씨, 교통정보, 여행정보 서비스 |
| | 안내주행 | 업무안내 후 해당 위치안내 주행 서비스 |
| | 장애인 안내주행 | 물건이송 및 해당 위치안내 주행 서비스 |
| | 입구 영접 및 환영 | 전시장 개소/폐소 시간에 맞추어 고객응대 |
| | 외국인 안내 | 영어안내 콘텐츠 및 외국인 안내 |
| 보 안 | 보안녹화 | 모바일 DVR 개념의 상화 모니터링 감시 |
| | 원격 모니터링 | 로봇을 통한 원격 모니터링 |
| 오 락 | 건의사항 접수 | 업무 개선사항에 대한 건의사항 접수 |
| | A.O.D/V.O.D | 최신 히트곡, 뮤직 비디오 등이 로봇의 동작과 연동 |
| | 네트워크 프린터 서비스 | 나만의 포토스티커 서비스 |
| | 교육 콘텐츠 | 동화, 동요 및 플래시 애니메이션 동작 |
| | 미니게임 | 미니게임, 게임 이벤트 발생시 로봇의 동작 연동 |

위 기능에 대한 전반적인 기능은 독립적인 외부 서버에서 필요에 따라 네트워크를 이용하여 다운받아 사용한다.

## 2) 청소 로봇

조립이나 동작, 용접 등 단순 반복작업이나 위험한 산업현장에 주로 쓰이던 로봇이 가정으로 들어오고 있다. 최근 가정용 서비스 로봇으로 청소용 로봇의 개발이 활성화되면서 로봇의 생활화가 성큼 다가서고 있다. 청소용 로봇이 인기를 끌 수밖에 없는 이유는 인건비의 절감과 편의성이 있다.

최첨단 진공청소기들이 수없이 나오지만 아직은 사람의 손에 의존하고 빗자루나 걸레를 이용하며, 진공청소기를 들고 청소작업에 나서야 한다. 청소 로봇은 이러한 불편함을 한꺼번에 없애줄 수 있다.

### (1) 청소 로봇 분류

① 단순동작형

충돌감지 센서에 의존하여 벽이나 장애물에 출동할 경우 이동경로를 변경하면서 청소를 수행하는 로봇으로 어느 방향으로 이동할지 예측이 불가능하기 때문에 방안에서 장시간동안 동작시키면 80~90% 청소가 가능하다.

[그림 3-10] 아이클레보(유진로봇)

[그림 3-11] 룸바(아이로봇)

단순한 충돌감지용 스위치나 충돌시 방향이 변하게 고안된 구르는 공형태를 갖고 모션을 제어한다. 부직포를 이용하므로 잔 먼지나 머리카락 등을 정전기에 의해 부착되게 하는 방식으로 청소를 한다. 또한 충돌을 감지하기 위한 범퍼스위치, 적외선을 감지하여 가상 벽을 검출하거나 벽면을 검출하는 센서, 회전 브러시와 저출력의 흡입 모터를 갖추고 있다. 청소 알고리즘으로는 나선형 청소, 랜덤 청소, 벽면 추종 등을 혼합하여 사용한다.

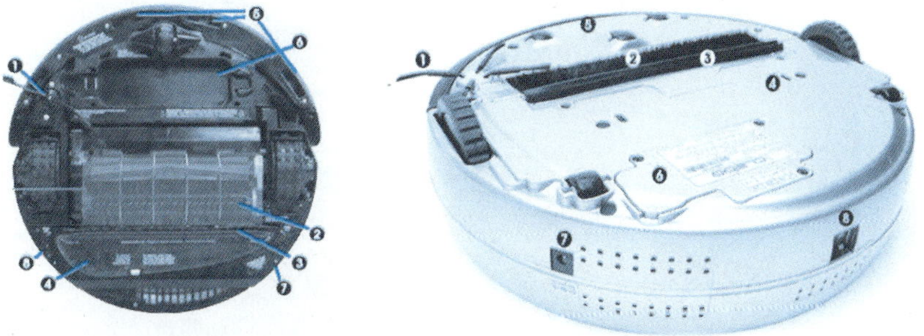

❶ 사이드브러시 ❸ 미세먼지 흡입구 ❺ 바닥감지 센서 ❼ 배터리 충전 소켓
❷ 메인브러시 ❹ 먼지 배출구 ❻ 배터리 장착부위 ❽ 전원 스위치

[그림 3-12] 단순 동작형 하부 구조

② 중기능형

청소시 이동 알고리즘은 기본적으로 단순동작형 이동방법과 동일하나, 자동충전이 가능하고, 청소효율을 높이기 위한 이동경로 제어가 포함되어 있으며, 방범 기능이 추가되어 있다.

[그림 3-13] 트릴로바이트(일렉트로룩스)

[그림 3-14] 로보킹 2(LG전자)

청소흡입력이 기존의 핸드헬드 청소기 수준인 60W급을 최소한 유지하는 것에서 시작된다. 단순동작형에 비해 초음파, 적외선, 충돌감지용 범퍼 등의 다양한 센서를 장착하고 있으며 자동충전 기능을 갖고 있는 것이 자동청소 측면에서 가장 큰 특징이다. 장착된 센서를 통해 장애물을 감지하고 장애물에 대한 거리를 판별하여 대부분 충돌 없이 이를 피해 청소를 하여야 한다. 청소방식으로는 램던 방식을 주로 사용하며 청소중 배터리의 소모로 인한 충전은 자석감지용 홀센서와 적외선, 초음파 센서 등을 이용하여 자동으로 충전기를 찾아 도킹하는 알고리즘을 사용한다.

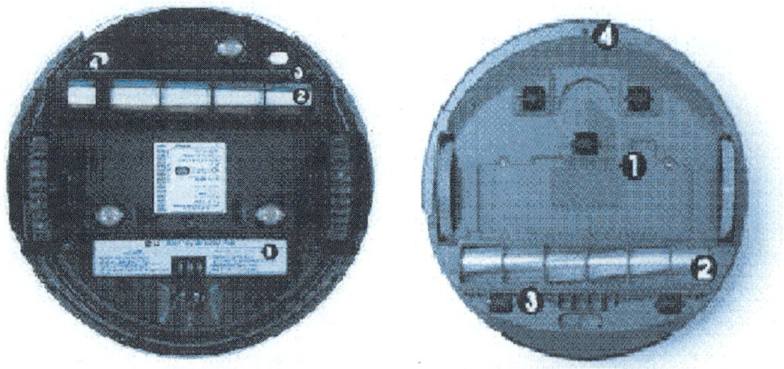

❶ 배터리 장착부위 ❸ 미세먼지 흡입구
❷ 메인브러시 ❹ 바닥감지 센서

[그림 3-15] 중기능형 하부 구조

중기능형에서의 램덤 청소방식은 우선적으로 공간의 사이즈를 측정하기 위해 벽면을 추종하면서 벽면 외각을 1회전한 후 일정 각도를 가지고 장애물을 만날 때까지 진행을 하다가 장애물을 만나면 다시 일정각도로 회전 후 다시 진행하는 청소 모션을 취한다.

이 청소방식의 단점으로는 청소되지 않는 영역이 발생되며, 이에 의해 자체 에너지에 대비하여 효율적인 청소가 되지 않으며 빈틈없이 전 지역을 청소하려면 좁은 지역이 아니고는 불가능하다.

③ 고기능형

가장 큰 차이점을 청소효율에 두고 있다. 기능적으로는 약간의 차이가 있지만 청소를 위한 성능과 기능면에서는 큰 차이를 갖고 있다. 청소를 위한 성능과 효율적인 측면으로는 우선적으로 청소 알고리즘이 랜덤 방식에서 벗어나 로봇 자신이 자기가 청소한 영역을 알아야 하고 중복 청소를 적게 해야 효율적인 청소가 가능하다. 이러한 방식을 매핑 방식, 바둑판식, 오토맵 방식이라고 한다.

[그림 3-16] 크루보, 오토로 청소방식

[그림 3-17] 크루보(삼성전자)

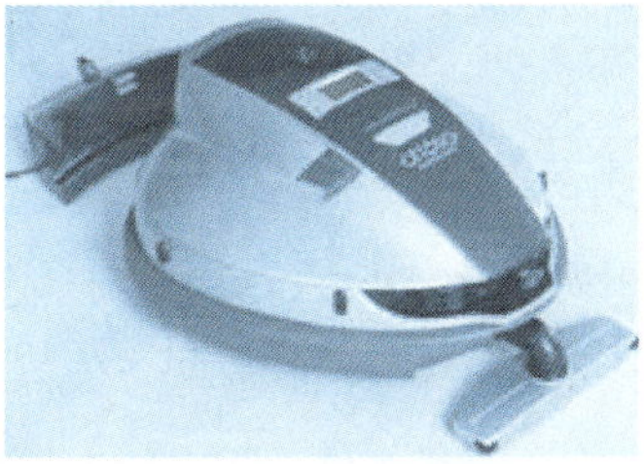

[그림 3-18] 오토로(한울로보틱스)



### 3) 네트워크 정보 콘텐츠 로봇

현재 미국과 일본 등에서는 하루가 다르게 새로운 기술과 시도로 우리를 깜짝 놀라게 하는 로봇 기술을 선보이고 있다. 감정을 갖는 코그로봇 두 다리로 춤을 추고 점프까지 하는 소니의 규리오, 로봇 내비게이션 기능을 갖춘 청소 로봇까지 다양한 형태로 우리에게 한발한발 다가오고 있다. 향후 10년 이내에 가정에서 한 대의 로봇을 쓰는 본격적인 로봇 시대가 열릴 것이라고 예측을 하며, 이 로봇에는 지금의 컴퓨터가 음성인식 기능과 이동기능을 갖추어 집을 돌아다니며 경비 정보서비스, 가전제품제어, 간단한 심부름, 친구 역할 등을 해주는 고지능 심부름 지능형 로봇이 될 것이다.

### (1) URC 정의

지능형 서비스 로봇은 인간과 상호작용을 통하여 인간의 명령 및 감정을 이해하고 반응하며 정보통신기술을 바탕으로 인간에게 다양한 서비스를 제공하며, 외부 환경인식 정보의 획득, 지능적 판단, 자율적인 행동 등의 인공지능기술을 이용하여 인간을 지원하는 기술을 바탕으로 인간과 서로 상호작용하면서 가사지원 교육 엔터테이먼트, IT 등 다양한 형태의 서비스를 제공하는 인간 지향적인 로봇으로 정의할 수 있다. "언제 어디서나 나에게 필요한 서비스를 제공하는 로봇"의 개념이 URC(Ubiquitous Robotics Company)의 정의이다. 또한 네트워크 정보 콘텐츠 로봇은 URC의 기본 개념에 보다 많은 콘텐츠를 네트워크를 이용하여 사용자에게 제공하는 로봇이다.

### (2) 네트워크 기반 로봇의 분류

① 독립형 로봇

네트워크와는 전혀 무관하게 독립적으로 운영되는 특화된 기능을 내장한다. 로봇의 구동을 위한 제어시스템, 다양한 센서 및 신호처리 시스템, 콘텐츠 제공을 위한 소프트웨어 및 중앙제어 시스템을 모두 탑재하고 있어 가격이 비싸고 기능이 제한적이다. 엔터테인먼트 로봇이나 퍼스널 로봇의 경우 기능과 동작 특성의 개선이 매우 어렵기 때문에 높은 가격에도 불구하고 활용기간이 길지 않다.

② 소결합용(Loosely-coupled) 네트워크 기반 로봇

인터넷 접속을 통해 실행되는 소프트웨어를 다운로딩받거나 인터넷에서 필요한 정보를 제공받아 사용자에게 전달할 수 있는 형태의 네트워크 활용이 제한적인 로봇을 말한다. 원격지에서 핸드폰 혹은 PDA와 같은 이동통신 단말기를 통해 제어될 수 있고 제한된 정보를 이동통신 단말기에 제공할 수 있다.

이 경우에는 로봇 스스로가 인터넷을 통해 개선된 서비스 콘텐츠를 받아들여 스스로의 기능과 동작특성을 개선할 수 있고, 인터넷에서 사용자가 필요로 하는 정보를 수집하여 제공할 수 있다는 관점에서 한 단계 발전된 로봇이라 할 수 있다. 이 로봇은 구동을 위한 제어 시스템, 다양한 센서 및 신호처리 시스템, 콘텐츠 제공을 위한 소프트웨어 및 중앙제어 시스템이 모두 탑재하고 있지만, 네트워크 활용을 통해 정보를 제공하거나 공유할 수 있다는 장점을 갖는다.

③ 밀결합용(Colsely-coupled) 네트워크 기반 로봇

로봇 자체에는 로봇 구동을 위한 제어기, 센서 인터페이스 및 무선통신 인터페이스만

을 장착하고 대부분의 신호처리와 상위수준의 제어 및 인공지능 기능을 네트워크에 연결된 다수의 컴퓨터를 활용하여 처리할 수 있는 로봇을 말한다. 이 로봇은 내부에 대용량 연산능력을 갖춘 컴퓨터가 필요 없어 로봇의 가격을 낮출 수 있고, 필요한 로봇 플랫폼을 활용하여 서로 다른 다양한 서비스를 제공할 수 있는 장점이 있다.

대용량의 센서 데이터들이 유무선 통신망을 통해 전송되기 때문에 대용량 데이터의 실시간 전송을 위한 네트워크 기술, 환경변화에 대응할 수 있는 로봇 핵심기술, 필요한 제어 및 인공지능 서비스를 제공할 수 있는 분산형 고성능 서버 시스템 기술이 필요하다.

이러한 로봇의 경우에는 저렴한 가격의 로봇을 구입하고 핸드폰에서와 같은 저렴한 콘텐츠 사용료만을 제공함으로써 유용한 서비스를 제공받을 수 있다.

④ 센서 네트워크 기반 로봇

환경 속에서 내장된 센서 네트워크를 활용할 수 있는 네트워크 기반 로봇이다. 네트워크의 이용이 활성화되면 생활공간 속에 설치된 센서 네트워크와 연계하여 로봇과 환경에 대한 정보를 추출, 활용할 수 있어 로봇이 제어 및 인공지능 기능에 대한 신뢰성을 더욱 높일 수 있어 다양한 분야에 적용할 수 있다.

### (3) 네트워크 기반 로봇 구조

네트워크 기반의 로봇은 기본적인 구조는 공공안내 도우미 로봇 및 청소 로봇(고기능형)과 하드웨어는 유사하다. 단 사용자에게 보다 많은 서비스를 제공하기 위한 정보 네트워크 기능이 보강되어 있으며, 또한 내장된 하드웨어의 사양이 고사양, 저가격으로 구성이 되어 있다.

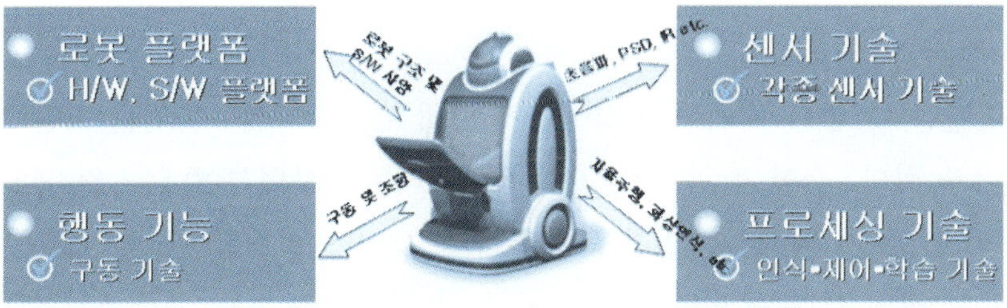


[그림 3-19] 지능형 로봇 기본 구조

① 임베디드 프로세서

로봇의 고속 연산처리를 위한 중앙제어 시스템으로는 인텔 PAX27x와 모토로라의 ARM926EJ의 연산 제어장치를 사용한다. 이 외 다수의 중앙제어 시스템이 출시가 되어 있으며 이 연산 제어장치를 사용하는 경우도 있다.

이 중앙제어 시스템은 로봇의 동작 소요시간을 증대하기 위해 저전력 프로세서 및 무선 단말을 응용으로 하는 멀티미디어 처리가 기본으로 내장되어 있고, 로봇 내부 인터페이스 버스인 USB 1.1 or 2.0 호스트와 슬레이브를 기본으로 지원을 하고 있다. 고해상도 CMOS/CCD 비디오 센서 인터페이스와 LCD 컨트롤러를 추가적으로 부착하지 않도록 설계되어 있어 하드웨어에 대한 공간을 최소한으로 줄일 수 있다.

② 내장형 하드웨어

URC 로봇에 내장되는 하드웨어 모듈을 총칭하며 로봇의 전체기능을 관리하며, 로봇 내부의 네트워크와 무선 LAN 기반의 외부 액세스 네트워크를 연동하는 유무선 네트워크 허브 기능을 갖는다.

로봇 내부의 주요 기능 모듈은 대용량의 데이터 이동이 필요한 음원추적 및 음성인식을 위한 오디오 인터페이스, 비전 인터페이스 그리고 수 ms 이내의 실시간 응답시간을 요구하는 제어 통신망 기반의 센서 및 액추에이터(Actuator) 모듈로 구성된다.

[그림 3-20] XScale PAX27x

#### 4) 극한 작업 로봇

사람이 다가갈 수 없는 혹독한 환경에서 사람과 같은 고도의 작업을 하는 로봇을 극한 작업 로봇이라 한다. 극한 작업 로봇의 활동하는 주요 작업분야에는 원자력 시설, 심해 등이다. 이러한 특수 환경에서 인간을 대신하여 작업하는 로봇 중 하나며, 최근에 특히 부각되는 극한 작업 로봇 등으로 무너진 건물 잔해 속으로 들어가 생존자를 탐색하는 인명 구조용 로봇의 개발이 진행중에 있다. 극한 작업 로봇의 경우에는 자율주행기술, 환경인식기술, 자기위치인식기술, 실시간 통신기술, 정밀센서기술 및 고성능 배터리 기술 등이 복합적으로 적용된 로봇이다.

(a) MOIRA

(b) SORYU

(c) T52

[그림 3-21] 생존자 탐색

# 04장 지능형 로봇 제어 시뮬레이터의 개요 및 특징

• Exciting & Dynamic Robot control Simulation software(EDRS)는 다양한 3D로봇, 3D환경을 통해 실감나는 Kinetic 엔진을 통해 더 쉽고 편리하게 로봇을 시뮬레이션할 수 있는 시뮬레이션 프로그램이다. EDRS의 특징과 기본적인 사용법을 살펴보자.

## 01 지능형 로봇 제어 시뮬레이터의 개요

지능형 로봇 제어 시뮬레이터(EDRS)는 Exciting & Dynamic Robot control Simulation Software라는 의미처럼 사용자가 쉽고 빠르게 지능형 로봇을 개발하고 교육하기 위한 시뮬레이션 소프트웨어이다.

EDRS는 사용자에게 다양한 환경과 로봇을 제공하며, 3D환경을 토대로 역동적인 로봇 시뮬레이션을 제공할 뿐만 아니라 Kinetic 엔진을 통해 실감나는 로봇 시뮬레이션과 섬세한 동작제어를 제공한다.

또한 3D Max 플러그인을 이용하여 자신만의 로봇이나 환경요소 라이브러리를 손쉽게 생성할 수 있으며 자체 컴파일러를 보유하고 있어 C, C++, Flowchart Language를 이용하여 각 로봇, 센서들을 제어하고 빌드, 디버깅이 가능하다.

### 1) EDRS의 특징

① 3D 라이브러리 방식으로 사용자가 로봇 및 환경을 구성하여 다양한 환경에서 시뮬레이션이 가능

② 로봇 에디터와 환경 에디터를 제공하여 로봇 및 환경을 다양하게 구성

③ 로봇 및 환경요소에 다양한 센서를 사용자가 원하는 곳에 부착, 모니터링

④ 28종의 센서를 제공하며, 각 센서들은 실제와 유사한 파라미터를 입력하여 시뮬레이션

⑤ 3D맥스를 이용하며 사용자가 직접 그린 로봇, 사물, 환경들을 Export And Load 가능하며, 라이브러리에 등록하여 시뮬레이션 가능(Option)

⑥ 자체 컴파일러를 보유하고 있어 C, C++, Flowchart Language를 이용하여 각 로봇,

센서들을 제어 가능하고, 빌드, 디버깅이 가능

⑦ 로봇 제어를 위한 프로그래밍 라이브러리를 제공하여 Virtual C++(MFC), Eclipse 등에서도 프로그램이 가능

⑧ 비전 센서를 제공하여 로봇의 관점에서 사물보기가 가능하며, 별도의 창을 이용하여 사용자 관점과 로봇 관점에서 관찰이 가능

⑨ Kinetic 엔진을 사용하여 복잡하지만 미세한 동작의 컨트롤과 사실적인 시뮬레이션이 가능

⑩ 로봇 교과 전 과정을 포함한 전자교과서가 제공되어 이론교육지원과 센서 및 액추에이터에 대한 플래시 애니메이션 20개 이상을 제공하여 로봇 교육의 효과를 높임

⑪ 제품에 포함된 업그레이드 기능을 통해 새로운 버전을 인터넷으로 실시간 업그레이드 가능

## 02 지능형 로봇 제어 시뮬레이터의 기본 사용법

### 1) EDRS의 설치

#### (1) 자동 설치 실행

설치 CD를 CD-ROM 드라이브에 삽입하면 설치 프로그램은 자동으로 동작한다. 자동 설치 프로그램이 시작되면 EDRS를 설치할 수 있다. 이 교재에 첨부된 CD의 EDRS는 샘플용으로 유효기간이 설정된 것을 사용하고 있다.

[그림 4-1] EDRS InstallShield Wizard 시작

#### (2) 수동 설치 실행

자동으로 설치하지 않고 사용자가 직접 설치를 원할 경우 윈도우즈 탐색기를 이용한 방법과 실행창을 이용한 방법으로도 설치 가능하다.

탐색기를 이용하려면 윈도우즈 탐색기를 이용하여 CD로 이동한 후 EDRS 폴더에

"setup.exe" 파일을 실행함으로써 설치가 가능하다.

마법사가 실행된 후 EDRS 인스톨 메인 그림이 자동으로 화면에 표시된다.

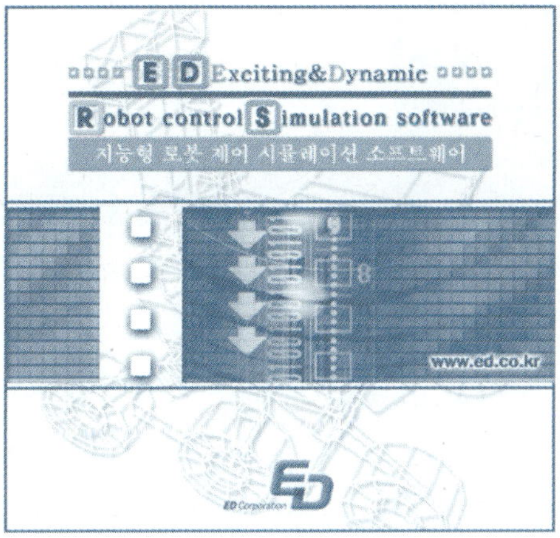


[그림 4-2] EDRS

### (3) EDRS 설치 과정

EDRS의 로고가 표시된 후 일정 시간이 지나면 다음의 EDRS Install Shield Wizard 설치 준비 화면이 표시된다.

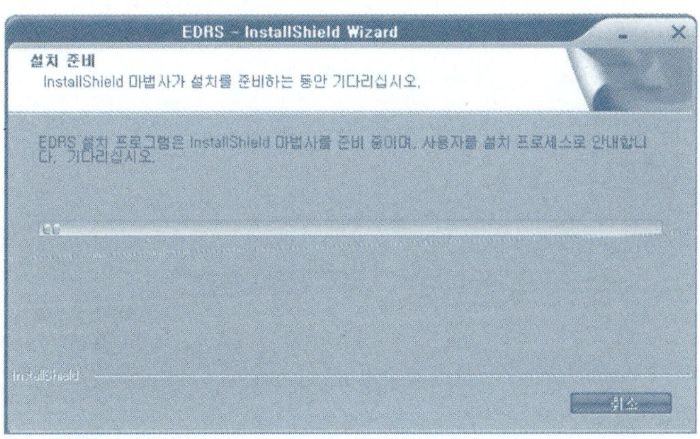


[그림 4-3] EDRS InstallShield Wizard 준비 화면

① 설치 시작

EDRS InstallShield Wizard 준비 화면이 끝나면 자동적으로 화면의 설치창이 나타난다.

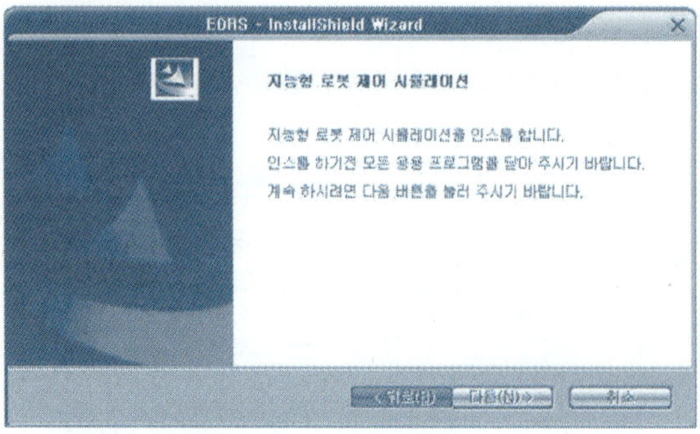


[그림 4-4] EDRS InstallShield 설치

② 사용권 계약 동의서

설치창에서 [다음] 버튼을 누르면 소프트웨어 사용권 계약 동의서가 나타난다. 중요한 내용이므로 사용자는 자세히 읽어 차후 불이익이 없도록 해야 한다.

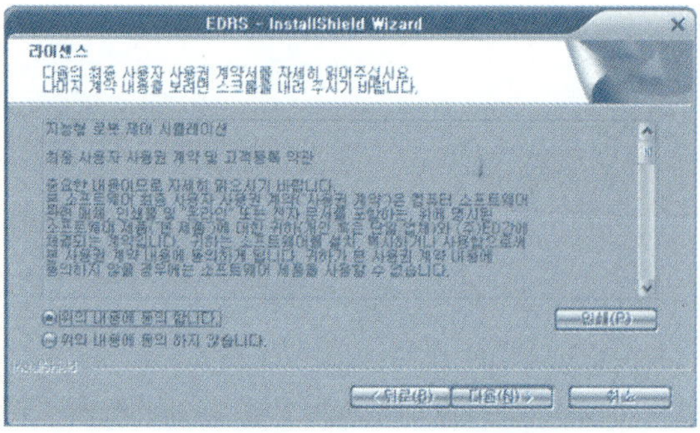


[그림 4-5] 사용권 계약 동의서

③ 사용자 정보 입력

라이센스 설치창에서 [다음] 버튼을 누르면 사용자 정보 입력창이 나온다.

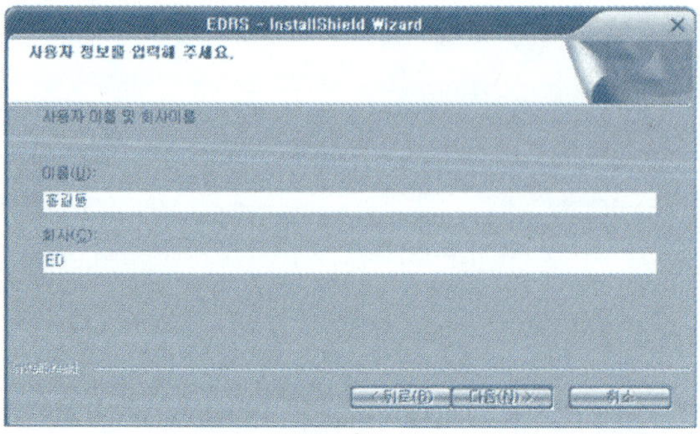


[그림 4-6] 사용자 정보 입력

④ 설치 폴더 선택

사용자 정보를 입력한 후에는 프로그램 설치 디렉토리를 선택하게 된다. 디렉토리는 기본적으로 C:\Program Files\EDRS가 설정되어 있다. 설치 디렉토리를 변경하고자 할 때에는 [변경] 버튼을 클릭하면 폴더 선택창이 나온다. 이를 사용하여 사용자가 원하는 위치에 설치가 가능하다.

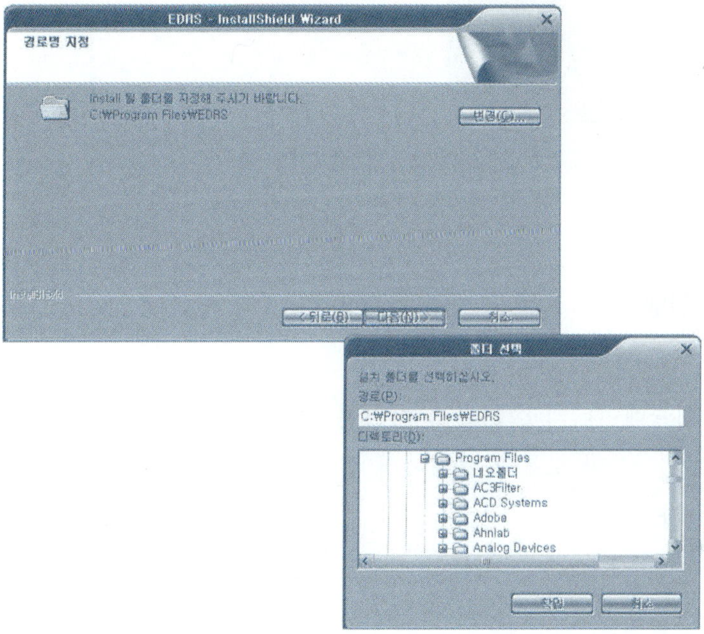


[그림 4-7] 설치 폴더 선택

⑤ 파일 복사

경로명을 지정한 후 [다음] 버튼을 누르면 프로그램을 사용하는데 필요한 파일이 하드에 복사된다.

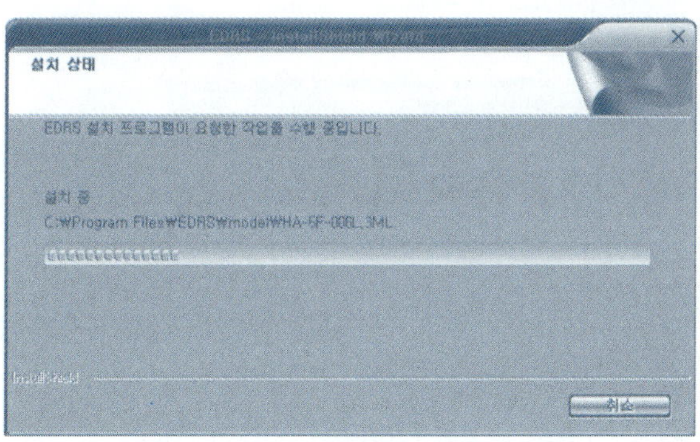


[그림 4-8] EDRS 설치

⑥ 설치 완료

설치 과정을 끝마치고 완료 버튼을 눌러 재부팅하면 EDRS의 실행 준비가 완료된다.

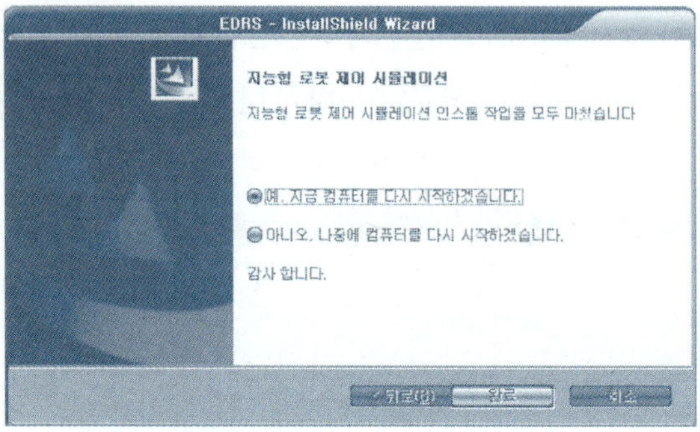


[그림 4-9] EDRS 설치 완료

## 2) EDRS의 실행

### (1) 실행방법

지능형 로봇 시뮬레이터의 설치를 끝마치면 지능형 로봇 시뮬레이터의 실행이 가능하다. 프린트 포트에 지능형 로봇 시뮬레이터 전용 Key-Lock을 장착하고 지능형 로봇 시뮬레이터를 실행한다.

실행방법으로는 시작 버튼을 이용한 실행, 실행창을 이용한 실행, 바탕화면 아이콘을 이용한 실행이 있다.

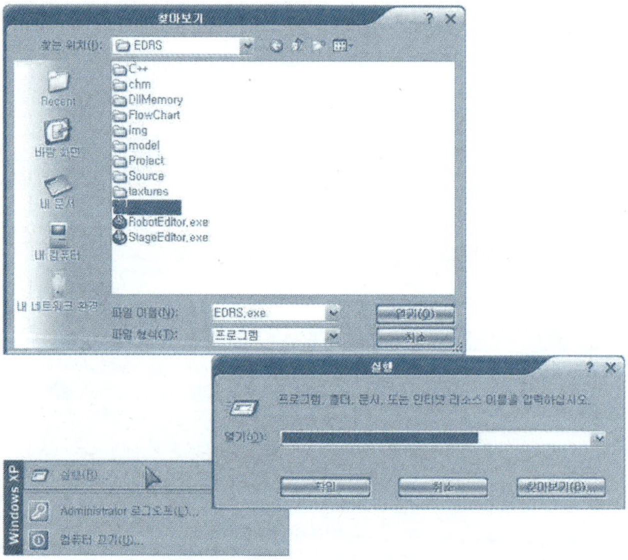


[그림 4-10] 실행창을 이용한 EDRS

### (2) EDRS 실행

앞에서 언급한 여러 가지 실행방법 중 하나로 프로그램을 실행하면 다음과 같이 EDRS 가 실행된다.

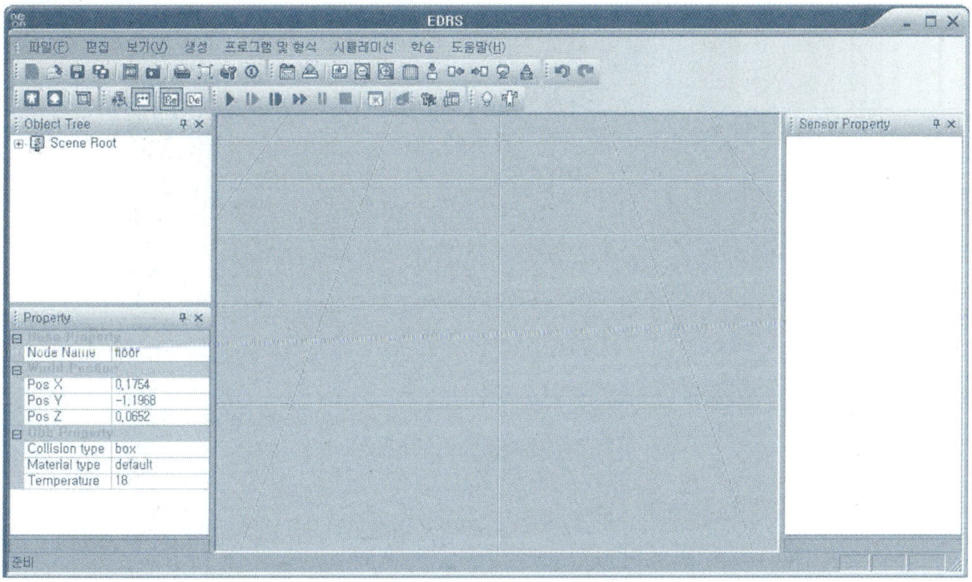


[그림 4-11] EDRS 실행



주의해야 할 것은 EDRS는 PC의 프린트 포트에 Key-Lock을 장착한 상태에서 동작하며, 만약 Key-Lock을 장착하지 않은 경우 [그림 4-11]과 같은 라이센스를 등록창에 라이센스를 등록해야만 동작한다. 라이센스가 정상적으로 입력되면 “축하합니다! 라이센스 인증이 완료되었습니다!”는 메시지가 나타난다.

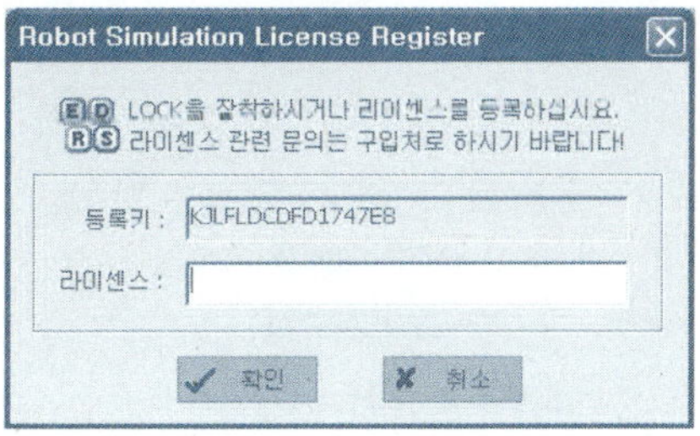


[그림 4-12] 라이센스 등록기

## 3) 지능형 로봇 제어 시뮬레이터의 기본 구성

### (1) 도구모음 구성

① 파일 도구

[그림 4-13] 파일 도구

| 명 령 | 설 명 |
|---|---|
| 동영상 만들기 | AVI 또는 MPG로 시뮬레이션 동영상을 만든다. |
| 화면 캡처 | 현재 화면을 그림 파일로 저장한다. |

② 보기 도구

[그림 4-14] 보기 도구

| 명 령 | 설 명 |
|---|---|
| 환경속성 | 환경속성에 대한 창을 오픈한다. |
| 격자보기 | 격자를 Show/Hide시킨다. |
| 위에서 보기 | 시점을 위에서 아래로 보는 방향으로 전환한다. |
| 오른쪽에서 보기 | 시점을 오른쪽에서 왼쪽을 보도록 방향을 전환한다. |
| 왼쪽에서 보기 | 시점을 왼쪽에서 오른쪽으로 보도록 방향을 전환한다. |
| 앞에서 보기 | 시점을 앞에서 뒤쪽으로 보도록 방향을 전환한다. |
| 뒤에서 보기 | 시점을 뒤에서 앞쪽으로 보도록 방향을 전환한다. |

③ 생성 도구

[그림 4-15] 생성 도구

| 명 령 | 설 명 |
|---|---|
| 로봇 생성 | 로봇 에디터창을 보여준다. |
| 환경 생성 | 환경 에디터창을 보여준다. |
| 가스 생성 | 가상 환경에 가스를 생성한다. |

④ 시뮬레이션 도구

[그림 4-16] 시뮬레이션 도구

| 명　　령 | 설　　　　명 |
|---|---|
| 시작 | 시뮬레이션을 시작한다. |
| 한 단계 실행 | 단계적으로 시뮬레이션을 실행한다. |
| 느린 실행 | 느린 동작으로 시뮬레이션을 실행한다. |
| 빠른 실행 | 빠른 동작으로 시뮬레이션을 실행한다. |
| 일시 정지 | 시뮬레이션을 일시 정지한다. |
| 정지 | 시뮬레이션을 중지시킨다. |
| 시뮬레이션 초기화 | 시뮬레이션을 초기화시킨다. |
| 옵션 | 중력이나 빛에 대한 옵션을 설정한다. |
| 센서 정보 표시 | 장착된 센서의 정보를 표시해준다. |

⑤ 프로그램 및 형식 도구

[그림 4-17] 프로그램 및 형식 도구

| 명　　령 | 설　　　　명 |
|---|---|
| 그래픽 언어 | 로봇 동작을 위한 언어를 그래픽 언어로 작성하기 위해 IRES를 실행한다. |
| C/C++ | 로봇 동작을 위한 언어를 C/C++ 언어로 작성하기 위해 프로그램 작성기를 실행한다. |
| 릴리즈 모드 | 릴리즈모드로 실행 형식을 설정한다. |
| 디버그 모드 | 디버그모드로 실행 형식을 설정한다. |

㉮ 그래픽 언어

순서도 형식으로 만들어 로봇에 적용해 볼 수 있는 언어로 구성되어 있다.

Drag & Drop 으로 쉽게 연결 가능하며 디버그 모드가 있어 순차적으로 수행되는 모습을 볼 수 있다.

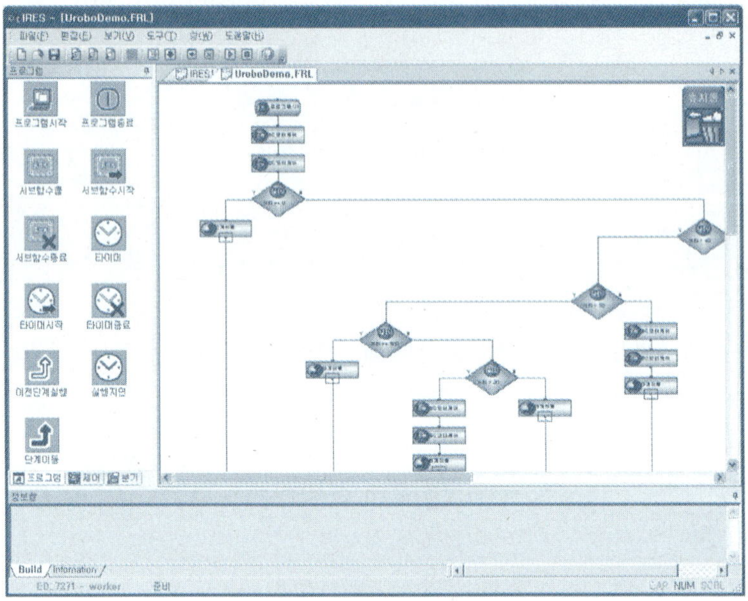


[그림 4-18] 그래픽 언어

㉯ C / C++

코드블록(CodeBlock)을 이용하여 C언어나 C++ 언어를 이용하여 직접 루틴을 작성할 수 있다.

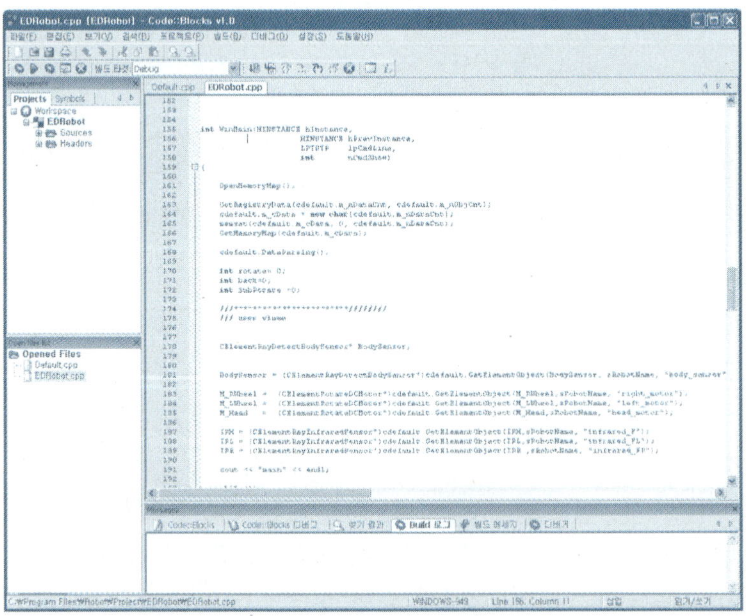


[그림 4-19] C/C++

⑥ 오브젝트 도구

[그림 4-20] 오브젝트 도구

| 명　　령 | 설　　　　명 |
| --- | --- |
| 조명 | 조명을 ON 또는 OFF한다. |
| 선으로 표현 | 모든 객체를 선으로 표현한다. |

⑦ 학습 메뉴

학습 메뉴는 EDRS를 보다 효율적으로 사용하기 위한 메뉴이다.

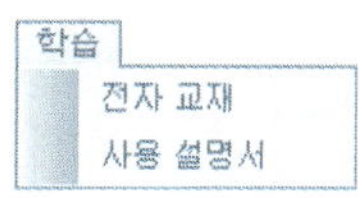


[그림 4-21] 학습 메뉴

㉮ 전자교재

전자교재 및 EDRS를 통하여 쉽게 로봇 시뮬레이션에 접할 수 있게 구성되어 있다.

㉯ 사용설명서

EDRS 프로그램에 대해서 설명해 놓은 사용설명서이다.

⑧ EDRS Network

EDRS 네트워크 메뉴는 TCP/IP를 이용하여 다른 컴퓨터의 로봇까지 여러 대의 컴퓨터를 이용하여 네트워크 시뮬레이션을 해볼 수 있다.

네트워크 시뮬레이션은 기본적으로 서버에서는 클라이언트들에게 제공될 환경 파일(EL)이 있어야 하며, 클라이언트의 경우 서버에 제공될 로봇(RL) 파일이 있어야 한다.

로봇 파일과 환경 파일은 각각 로봇 에디터와 환경 에디터에서 생성하여 사용할 수 있다.

네트워크 메뉴에는 서버 생성과 클라이언트 메뉴가 있다.

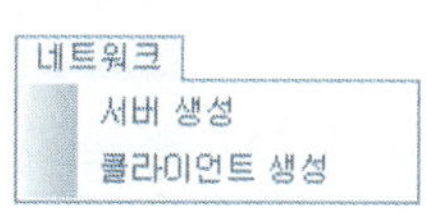


[그림 4-22] 네트워크 메뉴

서버 생성 버튼을 누르면 서버창과 클라이언트창이 생성이 되는데, 서버창은 다른 컴퓨터의 접속상황, 업로드 상황을 볼 수 있으며, 클라이언트창은 서버에 접속상황 및 대화, 다운로드 상황 등을 알 수 있으며 각각의 세부 명칭은 다음과 같다.

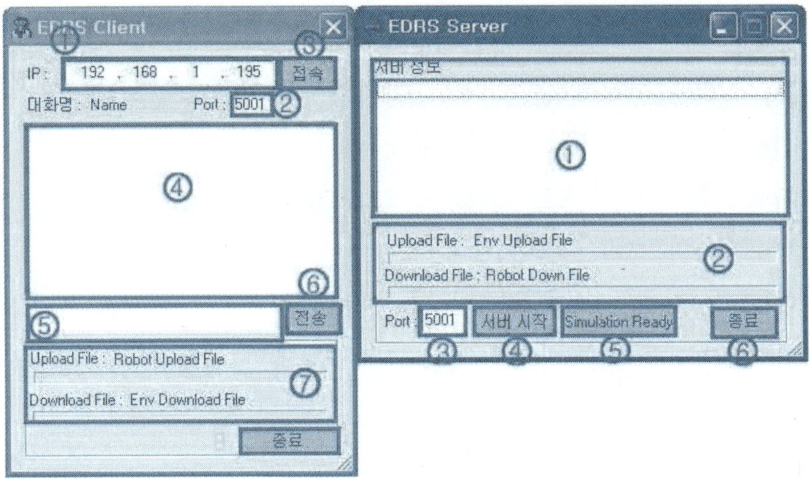


[그림 4-23] 서버 설정 화면

➡ Client

① IP 입력 : 서버의 IP를 입력할 수 있다.

② Port 입력 : 서버의 열린 Port를 입력할 수 있다.

③ 접속 : 서버에 접속할 수 있다.

④ 대화창 : 대화 및 현재 상황을 실시간으로 알 수 있다.

⑤ 대화 입력창 : 대화를 입력할 수 있다.

⑥ 전송 : 대화창에 입력한 내용을 서버에 전송한다.

⑦ 파일 전송 : 파일의 업로드 및 다운로드 상황을 알 수 있다.

⑧ 종료 : 네트워크를 종료하고 창을 닫는다(서버 겸 클라이언트의 경우 클라이언트창과 서버창이 같이 닫힌다).

➡ Server

① 서버 정보 : 클라이언트, 현재 서버의 정보 등을 디스플레이해준다.

② 파일 전송 : 파일의 업로드 및 다운로드 상황을 알 수 있다.

③ Port 입력 : 생성할 서버의 Port를 입력한다.

④ 서버 시작 : Port를 이용하여 서버를 생성시킨다.

⑤ Simulation Ready : 클라이언트의 접속 및 파일 업로드, 다운로드가 끝났을 경우 각 클라이언트에 파일 로드 등의 준비 단계를 명령한다.

⑥ 종료 : 서버를 종료시킨다(클라이언트와 같이 닫힌다).

#### ➡ 서버 겸 클라이언트인 경우

EDRS Server는 다른 컴퓨터와의 네트워크 시뮬레이션에서 중심이 되는 부분으로 성능이 좋은 컴퓨터를 이용할수록 좋은 속도를 낼 수 있다.

TCP/IP 네트워크를 시작하려면 EDRS Server창을 이용하여 서버 소켓을 생성시켜야 한다.

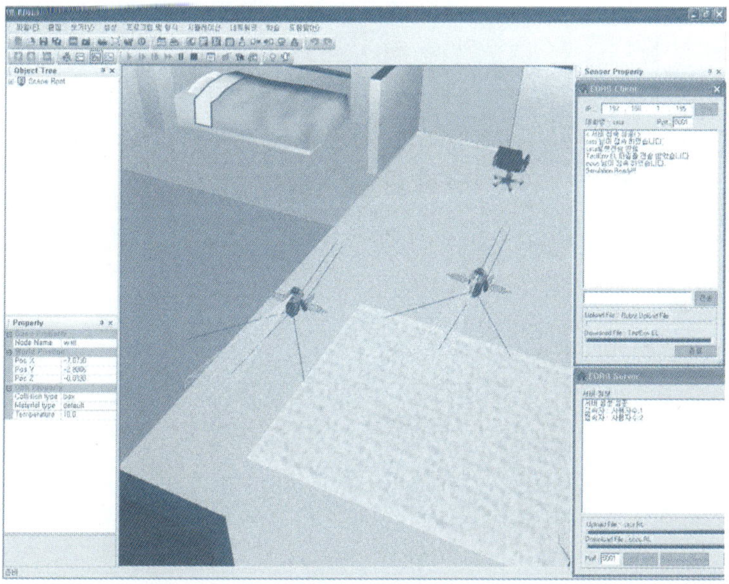

[그림 4-24] Network 시뮬레이션 시작

⑨ 마우스 오른쪽 버튼 팝업 메뉴 구성

| EDRS | 로봇 에디터 | 환경 에디터 |
|---|---|---|
| 선택<br>선택 와이어 | 선택<br>선택 와이어 | 선택<br>선택 와이어 |
| 카메라 초기 위치<br>중심 축 ON/OFF<br>배경 색상 | 카메라 초기 위치<br>중심 축 ON/OFF<br>배경 색상 | 카메라 초기 위치<br>중심 축 ON/OFF<br>배경 색상 |
| 로봇 보내기<br>환경 보내기 | WCS ON/OFF | |
| 카메라 영상 | 로봇이름변경 | |

[그림 4-25] EDRS / 로봇 에디터 / 환경 에디터 팝업 메뉴

㉮ 로봇 생성 & 환경 생성 오른쪽 마우스 메뉴(Popup Menu)

[표 4-1] 로봇 생성 & 환경 생성 오른쪽 마우스 메뉴

| 명 령 | 설 명 |
|---|---|
| 선택 | 지정된 객체를 선택한다. |
| 선택 와이어 | 와이어를 선택한다. |
| 카메라 초기 위치 | 카메라를 처음의 초기 위치로 지정한다. |
| 중심 축 ON/OFF | 화면에 3D 좌표인 X, Y, Z를 ON/OFF한다. |
| 중심 축 ON/OFF(로봇 에디터) | 센서를 중심으로 3D 좌표 X, Y, Z를 표시한다. |
| 배경 색상 | 작업배경의 색상을 바꾼다. |
| 로봇 보내기 | 선택한 로봇을 로봇 에디터로 보낸다. |
| 환경 보내기 | 환경을 환경 에디터로 보낸다. |
| 카메라 영상 | 카메라 영상창을 오픈한다. |
| WCS ON/OFF | 화면에 3D 좌표인 X, Y, Z를 ON/OFF한다. |
| 로봇 이름변경 | 로봇의 이름을 변경한다 |

⑩ 기본 창 구성

㉮ 오브젝트 트리(Object Tree)

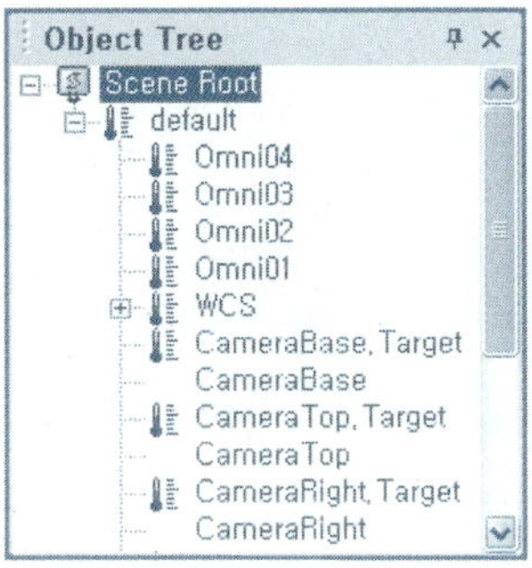


[그림 4-26] 오브젝트 트리

가상 환경에서의 빛, 카메라 등 여러 가지 오브젝트 리스트가 표시된다.

㉯ 속성(Property)

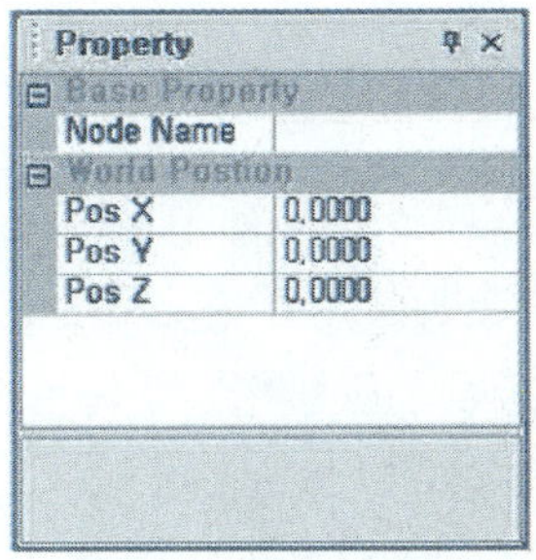


[그림 4-27] 속성

오브젝트의 속성(노드이름, 위치, 충돌타입) 정보가 나타난다.

㉰ 센시 속성(Sensor Property)

로봇의 각 구동기기 또는 센서들의 속성들을 볼 수 있다. 시뮬레이션 중에는 센서들의 값이나 모터의 구동값 등이 실시간으로 업데이트된다.

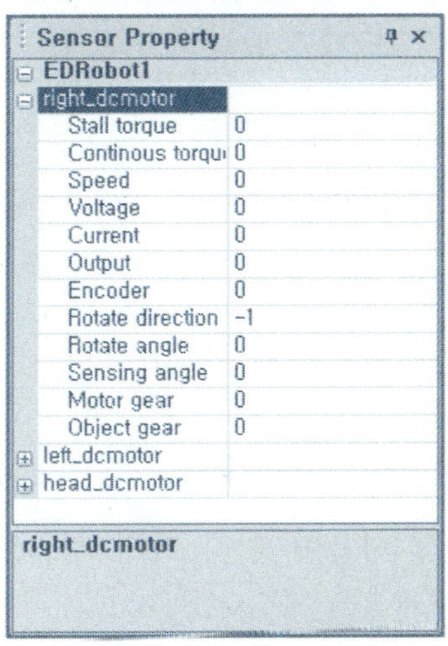


[그림 4-28] 센서 속성

### 3) 로봇 에디터 및 환경 에디터

#### (1) 로봇 에디터

로봇을 쉽게 생성하도록 여러 가지 기능을 제공한다.

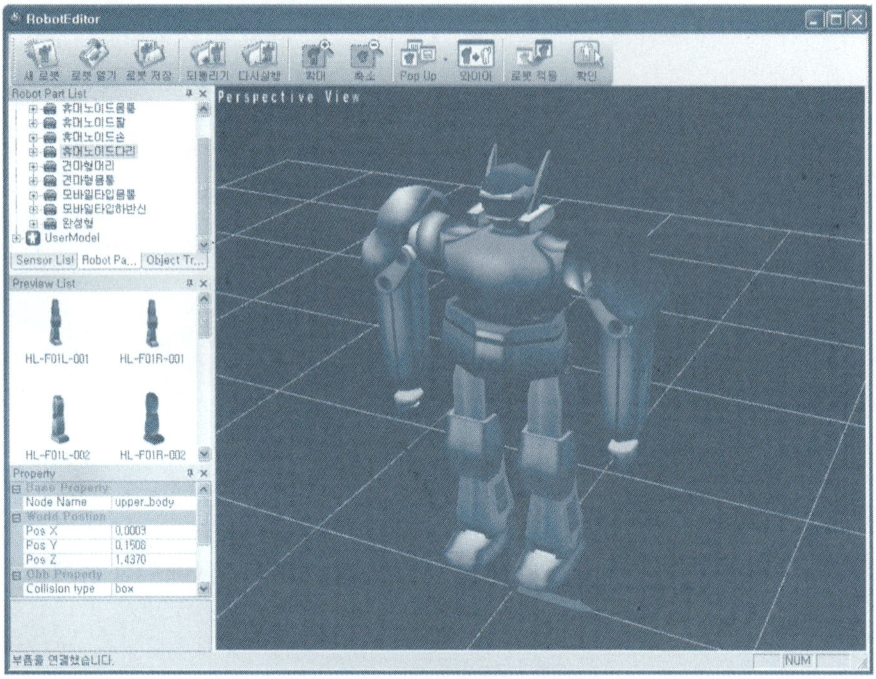


[그림 4-29] 로봇 에디터

① 새 로봇 : 새롭게 로봇을 제작할 공간을 만들어준다.

② 되돌리기 : 방금 한 작업을 되돌린다.

③ 다시 실행 : 되돌린 작업을 다시 실행한다.

④ 확대 : 작업 뷰를 확대한다.

⑤ 축소 : 작업 뷰를 축소한다.

⑥ PopUp : 로봇 생성창에서 사용할 여러 가지 리스트나 속성창을 띄워준다.

⑦ 와이어 : 로봇를 뼈대 형식으로 보여준다.

⑧ 로봇 적용 : 작업한 로봇을 가상 환경에 적용시킨다.

⑨ 확인 : 작업한 로봇을 가상 환경에 적용시키면서 작업창은 꺼진다.

⑩ 센서 리스트 : 생성한 로봇에 삽입될 센서 리스트 제공한다.

⑪ 로봇 리스트 : 휴먼노이드, 견마형, 모바일 타입, 완성형 등의 로봇 모양이 있으며, 여러 가지 제공된 로봇을 이용하여 조합될 로봇 리스트이다.

⑫ 객체 트리 : 로봇의 조합 또는 완성형 로봇의 객체 상관관계를 트리 형식으로 제공

⑬ 속성창 : 선택된 객체의 속성을 제공한다.

⑭ 미리보기창 : 조합될 객체의 모양 이미지를 제공한다.

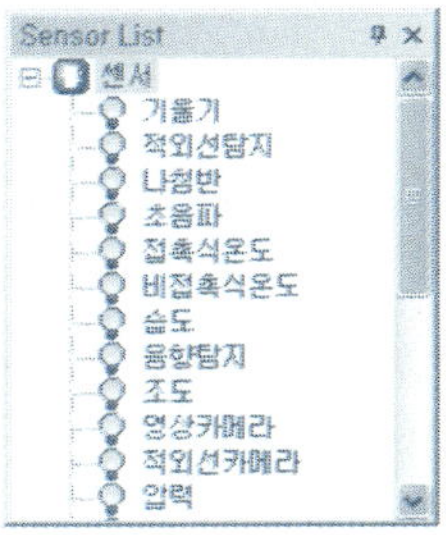


[그림 4-30] 센서리스트

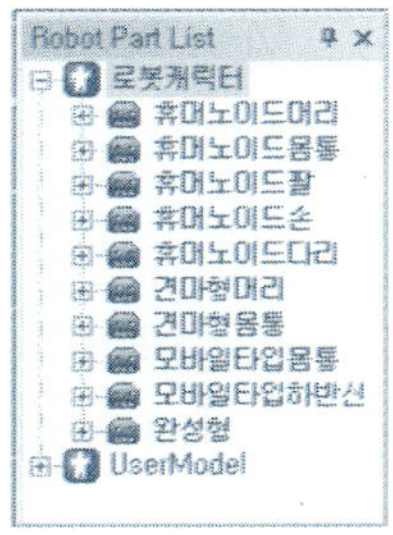


[그림 4-31] 로봇리스트

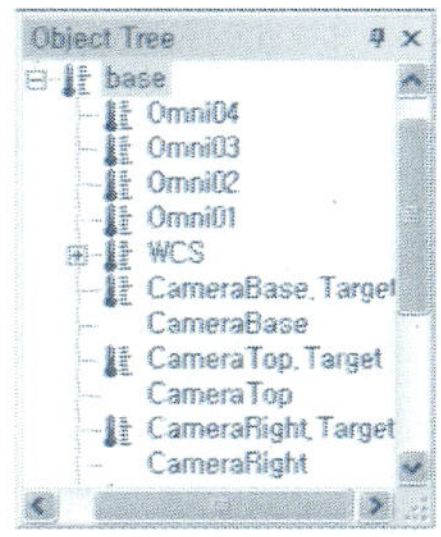


[그림 4-32] 환경 계층구조

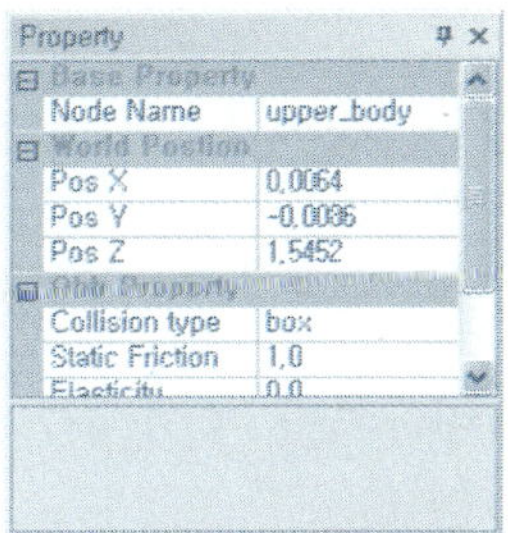


[그림 4-33] 속성창

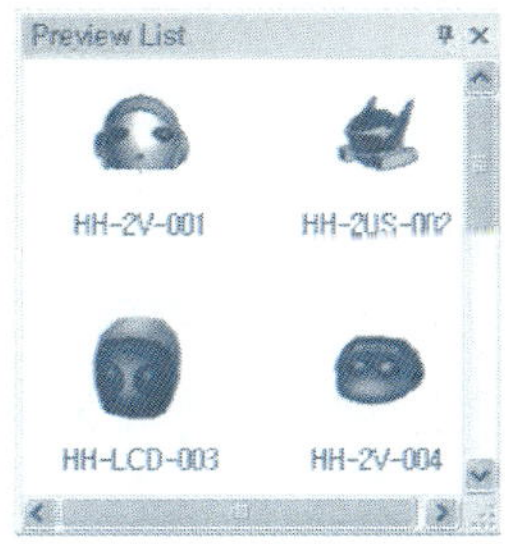


[그림 4-34] 미리보기창

### (2) 환경 에디터

환경을 쉽게 생성하도록 여러 가지 기능을 제공한다.

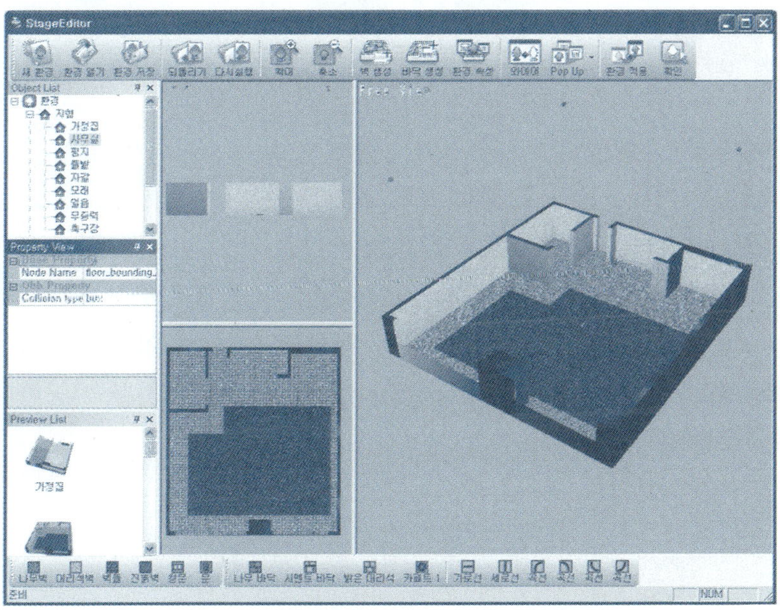


[그림 4-35] 환경 에디터

① 새 환경 : 새로운 환경을 만들기 위해 제작공간을 만들어준다.
② 환경열기 : 제작했던 환경을 불러온다.
③ 환경저장 : 제작한 환경을 저장한다.
④ 되돌리기 : 방금 한 작업을 다시 되돌린다.
⑤ 다시 실행 : 되돌린 작업을 다시 실행한다.
⑥ 확대 : 작업 뷰를 확대한다.
⑦ 축소 : 작업 뷰를 축소한다.
⑧ 벽 생성 : 벽을 생성한다.
⑨ 바닥 생성 : 바닥을 생성한다.
⑩ 환경속성 : 환경에 대한 여러 가지 속성을 조정한다.
⑪ 와이어 : 선택 객체를 뼈대 형식으로 보여준다.
⑫ PopUp : 환경 에디터에서 사용할 여러 가지 리스트나 속성창을 띄워준다.
⑬ 환경적용 : 작업한 환경을 가상 환경에 적용시킨다.
⑭ 확인 : 작업한 환경을 가상 환경에 적용시키면서 작업창은 꺼진다.

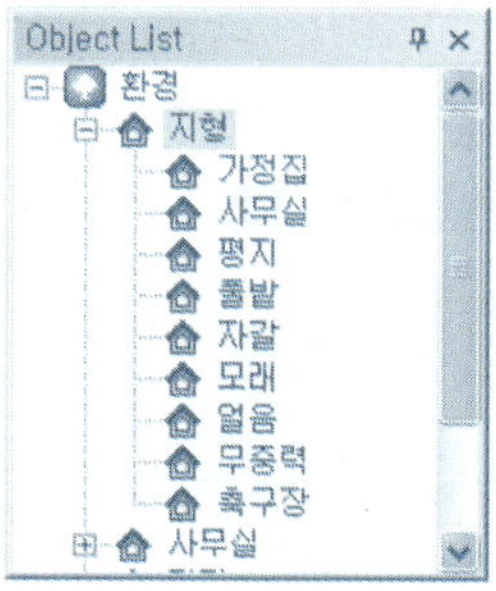

[그림 4-36] 환경 리스트

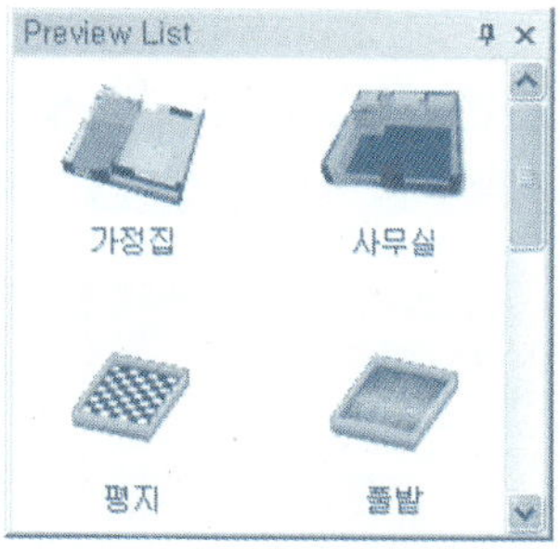

[그림 4-37] 미리보기창

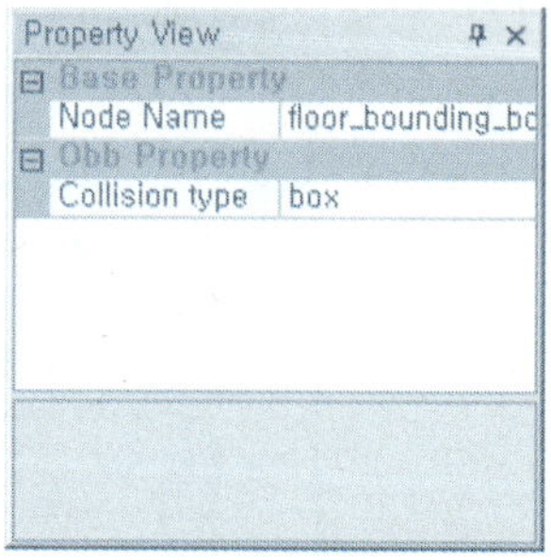

[그림 4-38] 속성창

⑮ 환경 리스트 : 가상 환경설정에 제공될 객체들의 리스트이다.
⑯ 미리보기창 : 가상 환경설정에 제공될 객체의 모양 이미지를 제공한다.
⑰ 속성창 : 선택된 객체의 속성을 제공한다.

[그림 4-39] 벽 선택 툴

[그림 4-40] 바닥 선택 툴

⑱ 벽 선택 툴 : 벽 생성 버튼을 눌러 활성화시킨 후 벽 선택 툴에서 만들고자 하는 벽의 모양을 선택할 수 있다.

⑲ 바닥 선택 툴 : 바닥 생성 버튼을 눌러 활성화시킨 후 바닥 선택 툴에서 만들고자 하는 바닥의 모양을 선택할 수 있다.

### 4) 화면 컨트롤

화면의 Zoom In, Zoom Out, 이동, 회전 등은 마우스의 휠과 키보드 자판의 왼쪽 Ctrl 버튼을 사용한다.

#### (1) 화면 Zoom In / Zoom Out

[그림 4-41] 화면 Zoom In / Zoom Out

위와 같이 마우스 휠을 앞으로 밀면 Zoom In이 되고 뒤로 하면 Zoom Out이 된다.

#### (2) 화면이동

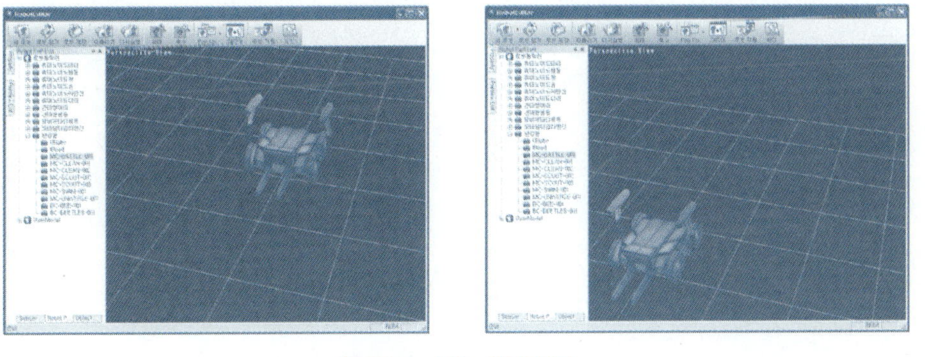

[그림 4-42] 화면이동

마우스 휠을 누른 상태에서 마우스를 이동시킨다.

### (3) 화면회전

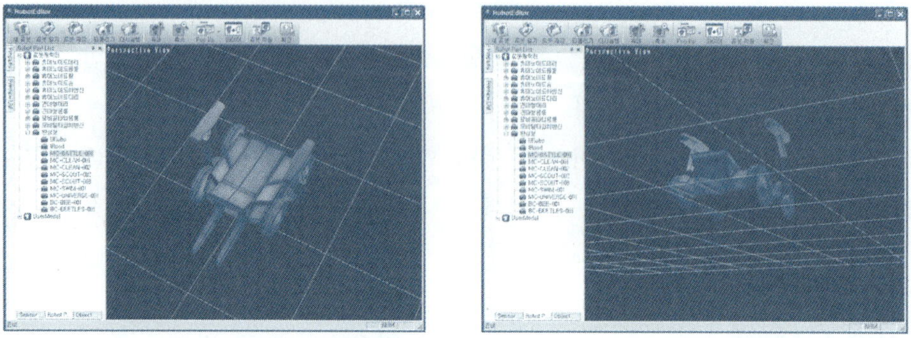

[그림 4-43] 화면회전

마우스 휠을 누르고 키보드 자판의 왼쪽 Ctrl 키를 동시에 누른 상태에서 마우스를 이동시킨다.

# PART II

# 지능형 로봇 제어 프로그래밍

# 05장 모터 Actuator의 이해와 제어

• 모터란 전기적 에너지를 기계적 에너지로 변환시켜 회전 또는 직선운동의 동력을 얻는 기계로 시동 및 운전이 용이하고, 부하에 적합한 기종을 선택하기 쉽고, 소음 및 진동이 작고, 배기공해도 없는 소형 경량의 원동기이다. 이 장에서는 기본적인 로봇의 모터 Actuator에 대한 구조와 원리를 이해하고 DC 모터를 활용한 로봇의 이동에 대해 학습할 것이다.

## 01 모터 Actuator의 구조와 원리

### 1) DC 모터

#### (1) 기반 지식

① DC 모터의 기본 원리

[그림 5-1]과 같이 자극 N, S사이에 있는 코일 a, b, c, d에 직류전원으로부터 브러시(Brush) B1, B2, 정류자편(Commutator) C1, C2를 통하여 전류를 흘리면 코일 a, b와 c, d에 각각 아래, 위로의 힘이 발생(플레밍의 왼손법칙)하여 결국 시계방향의 토크가 생겨 코일전체가 시계방향으로 회전하게 된다.

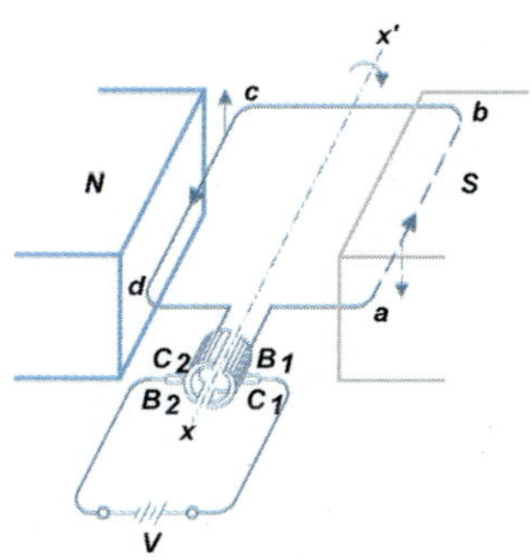


[그림 5-1] DC 모터 동작원리

② DC 모터 구동(제어)방법

일반적으로 DC 모터는 구동전압이 수 volt에서 수백 volt, 구동전류는 수십 mA에서 수십 A로 큰 구동전력(power)을 필요로 한다. 이러한 DC 모터를 TTL IC 또는 OP앰프와 같은 비교적 소전력의 소자로 구동하기 위해서는 전력 트랜지스터(이하 TR로 표기) 또는 전력 MOSFET와 같은 전력소자를 이용해야 한다.

전력 TR을 이용한 모터 구동방식에는 대표적으로 리니어(linear) 구동방식과 PWM (Pulse Width Modulation) 구동방식이 있다. 리니어 구동방식에서는 TR을 활성화 영역에서 동작시켜 베이스전류에 따라 증폭된 콜렉터 전류로 모터를 구동한다. 이 방식은 비교적 구동회로가 간단하나 TR에서의 전력손실이 크고 큰 방열판을 필요로 하여 회로 크기가 커지는 단점이 있다.

이에 반해 PWM 구동방식은 TR을 ON-OFF 영역(또는 Saturation-Cutoff 영역)에서 동작시켜 TR에서의 전력손실을 작게 하는 방식이다.

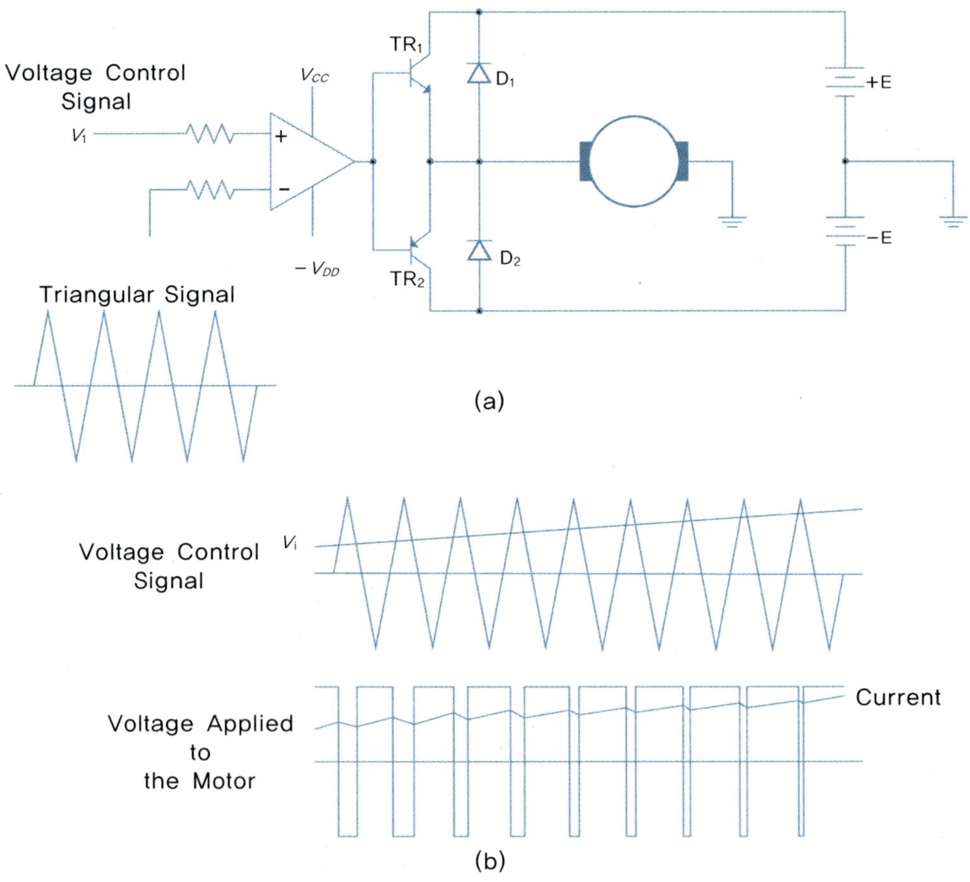


[그림 5-2] PWM 구동방식 원리

• H-브리지형 PWM 구동방식

단일 전원을 사용하고 4개의 TR을 H자 형태로 배치한 PWM 구동방식이 널리 사용되고 있다. 이러한 H-브리지형 PWM 구동방식의 회로는 [그림 5-3]과 같이 구성된다.

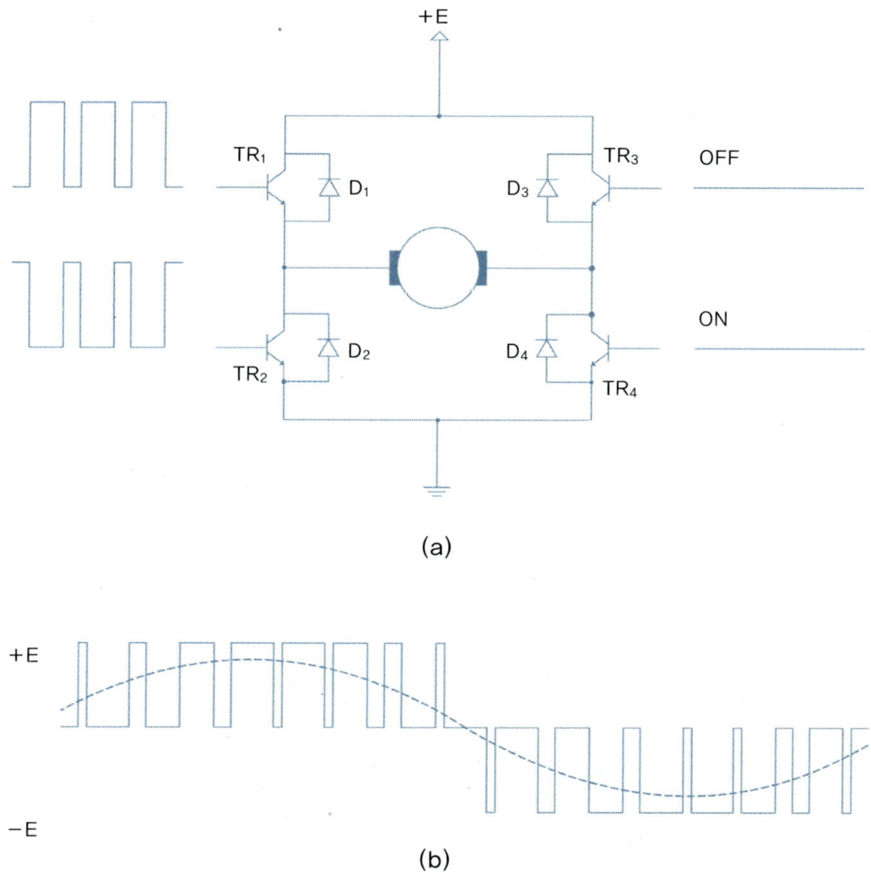


[그림 5-3] H-브리지 PWM

$TR_1$과 $TR_2$를 PWM 모드로 스위칭하고 $TR_3$는 OFF, $TR_4$는 ON시켜 모터에 인가되는 전압이 +E 또는 0전위가 되도록 한다. 반대로 $TR_3$과 $TR_4$를 PWM 모드로 스위칭하고 $TR_1$이 OFF, $TR_2$가 ON일 경우는 모터에 인가되는 전압이 −E 또는 0전위가 된다. 이렇게 단일 전원으로 모터의 정역 회전방향 제어가 가능하다.

③ PID 제어

제어 변수와 기준 입력 사이의 오차에 근거하여 계통의 출력이 기준 전압을 유지하도록 하는 피드백 제어의 일종으로, 비례(Proportional) 제어와 비례적분(Proportional-Integral) 제어, 비례미분(Proportional-Derivative) 제어를 조합한 것이다. P 제어(비례)는 기준 신호와 현재 신호 사이의 오차 신호에 적당한 비례상수 이득을 곱해서 제어신호를 만든다.

I 제어(비례적분)는 오차 신호를 적분하여 제어신호를 만드는 적분 제어를 비례 제어에 병렬로 연결해 사용한다.

D 제어(비례미분)는 오차 신호를 미분하여 제어신호를 만드는 미분 제어를 비례 제어에 병렬로 연결하여 사용한다. 자동화 시스템의 반응을 측정할 뿐 아니라 반응을 제어할 때도 사용되는 제어방법이며, 온도, 압력, 유량, 회전속도 등을 제어하기 위해 쓰이며, 과도 상태의 특성 등 PI나 PD 제어의 문제점들을 개선할 수 있다.

• 단순 ON/OFF 제어

단순한 ON/OFF 제어의 경우에는 제어조작량은 0%와 100% 사이를 왕래하므로 조작량의 변화가 너무 크고, 실제 목표값에 대해 지나치게 반복하기 때문에 목표값의 부근에서 凸凹를 반복하는 제어로 되고 만다. 이 모양을 그림으로 나타내면 [그림 5-4]와 같이 된다.

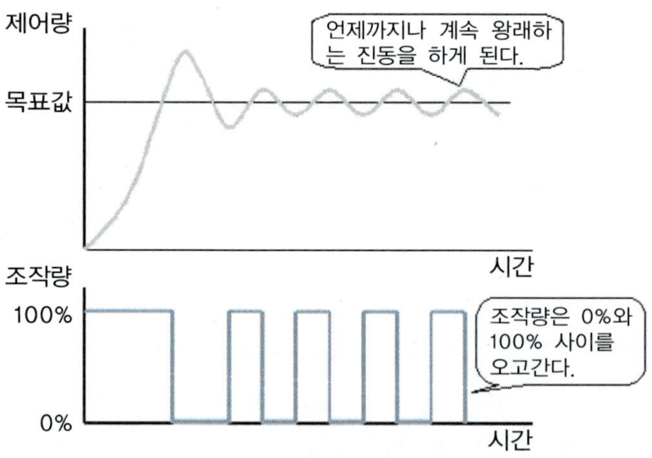


[그림 5-4] ON/OFF 제어의 특성표

• 비례(P) 제어

이에 대해 조작량을 목표값과 현재 위치와의 차에 비례한 크기가 되도록 하며, 서서히

조절하는 제어방법을 비례 제어라고 하는 방식이다.

이렇게 하면 목표값에 접근하면 미묘한 제어를 가할 수 있기 때문에 미세하게 목표값에 가까이할 수 있다. 이 모양은 [그림 5-5]와 같이 나타낼 수 있다.

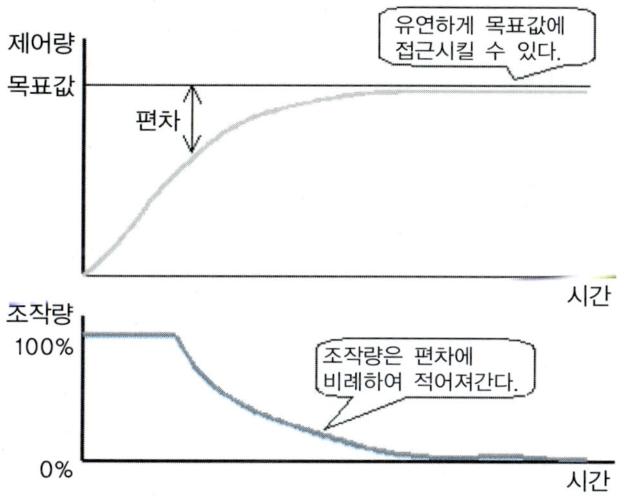


[그림 5-5] 비례 제어의 특성표

• PI 제어

비례 제어로 잘 제어할 수 있을 것으로 생각하겠지만, 실제로는 제어량이 목표값에 접근하면 문제가 발생한다. 그것은 조작량이 너무 작아지고, 그 이상 미세하게 제어할 수 없는 상태가 발생한다.

결과는 목표값에 아주 가까운 제어량의 상태에서 안정한 상태로 되고 만다. 이렇게 되면 목표값에 가까워지지만, 아무리 시간이 지나도 제어량과 완전히 일치하지 않는 상태로 되고 만다. 이 미소한 오차를 "잔류편차"라고 한다. 이 잔류편차를 없애기 위해 사용되는 것이 적분 제어이다. 즉, 미소한 잔류편차를 시간적으로 누적하여 어떤 크기로 된 곳에서 조작량을 증가하여 편차를 없애는 식으로 동작시킨다.

이와 같이 비례 동작에 적분 동작을 추가한 제어를 "PI제어"라 부른다.

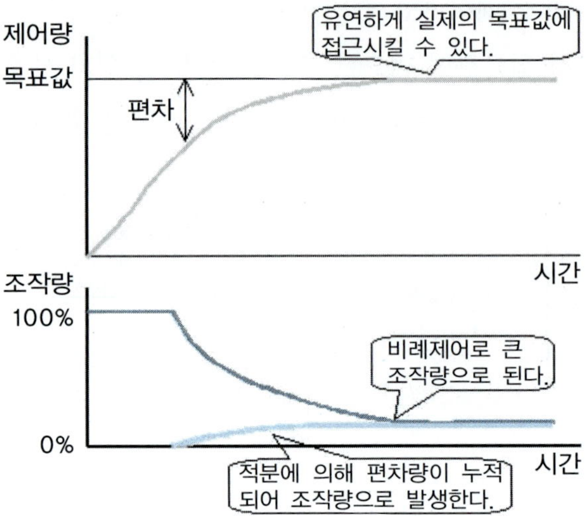


**[그림 5-6]** PID 제어의 특성표(1)

- 미분(D) 제어와 PID 제어

PI 제어로 실제 목표값에 가깝게 하는 제어는 완벽하게 할 수 있다. 그러나 또 하나 개선의 여지가 있다. 그것은 제어 응답의 속도이다.

PI 제어에서는 확실히 목표값으로 제어할 수 있지만, 일정한 시간(시정수)이 필요하다. 이 때, 정수가 크면 외란이 있을 때의 응답성능이 나빠진다.

즉, 외란에 대하여 신속하게 반응할 수 없고, 즉시 원래의 목표값으로는 돌아갈 수 없다는 것이다. 그래서 필요하게 된 것이 미분 동작이다. 이것은 급격히 일어나는 외란에 대해 편차를 보고, 전회 편차와의 차가 큰 경우에는 조작량을 많이 하여 기민하게 반응하도록 한다. 이 전회와의 편차에 대한 변화차를 보는 것이 미분에 상당한다.

이 미분동작을 추가한 PID 제어의 경우 제어 특성은 [그림 5-7]과 같이 된다. 이것으로 알 수 있듯이 처음에는 상당히 over drive하는 듯이 제어하여 신속히 목표값이 되도록 적극적으로 제어해간다.

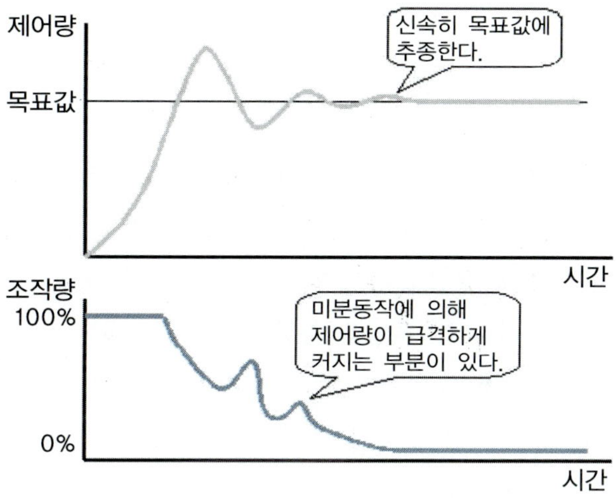


**[그림 5-7]** PID 제어의 특성표(2)

• 컴퓨터에 의한 PID 제어 알고리즘

원래 PID 제어는 연속한 아날로그량을 제어하는 것이 기본으로 되어 있다. 그러나 컴퓨터의 프로그램으로 PID 제어를 실현하려고 하는 경우에는 연속적인 양을 취급할 수 없다. 왜냐하면, 컴퓨터 데이터의 입출력은 일정시간 간격으로밖에 할 수 없기 때문이다. 게다가 미적분 연산을 연속적으로 처리하기 위해 고성능의 컴퓨터가 필요하게 되고 만다. 그래서 생각된 것이 샘플링 방식(이산값)에 적합한 PID 연산방식이다.

샘플링 방식의 PID 제어의 기본식은 다음과 같이 표현된다.

$$\text{조작량} = \underset{(\text{비례항})}{K_p \times \text{편차}} + \underset{(\text{적분항})}{K_i \times \text{편차의 누적값}} + \underset{(\text{미분항})}{K_d \times \text{전회 편차와의 차}}$$

기호로 나타내면

$$MV_n = MV_{n-1} + \Delta MV_n$$

$$\Delta MV_n = Kp(e_n - e_{n-1}) + K_{ien} + K_d((e_n - e_{n-1}) - (e_{n-1} - e_{n-2}))$$

$MV_n$ : 금회, $MV_{n-1}$ : 전회 조작량

$\Delta MV_n$ : 금회 조작량 미분

$e_n$ : 금회, $e_{n-1}$ : 전회, $e_{n-2}$ : 전 전회의 편차

이것을 프로그램으로 실현하기 위해서는 금회와 전회의 편차값만 측정할 수 있으면 조작량을 구할 수 있다.

• 파라미터를 구하는 방법

PID 제어방식에 있어서의 과제는 각 항에 붙는 정수, $K_p$, $K_i$, $K_d$를 정하는 방법이다.

이것의 최적값을 구하는 방법은 몇 가지 있지만, 어느 것이나 난해하며 소형의 마이크로컴퓨터로 실현하기 위해서는 번거로운 것이다(Tuning이라 부른다). 이 파라미터는 Cut and Try로 실제 제어한 결과에서 최적한 값을 구하고, 그 값을 설정하도록 한다. 참고로 튜닝의 수법을 소개하면 스텝 응답법과 한계 감도법이 유명한 수법이다.

또, 프로세스 제어 분야에서는 이 튜닝을 자동적으로 실행하는 Auto Tuning 기능을 갖는 자동제어 유닛도 있다. 이것에는 제어 결과를 학습하고, 그 결과로부터 항상 최적한 파라미터값을 구하여 다음 제어 사이클에 반영하는 기능도 설정되어 있다. 여기서 스텝 응답법에 있어서 파라미터를 구하는 방법을 소개한다.

우선, 제어계의 입력에 스텝 신호를 가하고, 그 출력 결과가 [그림 5-8]이라고 하자(파라미터는 적당히 설정해 둔다). [그림 5-8]과 같이 상승의 곡선에 접선을 긋고, 그것과 축과의 교점, 정상값의 63%에 해당하는 값으로 된 곳의 2점에서 $L$은 낭비시간 $T$는 시정수 $K$는 정상값의 3가지 값을 구한다.

이 값으로부터 각 파라미터는 [표 5-1]과 같이 구할 수 있다.

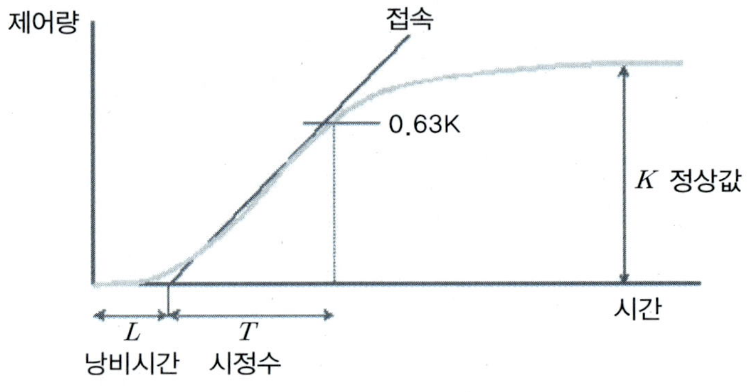


[그림 5-8] PID 제어 파라미터

[표 5-1] 제어 동작 종별 파라미터

| 제어 동작 종별 | $K_p$의 값 | $K_i$의 값 | $K_d$의 값 |
|---|---|---|---|
| 비례 제어 | 0.3~0.7T/KL | 0 | 0 |
| PI 제어 | 0.35~0.6T/KL | 0.3~0.6/KL | 0 |
| PID 제어 | 0.6~0.95T/KL | 0.6~0.7/KL | 0.3~0.45T/K |

이 파라미터에 범위가 있지만 이 크기에 의한 차이는 특성의 차이로 나타나며, [그림 5-9]과 같이 파라미터가 많은 경우에는 미분, 적분 효과가 빨리 효력이 나타나므로 아래 그림의 목표값보다 큰 그래프와 같이 overshoot이 크게 눈에 띈다. 파라미터가 작은 쪽의 경우는 목표값보다 작은 선의 특성과 같이 된다.

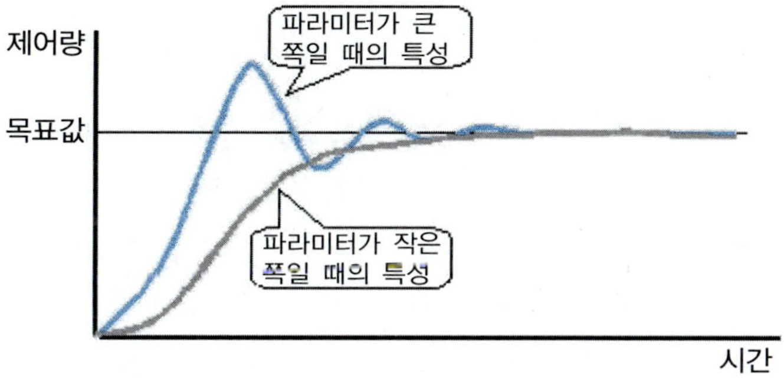


[그림 5-9] PID 제어 파라미터에 의한 특성의 차이

④ 인코더의 원리

로터리 인코더란 모터의 회전수 그리고 회전속도를 검출하기 위한 장치이다. 인코더의 종류에는 인크리멘탈형, 절대치(앱솔루트)형이 있다.

• 인크리멘탈형

Zero상 신호 Z를 가지고 있는 A, B 출력형 인크리멘탈 인코더의 구조도이다.

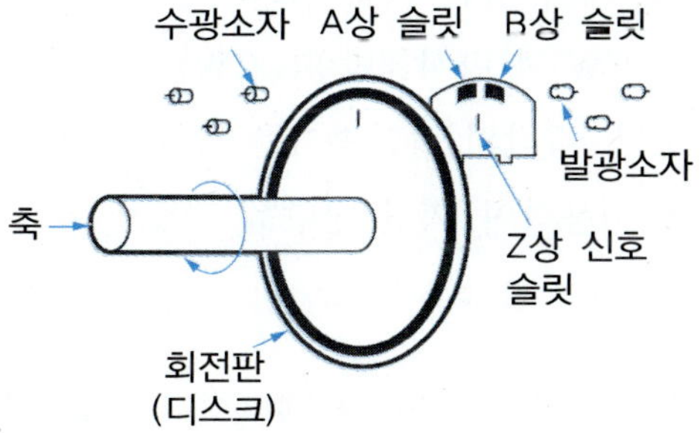


[그림 5-10] 인크리멘탈 인코더의 구조

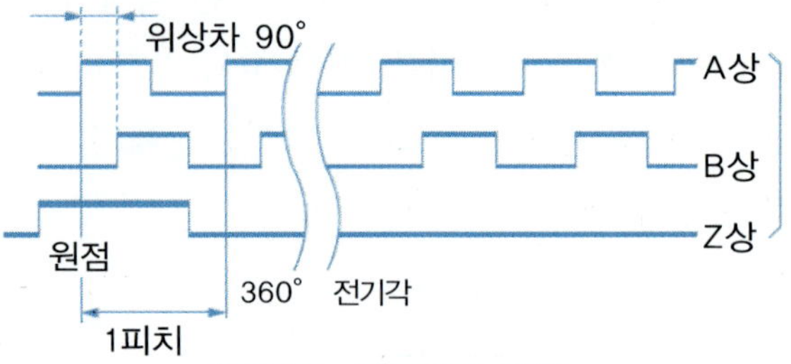

[그림 5-11] 출력 파형

LED로부터 광투사된 광선은 회전 디스크의 슬릿을 통과한 뒤 고정 슬릿판의 A, B, Z에 해당하는 각각의 슬릿을 통과하여 A, B, Z의 수광소자에서 검출된다. 고정 슬릿판상의 A, B의 슬릿은 90°의 위상차를 갖도록 배치되어 있으며, 파형이 정비된 전기적 신호 출력도 90°의 위상차를 갖는 구형파로 된다.

인크리멘탈 인코더는 구조가 간단하고 가격이 싸며, 출력 전선의 개수도 작아서 신호 전달이 간단하다. 인코더의 출력 펄스는 축의 회전위치의 절대치를 나타내지는 않고 축의 회전한 각도에 비례한 펄스수가 얻어지는 것이며, 절대치 표시를 수행하는 경우는 인코더 출력 펄스를 카운터에 축적한 것으로 표시한다.

사용상의 주의점으로서는 신호전달 중의 노이즈를 카운터에 축적하는 결점이 있기 때문에 노이즈 대책을 충분히 세워야 될 필요가 있다. 또 전원이 끊어진 경우에는 다시 전원을 투입하여도 원래 위치의 표시는 불가능하게 되기 때문에 충분히 주의를 기울여야 한다.

인크리멘탈 인코더는 인코더 자체에서 단지 펄스열을 발생하기 때문에 회전속도를 검출하기 위한 아날로그 신호를 얻기 위해서는 인코더의 출력 펄스수를 펄스 주파수에 비례한 아날로그 신호로 변환하여야 한다. 보통 인크리멘탈형 인코더의 회전반향 감지 및 분해도를 증가하기 위해 두 개의 광단속기를 1/4위상차를 두도록 배치한다.

[그림 5-11]에서 시계방향(CW)과 반시계방향(CCW)으로 휠이 회전할 때 광단속기에서 발생하는 파형을 보이고 있다. 각각의 광단속기를 각각 채널 A와 채널 B라고 명명하며, 이 두 채널의 신호 파형을 이용하여 회전 방향을 판별할 수 있다.

• 절대값(앱솔루트)형 인코더

절대값형 인코더의 기본적인 구성은 인크리멘탈형과 동일하다. 회전 디스크의 슬릿은 2진 부호열로 되어 있는데, 회전 디스크의 바깥 둘레를 최하위 비트로 하고 중심을 향하여 필요한 비트(행) 수만큼의 슬릿이 동심원상으로 배치되어 있다.

[그림 5-12]는 절대값형 인코더의 구조도이다.

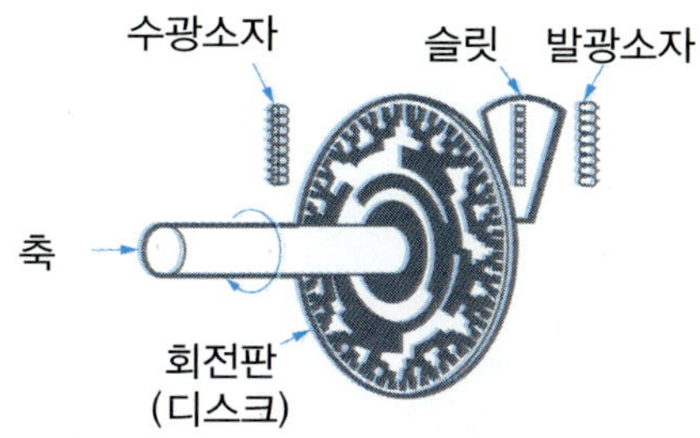


[그림 5-12] 앱솔루트 인코더 구조

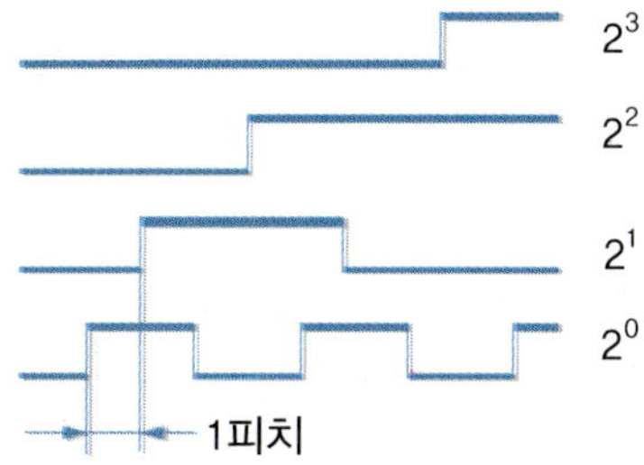


[그림 5-13] 출력파형

절대값형 인코더는 명칭 그대로 입력측의 절대위치를 검출할 수 있기 때문에 신호전송 중의 노이즈에 의해 오차가 누적되지 않으며, 또 전원이 단절되어 재투입하는 경우에도 인크리멘탈형에서처럼 원래 위치를 잃어버리지 않고 정상적으로 올바른 현재 위치를 검출할 수가 있다. 단점으로는 비트 수가 많아지면 출력 신호선의 수가 많아져 구조상 소형화, 저가화가 어렵다는 것을 들 수 있다.

### (2) DC 모터의 구현 예

① Timing Pulley : 쌍방향 구동 모듈과 타이밍 벨트로 동력전달

② 연결 : 메인 제어 모듈과 연결

③ 각도 디스크 : 각도 제어시 각도 표시

DC 모터는 기어박스(기어헤드), DC 모터, 인코더가 포함되어 있는 일체형 모터이다. 모터 구동 및 제어회로는 메인 제어 모듈에 내장되어 있다.

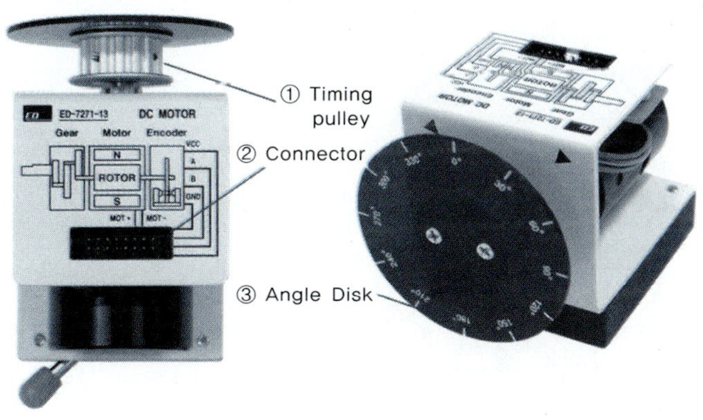


[그림 5-14] DC 모터의 구현 예(ED-7271-13)

메인 제어 모듈의 모터 드라이버 IC, PID 제어 IC가 포함이 되어 DC 모터 제어를 담당한다. 동시에 2개의 DC 모터를 제어할 수 있다.

## 2) 스텝 모터

### (1) 기반 지식

① 스텝 모터 동작 원리

고정자 측에서 자계를 회전시키고 그 힘으로 회전자를 기계적으로 회전시킨다. 이 때 고정자의 자계회전을 펄스 신호에 따라서 스위칭하여 순서적으로 바꿔나가면 스텝 모터는 한 스텝씩 회전한다.

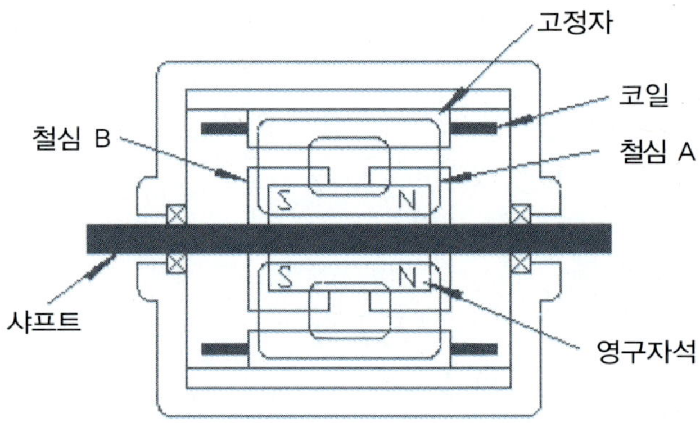


[그림 5-15] 스텝 모터 구조

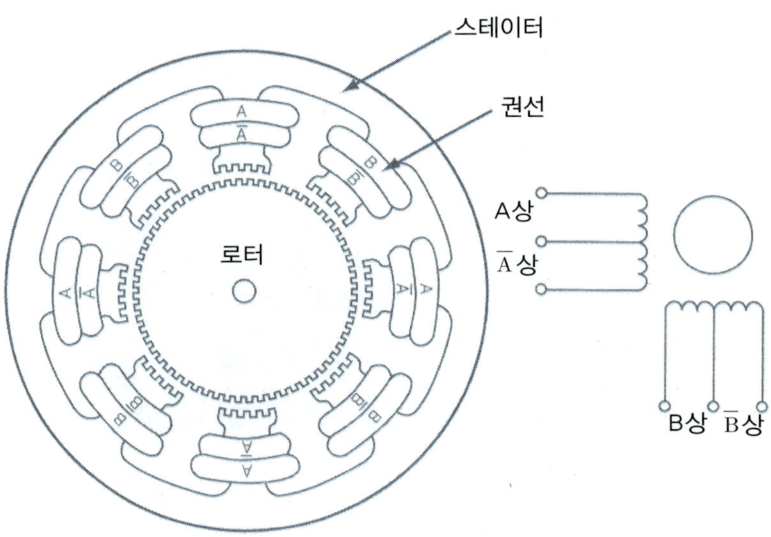


[그림 5-16] 스텝 모터의 단면

고정자의 A상이 N극에 자화되어 회전자의 S극에 끌어 당겨져 정지되어 있다. 다음으로 B상을 N극에 자화하여 A상의 자화를 풀면 회전자는 B상과 마주보도록 끌음으로 B상을 N극에 자화하려 A상의 자화를 풀면 회전자는 B상과 마주보도록 끌어 당겨져 시계방향으로 90°회전하여 정지한다. 이와 같이 자화하는 극을 A상, B상, $\overline{A}$상, $\overline{B}$상으로 순차적으로 바꾸어감으로써 스텝 모터는 회전과 정지를 계속해 나간다.

② 모터 구동방법

고정자 코일에 흐르는 전류를 여자전류라 한다. 1상 스테핑 모터는 전기적으로 A상, B상, $\overline{A}$상, $\overline{B}$상의 4개의 고정자 권선이 있다. 이들 상에 동시에 몇 개의 상에 여자전류를 흐르게 하는지에 따라 여자방식이 결정된다. 2상 스텝 모터의 여자방식에는 1상 여자, 1-2상 여자, 2상 여자의 3종류의 여자방식이 사용된다.

권선에 한쪽 방향으로 전류를 흘려주는지 양쪽방향으로 전류를 흘려주는지에 따라 유니폴라 구동방식과 바이폴라 구동방식으로 나뉜다. 유니폴라 구동방식은 권선 중간에 센터 탭을 이용하는 것으로 센터 탭을 통해 각 상에 전류가 한쪽 방향으로만 흐르게 된다.

바이폴라 구동방식은 H-브리지 회로를 사용하여 전류의 방향을 바꾼다. 센터 탭을 사용하지 않고 권선을 전부 사용하므로 유니폴라 방식에 비해 큰 토크를 얻게 된다. 제어가 간단한 바이폴라 1상 여자방식의 경우 스텝 모터 각 상에 다음과 같은 펄스열을 입력하면 모터는 한 스텝씩 회전을 한다.

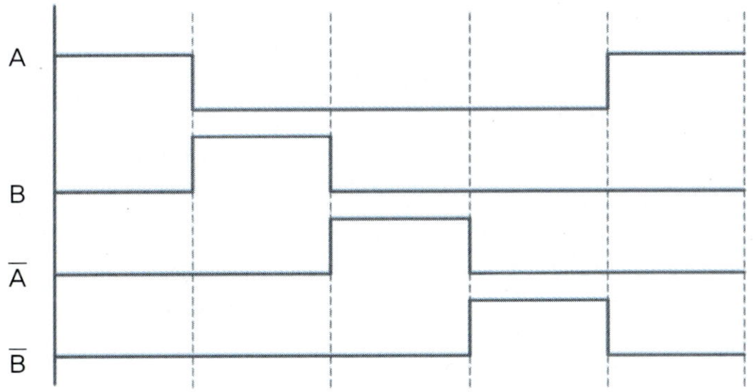


[그림 5-17] 유니폴라 1상 여자

스텝 모터의 제어 회로는 펄스를 인가하여 각 상의 여자신호를 발생시키는 여자신호 발생부와 신호를 받아서 권선에 여자전류를 흘려주기 위한 구동부 회로로 구성된다. 마이크로컨트롤러에서는 방향신호와 펄스열을 발생시킨다.

### (2) 스텝 모터의 구현 예

① Timing Pulley : 양방향 구동 모듈과 타이밍 벨트로 동력전달

② 연결 : 메인 제어 모듈과 연결

③ 각도 디스크 : 각도 제어시 각도 표시

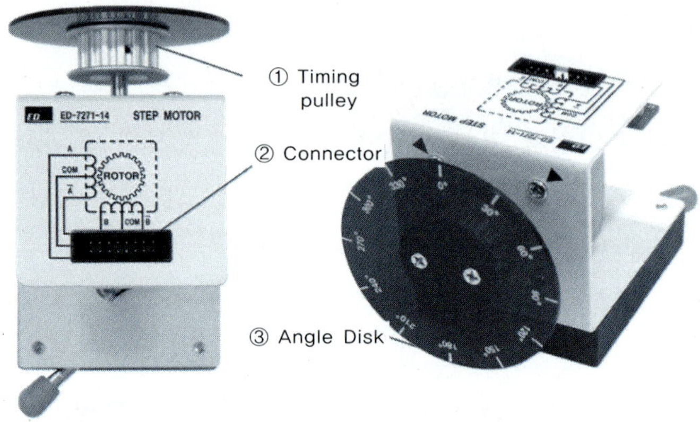


[그림 5-18] 스텝 모터의 구현 예(ED-7271-14)

메인 제어 모듈에는 다음과 같은 스텝 모터 구동회로가 내장되어 16pin 플랫케이블로 모터만 연결해 주면 바로 구동이 가능하다. 여자 시퀀스 발생부의 IC는 L297, 전류구동부는 SLA7024M을 사용한다. 마이크로컨트롤러에서 방향신호 그리고 회전수에 해당하는 펄스열만 입력해주면 스텝 모터는 회전을 한다.

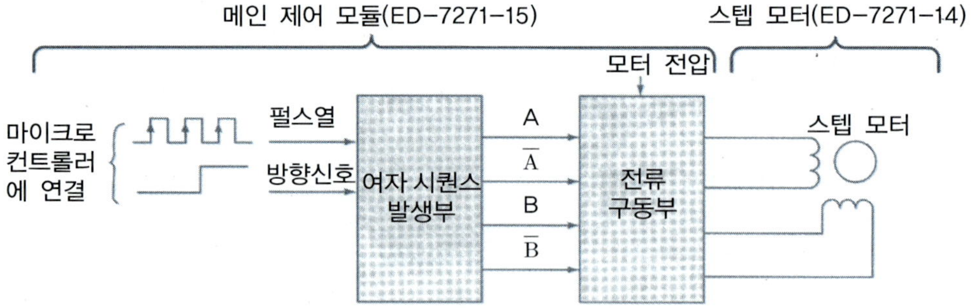


[그림 5-19] 스텝 모터 구동회로

## 3) RC 모터

### (1) 기반 지식

① RC 서보 모터

서보 모터는 주어진 신호에 의해서 일정한 각을 유지하거나 일정한 위치를 유지하는 모터를 말한다. RC 서보 모터는 일반적으로 무선조종 자동차, 모형비행기에 조향장치 등으로 많이 사용하는 모터이다. 서보 모터에 일정한 PWM신호를 넣어주면 일정각도를 유지한다. 동작영역은 약 0~180°이다.

[그림 5-20] RC 서보 모터 외형

② RC 서보 모터 구동방법

[그림 5-21]과 같이 RC 서보 모터에는 3개의 선이 있다. 각각 GND(갈색), VCC(빨강),

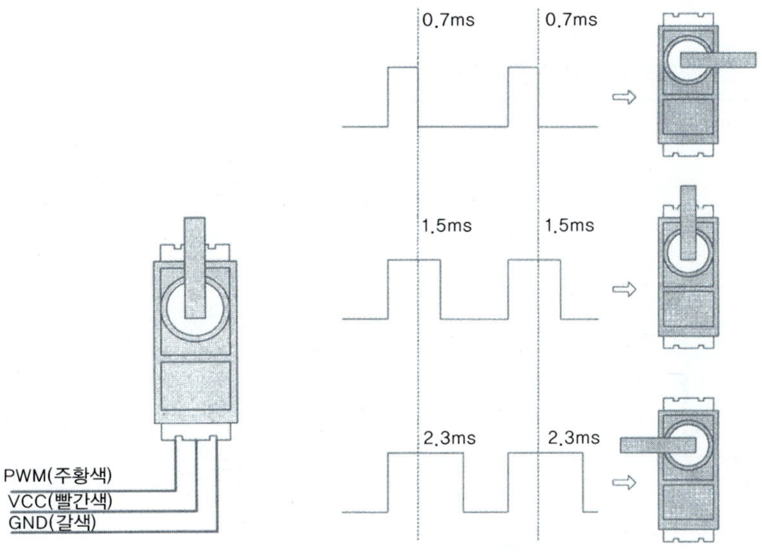


[그림 5-21] RC 모터 제어 펄스

PWM(주황색)이다. 보통 전원은 4~6V에서 동작을 한다. 모터의 동작은 PWM 입력선으로 일정 주기의 펄스 신호를 주면 모터가 −90~90°의 사이에서 동작한다.

20ms의 주기로 1.5ms의 신호를 넣어주면 0°의 각도로 동작을 하고, 0.7ms일 때는 −90°, 2.3ms의 신호를 넣어주면 90°로 동작한다. 이밖에 다른 각도 제어한다면 0.7ms~2.3ms까지 다른 펄스의 신호를 넣어주면 된다. 펄스를 입력해주는 도중 신호가 중단된다면 모터는 각도 제어를 실행하지 않게 된다.

### (2) RC 모터의 구현 예

RC 모터는 RC 서보 모터 2개와 USB 카메라로 구성되어 있다.

메인 컨트롤 모듈에서 RC 서보 모터 제어 펄스를 출력하여 모터 제어가 가능하다. 메인 컨트롤 모듈과 RC 모터 모듈은 16핀 플랫케이블로 연결하면 두 개의 RC 서보 모터를 제어할 수 있다.

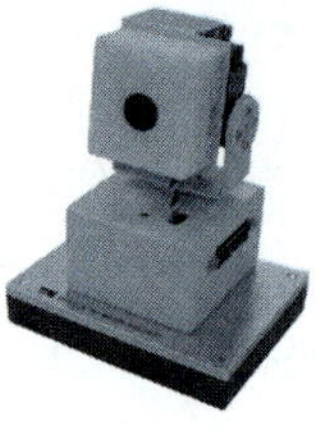

[그림 5-22] RC 모터 구현 예(ED-7271-10)

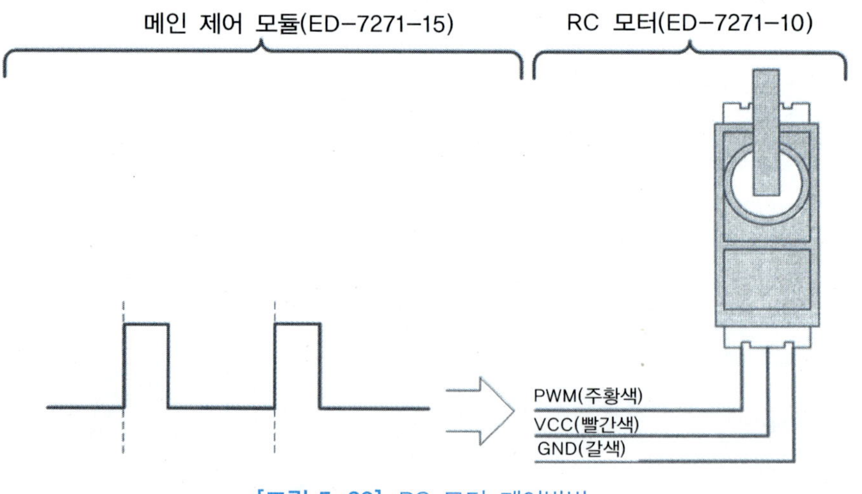


[그림 5-23] RC 모터 제어방법

## 02 모터 Actuator의 제어 실습을 위한 EDRS 환경구축

모터 Actuator를 제어하는 실습 프로그램을 작성하기 전에 프로그램이 구동될 시뮬레이션 환경을 EDRS로 구축해야 한다.

기본적인 DC 모터의 제어를 학습할 것이기 때문에 로봇은 센서는 장착되지 않은 구동 모터만으로 구성된 로봇만으로도 충분하며, 환경은 풀밭으로 이루어진 지형을 선택할 것이다. 다음의 내용을 따라 EDRS의 가상 로봇과 가상 환경을 구축한다.

### 1) 가상 로봇 만들기

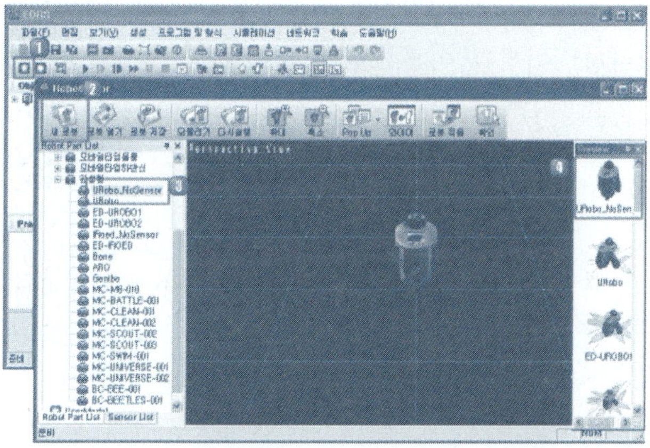

[그림 5-24] 로봇 만들기

EDRS의 1에 해당하는 로봇 에디터 툴바 버튼을 눌러 'RobotEditor' 실행한 후 2를 눌러 새 로봇을 만든다.

'Robot Part List'에서 '로봇캐릭터'-'완성형' 목록 중 3이나 '완성형' 목록의 아이템을 선택시 나타나는 'Preview'에 보이는 4의 'URobo_NoSensor' 로봇을 'Perspective View' 화면으로 드래그하여 로봇을 생성한다.

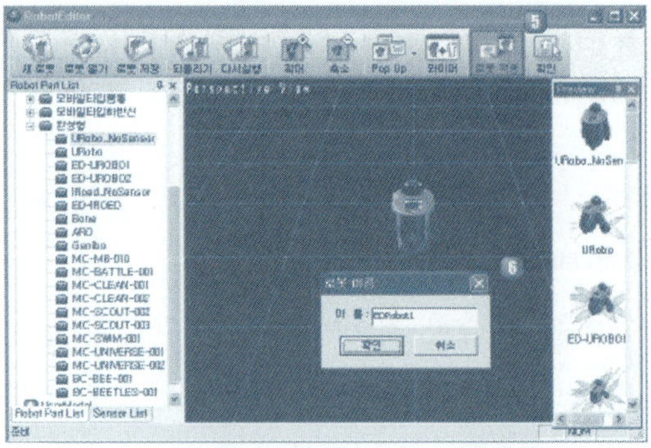

[그림 5-25] 로봇 이름 적용

5에 있는 '로봇 적용'을 누르면, 6과 같은 '로봇 이름' 창이 나타난다.
사용자가 원하는 로봇의 이름을 입력하고 확인을 누르면 EDRS에 반영된다.
여기에서는 "EDRobot1"이라는 이름으로 설정하였다. 설정된 로봇의 이름은 프로그램 작성시 사용된다.

**참고**

로봇 적용 대신 '확인' 툴바 버튼을 누르면 해당 로봇이 EDRS에 적용된 후 'RobotEditor' 창은 닫힌다.

### 2) 가상 환경 만들기

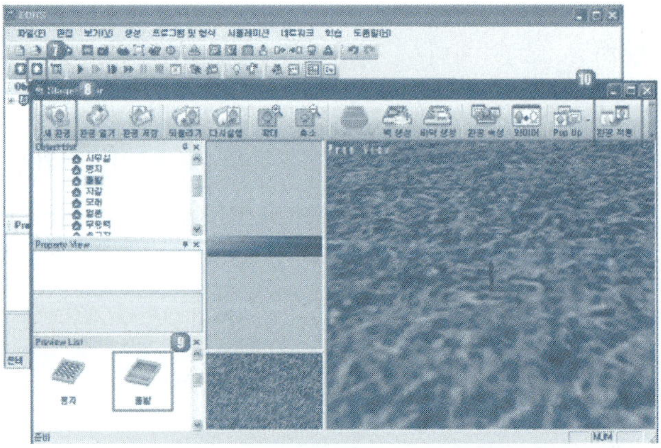

[그림 5-26] 가상 환경 만들기

EDRS의 7을 눌러 'StageEditor'를 실행한 후, 8을 눌러 새 환경을 만든다. 'Object List'의 '환경'–'지형'에서 풀밭을 선택한다.

9에 있는 풀밭을 화면으로 드래그하여 환경을 생성한다.

10을 눌러 만들어진 환경을 적용한다.

**참고**

각각의 지형은 서로 다른 특성을 가지고 있다. 예를 들어, 얼음 지형은 일반 지형에 비해 마찰력이 매우 낮게 설정되어 있으며, 풀밭의 경우 일반 지형보다 마찰력이 높게 설정되어 있다.

### 3) EDRS의 설정

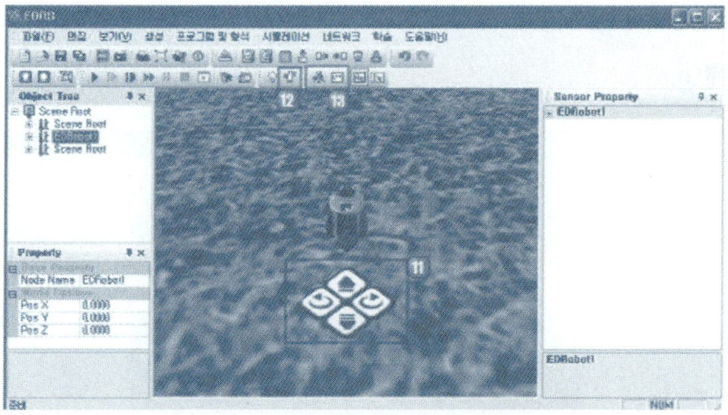

[그림 5-27] 로봇 위치 이동

기본적으로 로봇을 마우스 드래그를 통하여 이동시킬 수 있다.

11에 있는 조작 버튼을 사용하여 로봇의 방향과 수직선상에서의 위치를 조절할 수 있다.

12의 '선으로 표현' 툴바 버튼을 눌러 로봇을 와이어 형태로 볼 수도 있다.

13에 있는 'Graphical Language'와 'C/C++' 두 개의 툴바 버튼을 통해 Flow Chart 형태의 언어나 C/C++ 형태의 언어를 선택하여 프로그램을 작성할 수 있다.

CHAPTER 05

# 03 EDRS를 활용한 로봇을 시계방향으로 회전시키기 실습

## 1) 목표와 과제

### (1) 목 표

이 절에서 실습하는 프로그래밍의 목표는 로봇의 DC 모터를 이용하여 로봇을 시계방향으로 회전시키는 것이다. 로봇의 모터를 적절히 사용하여 사용자가 원하는 속도로 로봇을 회전시켜 보자.

### (2) 과 제

이 절의 목표를 수행하기 위해 로봇의 왼쪽 바퀴를 앞으로 전진시키는 제어가 필요하다. 왼쪽 바퀴를 앞으로 전진시키는 것만으로도 로봇은 시계방향으로 회전하게 될 것이다.

## 2) IRES 프로그래밍

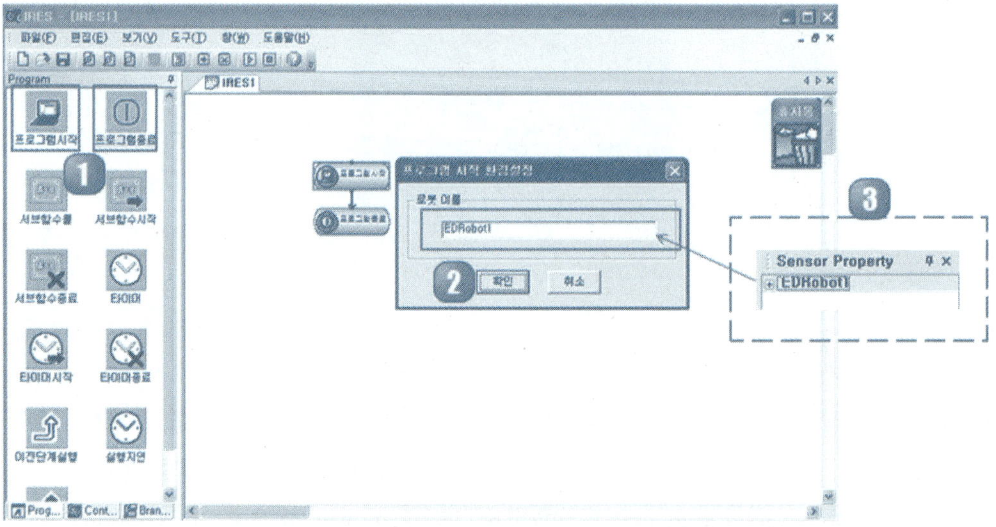


[그림 5-28] 제어 프로그램 로봇 이름설정

[그림 5-28]과 같이 'Program' 탭의 1 '프로그램 시작' 노드 객체와 '프로그램 종료' 노드 객체를 작업창에 옮겨 놓은 후 '프로그램 시작' 노드 객체를 더블 클릭해서 2와 같은 환경설정창을 띄운다.

프로그램 시작 환경설정창에 로봇 이름을 설정한 후 확인을 클릭한다. 로봇 이름은

'Robot Editor'에서 EDRS로 로봇을 적용시킬 때 설정한 이름을 사용해야 EDRS의 로봇을 제어할 수 있다.

현재 구성된 EDRS의 로봇의 이름은 3과 같이 EDRS의 'Sensor Property'창에서 확인할 수 있다.

**참고**

EDRS와 제어 프로그램은 이름을 기반으로(Name-Based Control) 작동한다. 즉, EDRS에 존재하는 로봇 이름과 제어 프로그램에서 지정한 로봇 이름이 같아야 해당 제어가 이루어진다. 이러한 이름기반 제어는 로봇뿐만 아니라 각종 센서, 모터 등도 동일하게 적용된다.

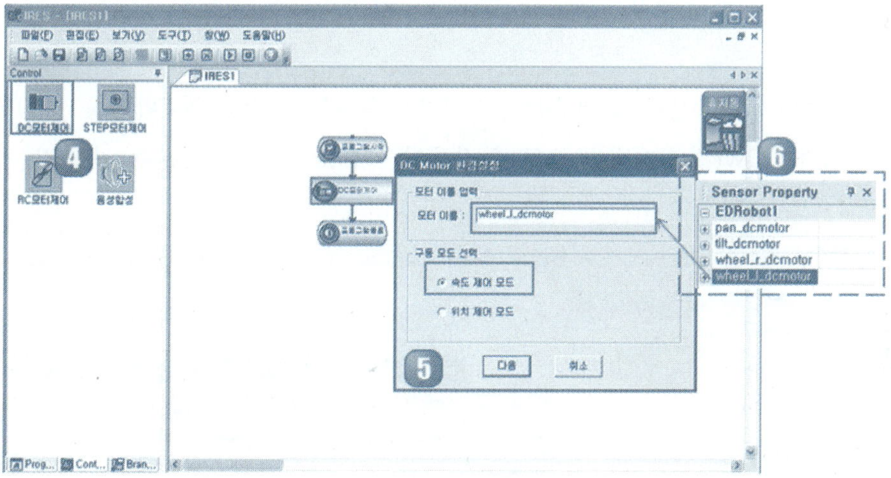


[그림 5-29] DC 모터 이름 및 구동 모듈 설정

[그림 5-29]와 같이 'Control' 탭의 4 'DC 모터 제어' 노드 객체를 작업창에 옮겨놓은 후 더블 클릭해서 5와 같은 환경설정창을 띄운다. DC Motor 환경설정창에 DC 모터 이름과 구동 모드 선택을 설정한 후 다음을 클릭한다.

실습 목표인 시계방향으로의 로봇 회전을 위해 왼쪽 바퀴를 제어해야 한다.

EDRS에 적용된 "EDRobot1"의 왼쪽 바퀴에 장착된 모터 이름은 6과 같이 EDRS의 'Sensor Property'창에서 확인할 수 있는 "wheel_l_dcmotor"이다.

DC 모터의 구동 모드는 속도제어 모드로 설정한다.

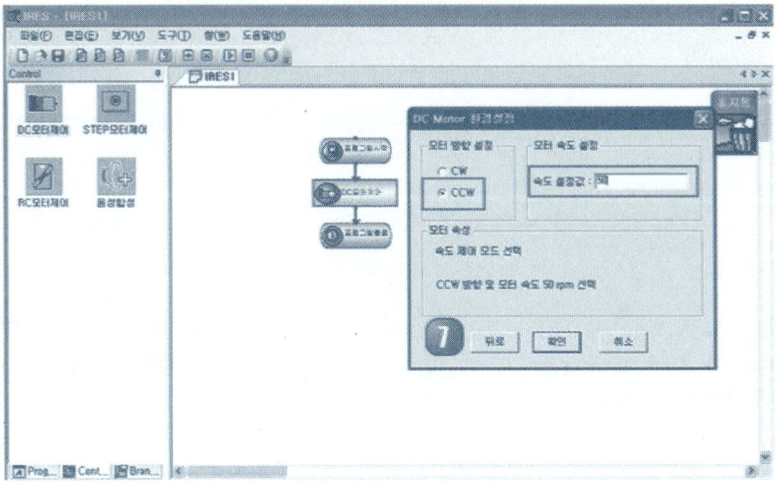

[그림 5-30] DC 모터방향 및 모터 속도 설정

[그림 5-30]의 7과 같이 모터 방향 및 모터 속도를 설정한 후 확인을 클릭한다.

왼쪽 모터가 CCW(반시계방향)으로 회전해야 앞으로 전진하게 된다. 속도값은 여기서는 50RPM으로 설정하였다.

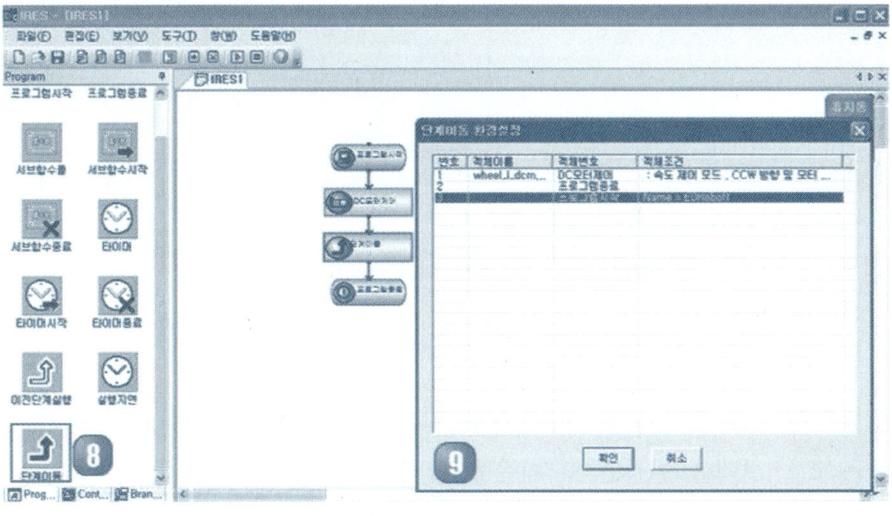

[그림 5-31] 반복을 위한 단계이동 설정

'Program' 탭의 8 '단계이동' 노드 객체를 작업창에 [그림 5-31]과 같이 옮겨 놓은 후 더블클릭해서 9와 같은 환경설정창을 띄운다.

9의 '단계이동 환경설정' 창에서 1번 DC 모터 제어나 3번 프로그램 시작을 선택한 후 확인을 클릭한다. 단계이동은 제어 프로그램을 반복적으로 수행할 수 있도록 선택된 노드로 프로그램의 흐름을 제어한다.

10 시뮬레이션 결과의 시뮬레이션 설명에 따라 프로그램을 실행시켜 결과를 확인한다.

### 3) C++ 프로그래밍

[그림 5-32]와 같이 EDRS 툴바의 1 'C++' 버튼을 클릭하면 2와 같은 프로젝트 생성 창이 나타난다. 프로젝트의 이름을 설정하고, 프로젝트 파일을 저장할 프로젝트의 경로를 설정한 후 생성 버튼을 누르면 C++ 작성 프로그램이 호출된다.(기존에 작성된 프로젝트를 열려고 할 경우 열기 버튼을 눌러 해당 프로젝트를 찾아 불러오기를 할 수 있다.)

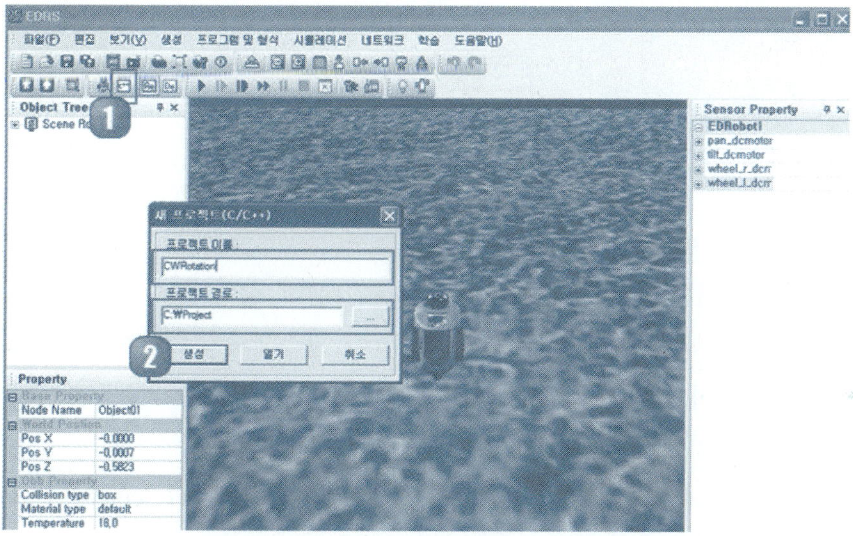


[그림 5-32] C++ 작성 프로그램 호출

이 실습에서는 "CWRotation"이라는 이름의 프로젝트를 새로 생성하였다.

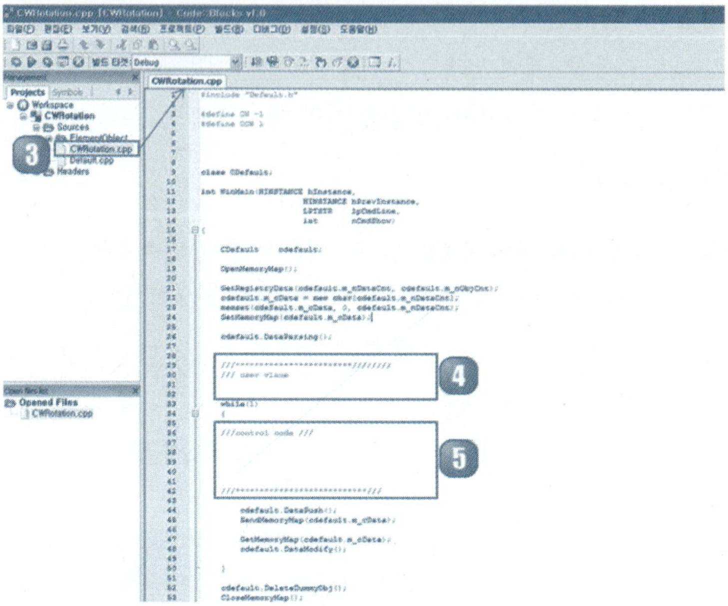

[그림 5-33] C++ 작성 프로그램 초기 화면

프로젝트가 생성되면 [그림 5-33]과 같은 프로그램이 실행된다.

3의 프로젝트 뷰의 [프로젝트이름].cpp 파일(이 실습에서는 CWRotation.cpp)을 더블 클릭하면 그림과 같이 초기 소스파일을 볼 수 있다. 이 초기 소스파일에 작성된 코드들은 EDRS를 제어하기 위한 기본 코드들이다.

사용자는 4의 "user value" 영역에서 변수들을 선언하고, 5의 "control code" 영역에서 제어 코드를 작성하면 된다.

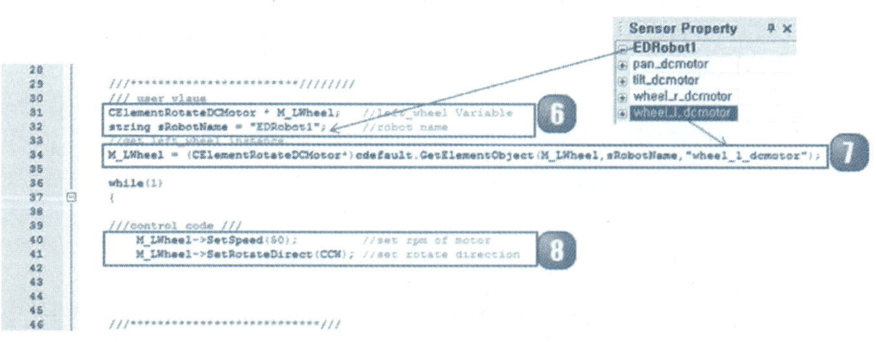


[그림 5-34] 제어 프로그램 소스

먼저, 제어에 사용될 사용자 변수를 설정할 것이다.

[그림 5-34]의 6은 제어 프로그램에서 사용될 변수를 선언한 부분이다. 왼쪽 바퀴를 제어해야 하므로 DC motor에 해당하는 CElementRotateDCMotor 클래스의 포인터 타입의 변수 “M_LWheel” 변수를 선언하였다.

그리고, 인스턴스를 얻어올 때 사용될 로봇의 이름을 저장할 “sRobotName” 변수를 선언하였다. 이 로봇 이름은 IRES 프로그래밍을 할 때와 마찬가지로 EDRS에 적용된 로봇의 이름을 명시해야 한다.

7은 “M_LWheel” 변수에 실제 제어에 사용될 “wheel_1_dcmotor”의 인스턴스를 얻어와 할당하는 코드이다. [그림 5-33]의 소스코드에서 17번째 줄에 선언된 CDefault 클래스의 인스턴스인 “cdefault”는 제어할 로봇의 각 요소들의 인스턴스를 받아올 수 있는 인스턴스이다. CDefault 클래스의 GetElementObject() 메소드를 통해 원하는 로봇의 요소들을 가져올 수 있다.

다음은 모터의 인스턴스를 통해 모터를 제어하는 제어 코드를 작성한다.

로봇을 시계방향으로 회전하도록 하기 위해 [그림 5-34]의 8과 같이 왼쪽 모터를 50RPM의 속도로 반시계방향으로 구동시킨다. CElementRotateDCMotor의 SetSpeed() 메소드를 통해 속도를 제어하고, SetRotate Direct() 메소드를 통해 구동방향을 제어한다.

**참고**

C++ 프로그램에서 사용될 수 있는 클래스와 API에 대한 설명은 EDRS 프로그램의 '도움말'-'C++ Reference'에 상세히 기술되어 있다.

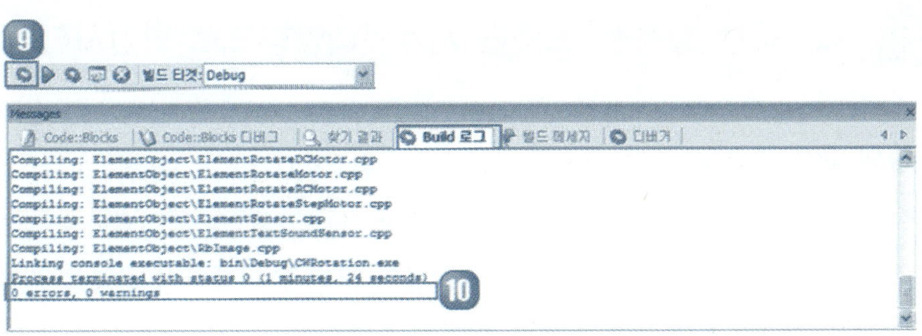


[그림 5-35] 제어 프로그램 빌드

프로그램 작성이 완료되면 툴바의 9 '빌드'를 수행하면 하단의 'Build로그' 창에 결과가 나타난다.

10과 같이 에러가 없으면 빌드가 완료된 것이다.

### 4) 시뮬레이션 결과 화면

[그림 5-36] 1 '시뮬레이션 시작' 버튼

제어 프로그램이 완성된 후 EDRS의 툴바에서 1 '시뮬레이션 시작' 버튼을 누르면, IRES 또는 C++ 제어 프로그램으로 작성한 프로그램이 기동되면서 다음과 같은 로봇이 시계방향으로 회전하는 결과 화면을 볼 수 있다.

[그림 5-37] 시계방향 회전 시뮬레이션 결과 화면

## 04 EDRS를 활용한 로봇을 시계반대방향으로 회전시키기 실습

### 1) 목표와 과제

#### (1) 목 표

여기에서 실습하는 프로그래밍의 목표는 로봇의 모터를 이용하여 로봇을 반시계방향으로 회전시키는 것이다. 로봇의 모터를 적절히 사용하여 사용자가 원하는 속도로 로봇을 회전시켜 보자.

### (2) 과 제

이 절의 목표를 수행하기 위해 앞과는 반대로 로봇의 오른쪽 바퀴를 앞으로 전진시키는 제어가 필요하다. 오른쪽 바퀴를 앞으로 전진시키면 로봇이 반시계방향으로 회전하게 될 것이다.

## 2) IRES 프로그래밍

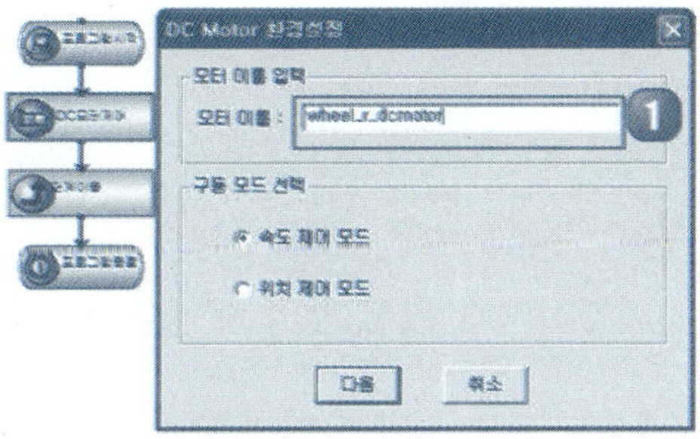


[그림 5-38] 오른쪽 바퀴의 DC 모터 환경설정_1

반시계방향으로 로봇을 회전하기 위해서는 앞에서 제어 프로그램을 작성했던 방법과 유사하게 작성할 수 있다. 단지, 왼쪽 바퀴 대신 오른쪽 바퀴를 제어해야 한다.

[그림 5-38]의 1과 같이 "wheel_r_dcmotor"로 모터 이름을 지정하여 오른쪽 바퀴의 모터를 제어하도록 설정한다.

[그림 5-39]의 2와 같이 모터의 구동방향을 "CW"로 설정하면 오른쪽 바퀴가 전진하게 된다.

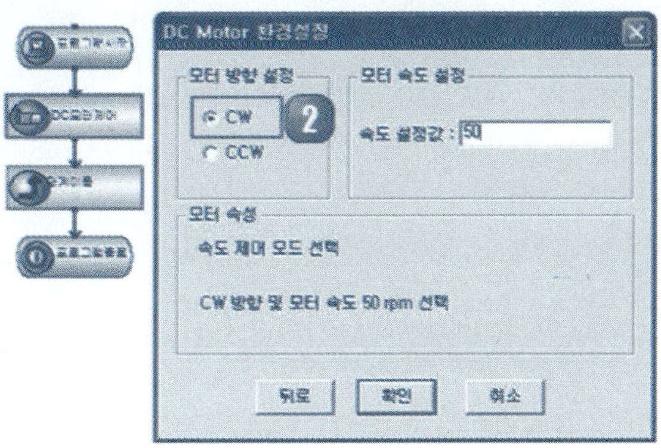


[그림 5-39] 오른쪽 바퀴의 DC 모터 환경설정 2

### 3) C++ 프로그래밍

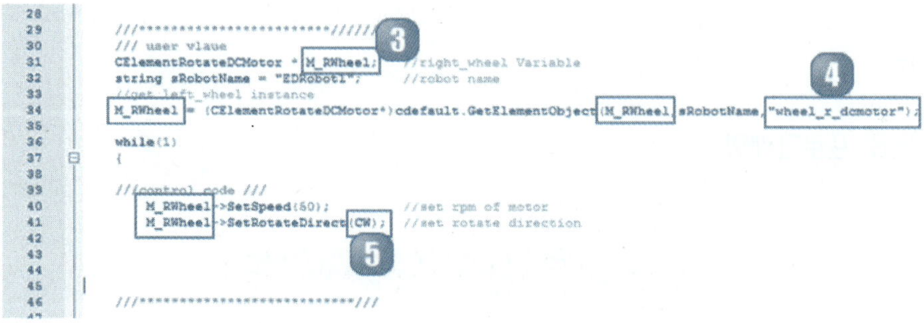


[그림 5-40] 반시계방향 회전을 위한 C++ 제어 소스

로봇을 반시계 방향으로 회진시키기 위해 앞의 제어 프로그램과는 반대로 오른쪽 모터를 제어할 것이다.

[그림 5-40]의 3과 같이 모터 제어 변수의 이름을 “M_RWheel”로 바꾼다.

4와 같이 오른쪽 바퀴의 모터의 인스턴스를 가져오기 위해 ”wheel_r_dcmotor”를 사용한다.

모터 제어에서 5와 같이 “CW”로 구동방향을 설정하여 앞으로 전진하도록 한다.

### 4) 시뮬레이션 결과 화면

[그림 5-41] 반시계방향 회전 시뮬레이션 결과 화면

## 05 EDRS를 활용한 로봇을 전진시키기 실습

### 1) 목표와 과제

#### (1) 목 표

이 절에서 실습하는 프로그래밍의 목표는 로봇의 모터를 이용하여 로봇을 앞으로 전진시키는 것이다. 두 개의 모터를 적절히 사용하여 로봇을 사용자가 원하는 속도로 전진시켜 보자.

#### (2) 과 제

이 절의 목표를 수행하기 위해 앞에서 수행한 실습을 응용하여 프로그래밍을 해야 한다. 프로그램의 로봇 이름 및 모터의 설정은 위의 실습예제와 차이점이 없지만, 이번 실습에서는 좌, 우 모터를 모두 사용해야 한다.

오른쪽 바퀴와 왼쪽 바퀴를 앞으로 전진시키면 로봇은 앞으로 전진하게 될 것이다.

이번 실습을 바탕으로 전진 뿐만 아니라 후진 동작도 연습해 보자.

### 2) IRES 프로그래밍

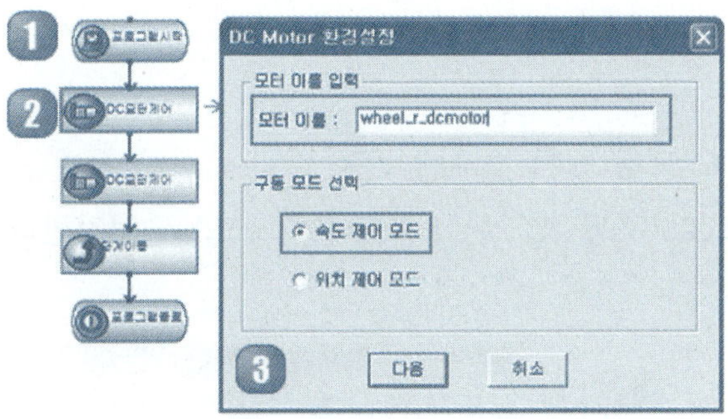


[그림 5-42] 오른쪽 바퀴의 DC 모터 환경설정_1

[그림 5-42]의 1 '프로그램 시작' 객체의 로봇 이름은 앞에서와 같이 "EDRobot1"로 설정한다.

2 DC 모터 제어 객체에 오른쪽 바퀴에 대한 환경을 3과 같이 모터 이름은 "wheel_

r_dcmotor”로 구동 모드는 ‘속도제어 모드’로 설정한다.

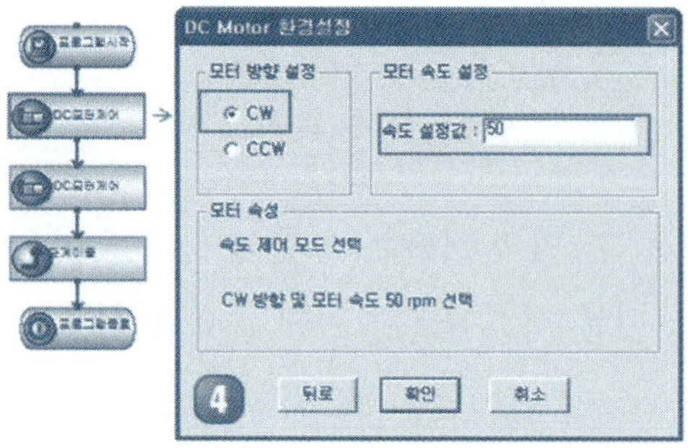


[그림 5-43] 오른쪽 바퀴의 DC 모터 환경설정_2

[그림 5-43]의 4와 같이 모터 방향은 ‘CW’로 모터 속도는 50으로 설정한다.

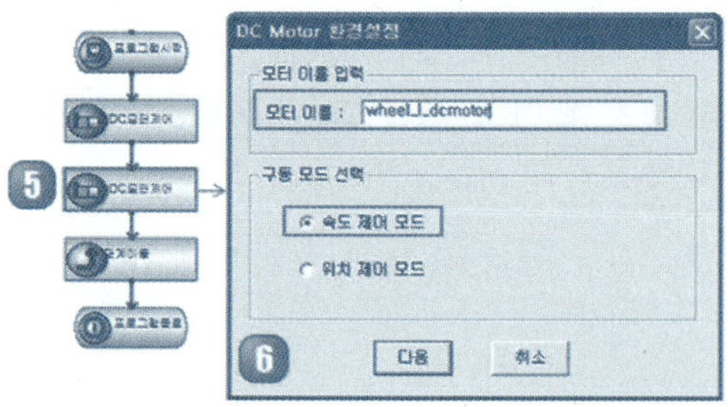


[그림 5-44] 왼쪽 바퀴의 DC 모터 환경설정_1

[그림 5-44]의 5 DC 모터 제어 객체에 왼쪽 바퀴에 대한 환경을 6과 같이 모터 이름은 “wheel_l_dcmotor”로, 구동 모드는 ‘속도제어 모드’로 설정한다.

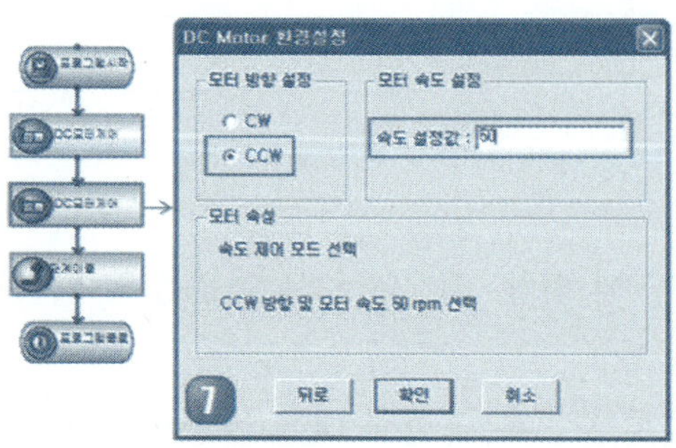


[그림 5-45] 왼쪽 바퀴의 DC 모터 환경설정_2

[그림 5-45]의 7과 같이 모터 방향은 ‘CCW’로 모터 속도는 50으로 설정한다.

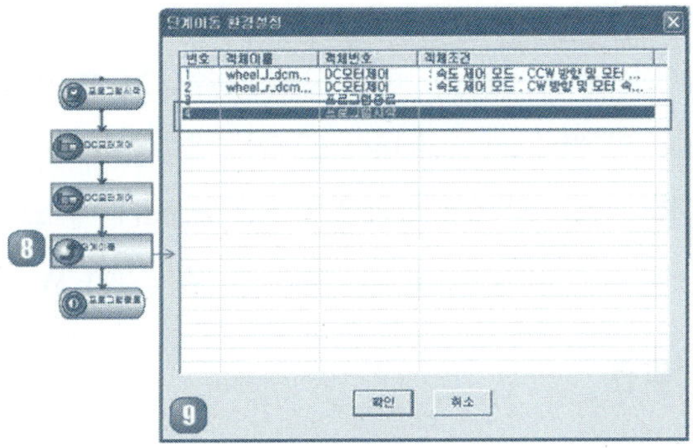


[그림 5-46] 단계이동 제어 설정

반복제어를 위해 8의 단계이동 개체의 환경설정을 9와 같이 ‘프로그램 시작’이나 2번 “wheel_r_dcmotor” DC 모터 제어로 설정한다.

### 3) C++ 프로그래밍

GoStraight.cpp

```cpp
#include "Default.h"

#define CW -1
#define CCW 1




class CDefault;

int WinMain(HINSTANCE hInstance,
            HINSTANCE hPrevInstance,
            LPTSTR    lpCmdLine,
            int       nCmdShow)
{

    CDefault    cdefault;

    OpenMemoryMap();

    GetRegistryData(cdefault.m_nDataCnt, cdefault.m_nObjCnt);
    cdefault.m_cData = new char[cdefault.m_nDataCnt];
    memset(cdefault.m_cData, 0, cdefault.m_nDataCnt);
    GetMemoryMap(cdefault.m_cData);

    cdefault.DataParsing();


    ///*************************////////
    /// user vlaue
    CElementRotateDCMotor*  M_RWheel;   //ight_wheel Variable
    CElementRotateDCMotor*  M_LWheel;   //left_wheel Variable
    string  sRobotName = "XXRobot1";    //robot name
    //get wheel dcmotor instance
    M_RWheel=(CElementRotateDCMotor*)cdefault.GetElementObject(M_RWheel,sRobotName,"wheel_r_dcmotor");
    M_LWheel=(CElementRotateDCMotor*)cdefault.GetElementObject(M_LWheel,sRobotName,"wheel_l_dcmotor");

    while(1)
    {

    ///control code ///
        M_RWheel->SetSpeed(50);
        M_RWheel->SetRotateDirect(CW);
        M_LWheel->SetSpeed(50);
        M_LWheel->SetRotateDirect(CCW);
    ///****************************///

        cdefault.DataPush();
        SendMemoryMap(cdefault.m_cData);

        GetMemoryMap(cdefault.m_cData);
        cdefault.DataModify();

    }

    cdefault.DeleteDummyObj();
    CloseMemoryMap();

    delete []cdefault.m_cData;

    return 0;
}
```

[그림 5-47] 직진 구현을 위한 C++ 프로그램 소스

CHAPTER 05

[그림 5-47]은 로봇의 직진 제어를 구현한 C++ 프로그램 소스이다.

1의 사용자 변수들은 직진을 위해 좌/우 바퀴 모두 제어해야 하므로, 앞의 왼쪽 바퀴 모터 변수 "M_LWheel"과 앞의 오른쪽 바퀴 모터 변수 "M_R_Wheel"가 모두 선언되고, 각각 "wheel_l_ dcmotor"와 "wheel_r_dcmotor" 이름을 통해 인스턴스를 얻는다.

2와 같이 CElementRotateDCMotor 클래스의 SetSpeed() 메소드와 SetRotateDirection () 메소드를 통해 각각 속도는 50으로 구동방향은 "CW", "CCW"로 설정하여 제어한다.

### 4) 시뮬레이션 결과 화면

[그림 5-48] 직진 시뮬레이션 결과 화면

### 5) 심화 실습

- 앞의 실습을 통해 로봇을 전진시키는 방법을 배웠다. 그렇다면 로봇을 후진시키기 위해서는 어떻게 해야 할까? 앞의 실습을 수정하여 로봇을 후진시켜 보자.

## 06 EDRS를 활용한 로봇을 좌/우로 방향전환시키기 실습

### 1) 목표와 과제

#### (1) 목 표

이 절에서 실습하는 프로그래밍의 목표는 로봇의 모터를 이용하여 로봇을 좌 또는 우의 방향으로 휘어지게 이동시키는 것이다.

#### (2) 과 제

이 절의 목표를 수행하기 위해 앞의 실습에서 배운 모터 제어를 참고로 하여 로봇을 좌 또는 우의 방향으로 휘어지게 이동시킨다.

왼쪽 모터와 오른쪽 모터의 속도를 다르게 구현하면 그 속도 차이로 인해 로봇은 속도가 낮은 방향으로 휘어져 이동하게 될 것이다. 로봇과 환경설정은 앞의 실습과 동일하다.

### 2) IRES 프로그래밍

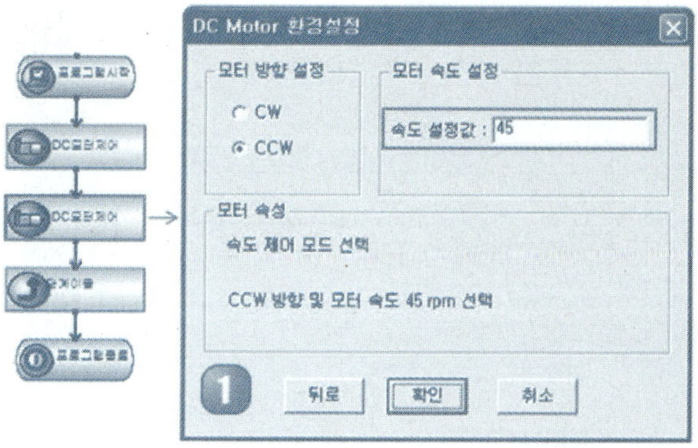


[그림 5-49] 방향전환을 위한 왼쪽 모터 환경설정

로봇의 방향전환을 위한 제어는 앞의 직진 실습에서 왼쪽 바퀴 또는 오른쪽 바퀴 하나의 속도만 변경을 하여 좌/오른쪽의 바퀴 속도의 차이가 있도록 구현하면 된다.

[그림 5-49]의 1과 같이 이 실습에서는 왼쪽 바퀴의 속도를 45로 설정하여 양바퀴의 속도차를 5로 설정하였다. 왼쪽 바퀴의 속도가 더 느리므로 왼쪽으로 휘어져 나갈 것이다.

### 3) C++ 프로그래밍

[그림 5-50]은 로봇의 방향 제어를 구현한 C++ 프로그램 소스이다.

1의 사용자 변수들은 앞의 변수와 다르지 않으며, 2의 제어에 있어서 "M_LWheel"의 속도설정을 45로 변경하였다.

ChangeOfDirection.cpp

```cpp
#include "Default.h"

#define CW -1
#define CCW 1




class CDefault;

int WinMain(HINSTANCE hInstance,
                    HINSTANCE hPrevInstance,
                    LPTSTR    lpCmdLine,
                    int       nCmdShow)
{

    CDefault    cdefault;

    OpenMemoryMap();

    GetRegistryData(cdefault.m_nDataCnt, cdefault.m_nObjCnt);
    cdefault.m_cData = new char[cdefault.m_nDataCnt];
    memset(cdefault.m_cData, 0, cdefault.m_nDataCnt);
    GetMemoryMap(cdefault.m_cData);

    cdefault.DataParsing();


    ///************************////////
    /// user vlaue
    CElementRotateDCMotor*  M_RWheel;   //ight_wheel Variable
    CElementRotateDCMotor*  M_LWheel;   //left_wheel Variable
    string  sRobotName = "EDRobot1";    //robot name
    //get wheel dcmotor instance
    M_RWheel=(CElementRotateDCMotor*)cdefault.GetElementObject(M_RWheel,sRobotName,"wheel_r_dcmotor");
    M_LWheel=(CElementRotateDCMotor*)cdefault.GetElementObject(M_LWheel,sRobotName,"wheel_l_dcmotor");

    while(1)
    {

    ///control code ///
        M_RWheel->SetSpeed(50);
        M_RWheel->SetRotateDirect(CW);
        M_LWheel->SetSpeed(45);
        M_LWheel->SetRotateDirect(CCW);
    ///****************************///

        cdefault.DataPush();
        SendMemoryMap(cdefault.m_cData);

        GetMemoryMap(cdefault.m_cData);
        cdefault.DataModify();

    }

    cdefault.DeleteDummyObj();
    CloseMemoryMap();

    delete []cdefault.m_cData;

    return 0;
}
```

[그림 5-50] 방향전환 구현을 위한 C++ 프로그램 소스

## 4) 시뮬레이션 결과 화면

[그림 5-51] 왼쪽으로 휘어지는 직진 시뮬레이션 결과 화면

## 5) 심화 실습

- 앞의 실습을 통해 로봇을 왼쪽으로 휘어져 직진하도록 하였다. 그렇다면, 로봇을 오른쪽으로 휘어져 직진하도록 하려면 어떻게 해야 할까? 또한, 좌/우 바퀴의 속도차에 따른 각도변화도 시험해 보자.

# 06장 센서의 이해와 제어

• 센서란 사람이 주변환경 정보를 확득하기 위해서 시각, 청각, 촉각, 후각 그리고 미각과 같은 감각을 이용하는 것과 마찬가지로 로봇이 외부 환경과 정보를 교환하기 위해 사용되는 장치이다. 이 장에서는 기본적으로 로봇에서 사용되는 센서들에 대해 학습할 것이다.

## 01 조도 센서의 이해와 EDRS를 활용한 제어 실습

### 1-1 조도 센서의 이해

#### 1) 기반 지식

##### (1) 포토다이오드

포토 다이오드는 PN 접합 다이오드의 I-V 특성에서 광의존성을 이용한 것으로 그 동작 원리는 PN 다이오드에 역바이어스를 가하면, 아주 작은 역포화 전류가 흐른다. 여기에 빛을 가하면 역포화 전류는 더 많이 흐르게 된다. 즉 빛의 양에 역포화 전류는 비례적으로 흐른다.

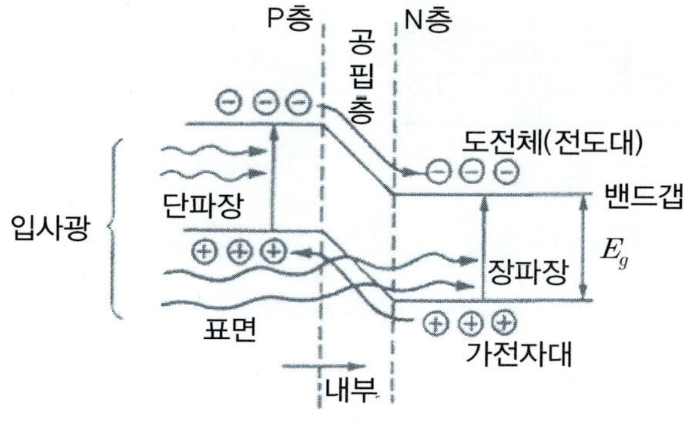


[그림 6-1] 포토 센서 원리

### (2) 센서의 적용원리

파나소닉의 <AMS302T> 조도 센서(Illuminance Sensor)의 경우 포토다이오드의 원리를 적용한 것으로 센서에 역바이어스를 가해주면 빛의 양에 따라 RL의 흐르는 전류의 did이 변하면서 출력전압 Vo는 빛의 밝기에 따라 증가한다. 아날로그 출력전압을 측정하기 위해 마이크로프로세서에 내장된 AD컨버터를 사용하여 아날로그 출력전압을 디지털로 변환해 사용한다.

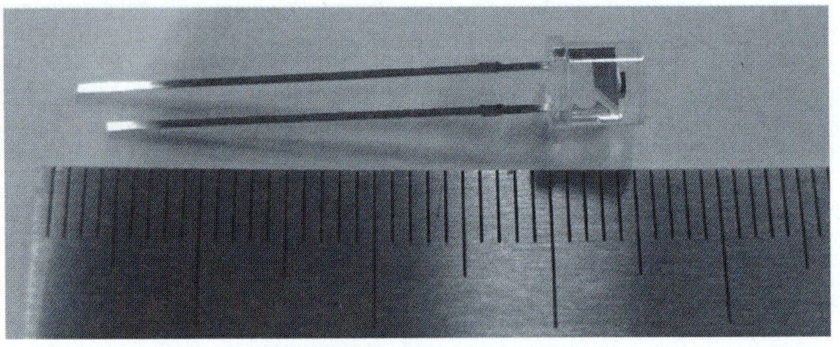

[그림 6-2] AMS302T

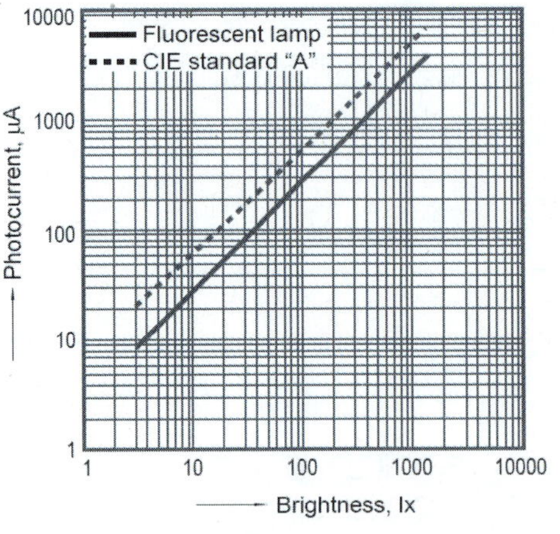


[그림 6-3] 룩스와 전류비교

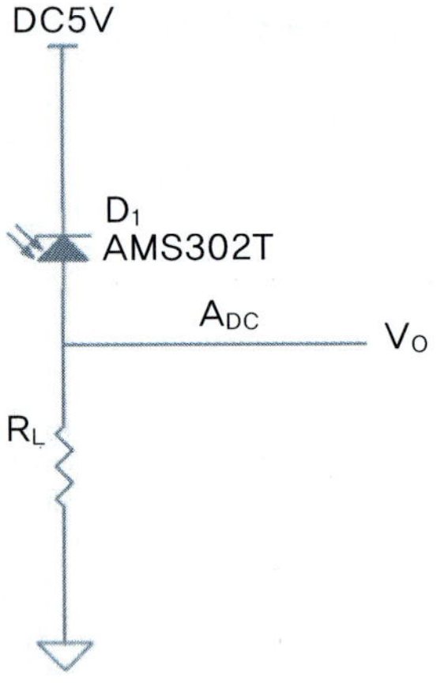


[그림 6-4] 센서 회로도

## 2) 조도 센서의 구현 예

① 인터페이스 커넥터 : 메인 컨트롤 모듈과 연결

② 센서

③ LED Bar : 센서로 측정한 빛의 밝기로 레벨 0~10까지 LED 표시

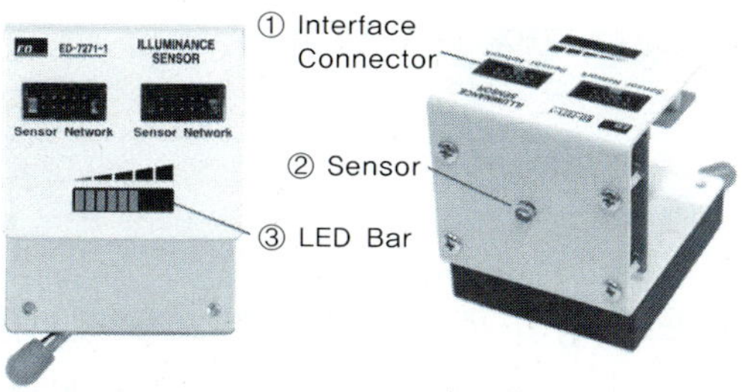


[그림 6-5] 적외선 센서의 구현 예(ED-7271-1)

조도 센서 모듈의 작업 프로세스는 다음과 같다.

주기적으로 센서의 값을 읽고 데이터를 계산하여 메모리 영역에 밝기정보를 업데이트 한다. 동시에 현재의 밝기를 LED로 표시한다. 또한 PC로부터 조도 센서모듈에 맞는 ID와 CMD를 수신 후 조도 센서의 ID, CMD, 현재 센서 DATA를 포함한 패킷데이터를 PC로 송신하는 동작 프로세스를 갖고 있다.

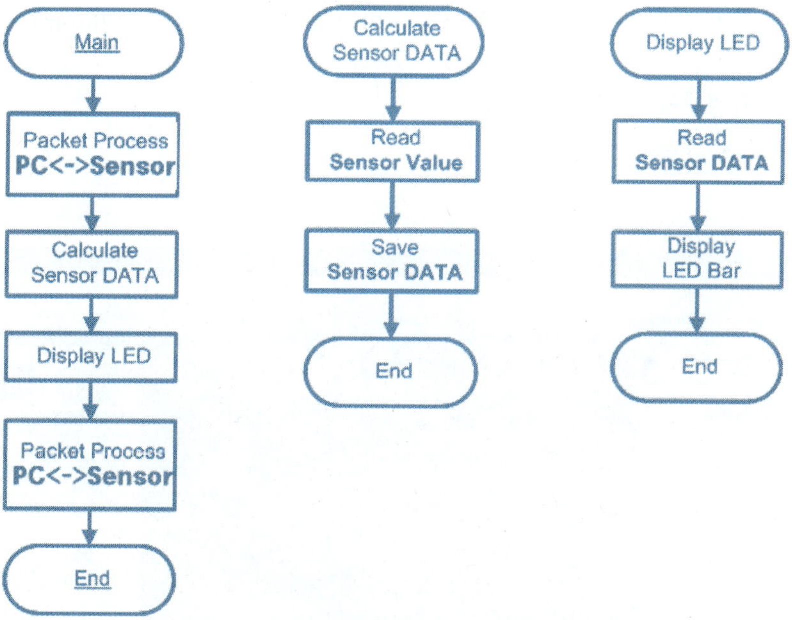


[그림 6-6] 순서도

## 1-2 조도 센서를 이용한 장애물 인식 제어

### 1) 목표와 과제

#### (1) 목 표

이 절에서 실습하는 프로그래밍의 목표는 "로봇의 조도 센서를 이용하여 광원을 인식하기"이다. 로봇의 조도 센서를 사용하여 광원의 빛의 세기에 따라 앞에서 배운 모터 제어를 적절히 수행하여 주행하도록 할 것이다.

#### (2) 과 제

여기에서는 광원과 가까워질수록 점점 속도를 줄이고, 광원과 멀어질수록 점점 속도를 증가시키는 제어를 구현할 것이다. 이를 위한 시나리오는 다음과 같다.

1. 광원의 세기가 20Lux 이내로 감지가 될 경우 전진이동(100rpm)
2. 광원의 세기가 35~20Lux로 감지가 될 경우 전진이동(60rpm)
3. 광원의 세기가 50~35Lux로 감지가 될 경우 전진이동(40rpm)
4. 로봇에서 감지된 광원의 세기가 50Lux이상일 경우 전진이동(20rpm)

### 2) EDRS 환경구축

#### (1) 가상 로봇 만들기

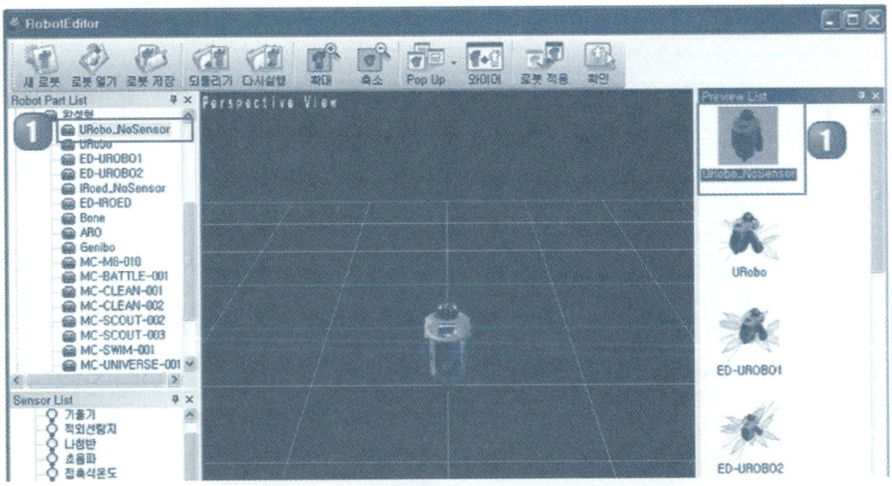


[그림 6-7] 조도 센서 구현을 위한 가상 로봇 만들기 1

'RobotEditor'를 통해 새로운 로봇을 [그림 6-7]의 1에 해당하는 '완성형'-'URobo_NoSensor'를 생성한다.

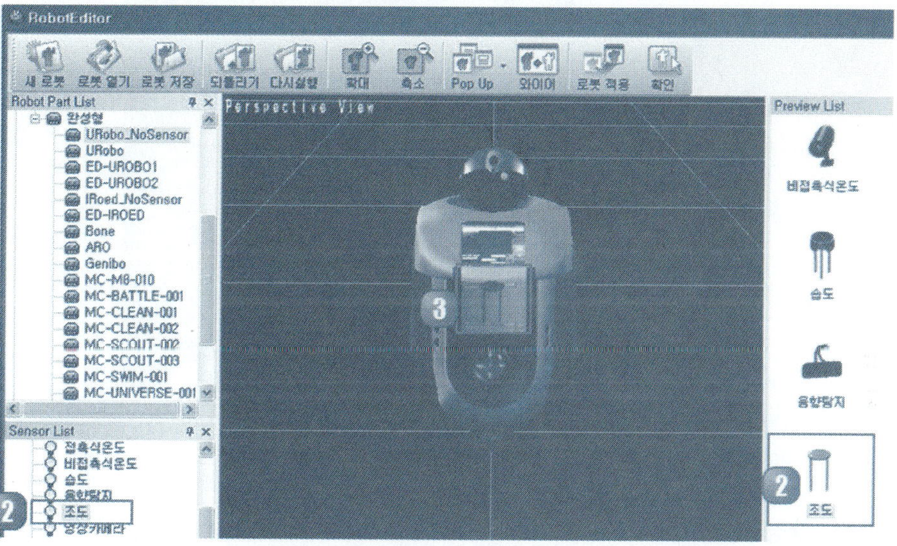

[그림 6-8] 조도 센서 구현을 위한 가상 로봇 만들기_2

생성된 로봇에 [그림 6-8]의 2 조도 센서를 3과 같이 로봇에 드래그 & 드롭을 하면 센서가 장착된다. 조도 센서는 로봇 내부에 설치되기 때문에 보이지 않는다.

설치된 조도 센서를 확인하기 위해서는 [그림 6-9]와 같이 4의 '와이어' 툴바 버튼을 눌러 화면을 바꾸면 내부에 장착된 센서를 볼 수 있다.

해당 센서를 더블클릭하면 5와 같은 환경설정창이 나온다. 센서의 이름은 "illumination", 최소 밝기는 0, 최대 밝기는 200, 단위밝기는 1로 설정한다.

센서의 위치는 6을 사용하여 이동시킬 수 있다. 확인을 눌러 로봇을 "EDRobot1"의 이름으로 EDRS에 적용시킨다.

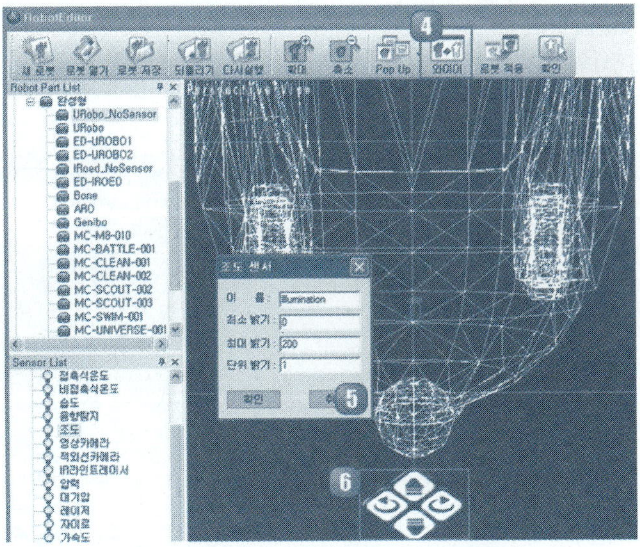

[그림 6-9] 조도 센서 구현를 위한 가상 로봇 만들기_3

### (2) 가상 환경 만들기

[그림 6-10]과 같이 1의 "지형-가정집"을 선택하여 적용시킨다.

[그림 6-11]과 같이 2의 "속성변경모델-광원_전구"를 선택하여 3과 같이 환경 곳곳에 설치한다.

광원을 더블클릭하면 4와 같이 속성 창이 나타나며 해당 광원의 세기를 정할 수 있다.

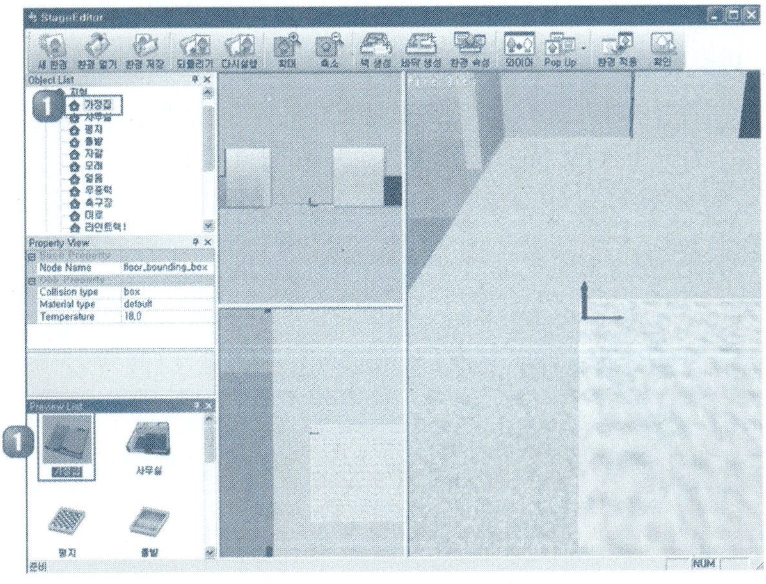

[그림 6-10] 조도 센서 구현을 위한 가상 환경 만들기 1

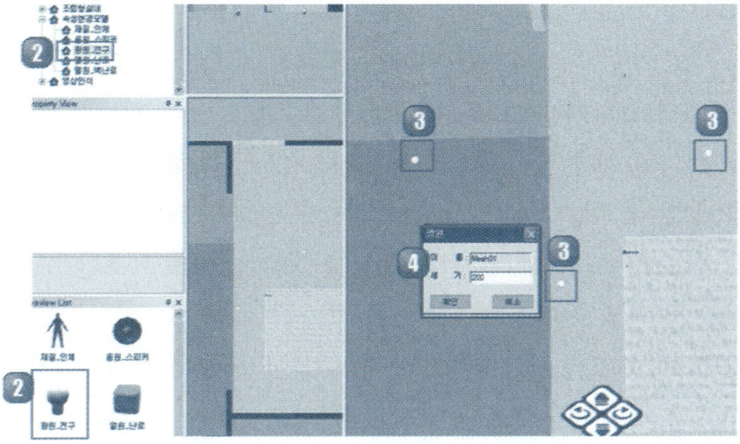

[그림 6-11] 조도 센서 구현을 위한 가상 환경 만들기 2

### 3) IRES 프로그래밍

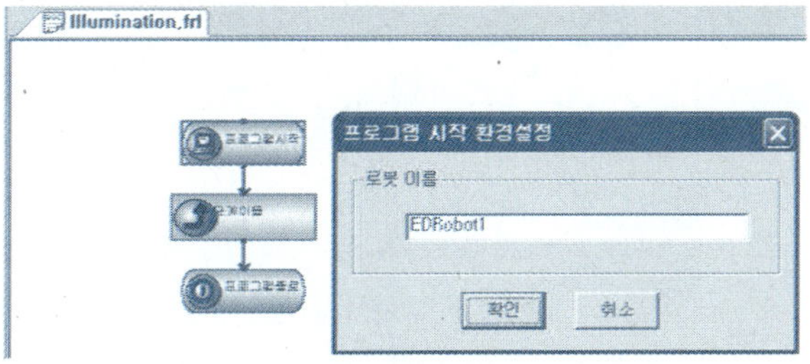


[그림 6-12] 프로그램 로봇 이름설정

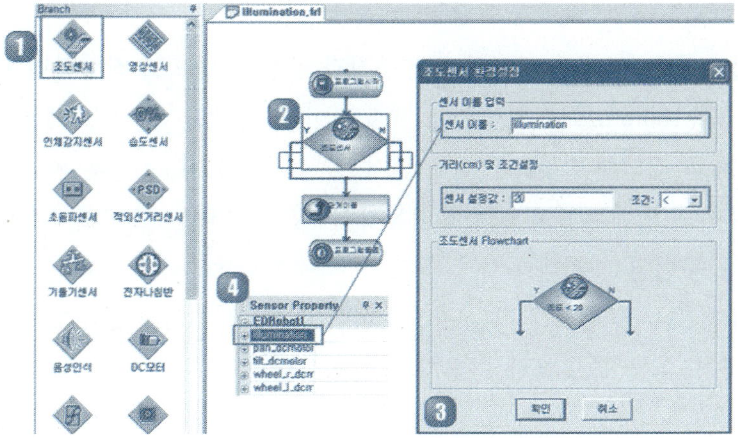


[그림 6-13] 조도 센서 분기객체 추가

[그림 6-12]와 같이 프로그램 시작 객체에 로봇 이름을 설정하고, [그림 6-13]의 1 'Branch' 탭의 '조도 센서' 분기객체를 2의 위치에 삽입한다.

조도 센서 분기객체를 더블클릭하면 3과 같은 '조도 센서 환경설정' 창이 나타난다.

센서 이름을 4의 그림과 같이 EDRS의 'Sensor Property'에서 확인하여 제어하는 조도 센서의 이름을 넣는다. 여기서는 "illumination"의 이름을 가진다.

시나리오의 1의 조건을 판단하기 위해 센서 설정값을 20으로 조건을 <로 설정하여 조도값이 20보다 이하임을 판단한다.

조도 센서값이 20보다 작은 경우인 'Y' 노드에는 100rpm의 직진이동에 대한 구현이 들어갈 것이며, 'N' 노드에는 조도값이 35보다 작은지 여부를 판단하는 구현이 들어갈 것이다.

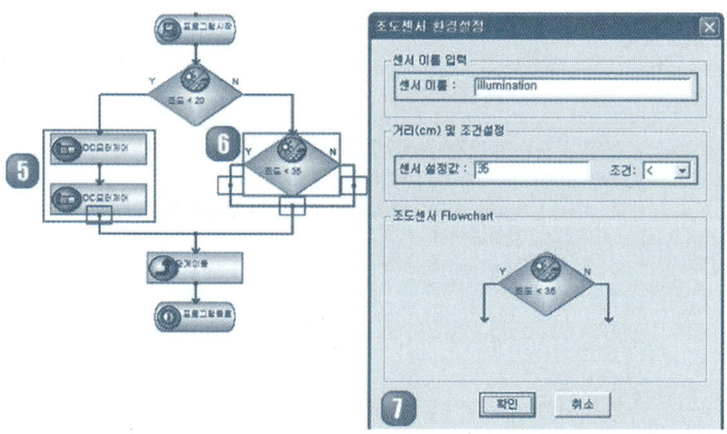


[그림 6-14] 조도 센서 분기 노드들의 시나리오 1 구현

[그림 6-14]의 5는 앞에서 구현한 직진동작과 같은 방법으로 작성하면 되며, 속도값은 시나리오에 따라 100rpm으로 설정한다. 조도값이 20이상인 'N' 노드에는 또 다시 '조도 센서' 분기객체를 삽입하고 7과 같이 센서 설정값을 35로 조건은 '<'로 설정한다.

이 분기의 'Y' 노드에는 60rpm의 직진동작이 'N' 노드에는 조도값이 50이상인지를 판단하는 노드가 구현될 것이다.

[그림 6-15]의 8은 60rpm의 직진동작 구현이며, 9의 위치에 조도값이 50보다 작은지 여부를 판단하기 위한 조도객체를 추가로 삽입한다.

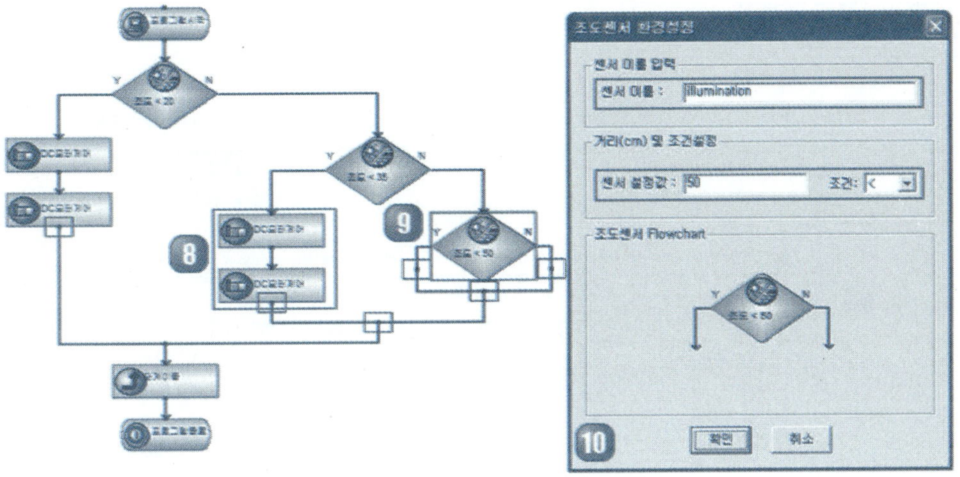


[그림 6-15] 조도 센서 분기 노드들의 시나리오 2 구현

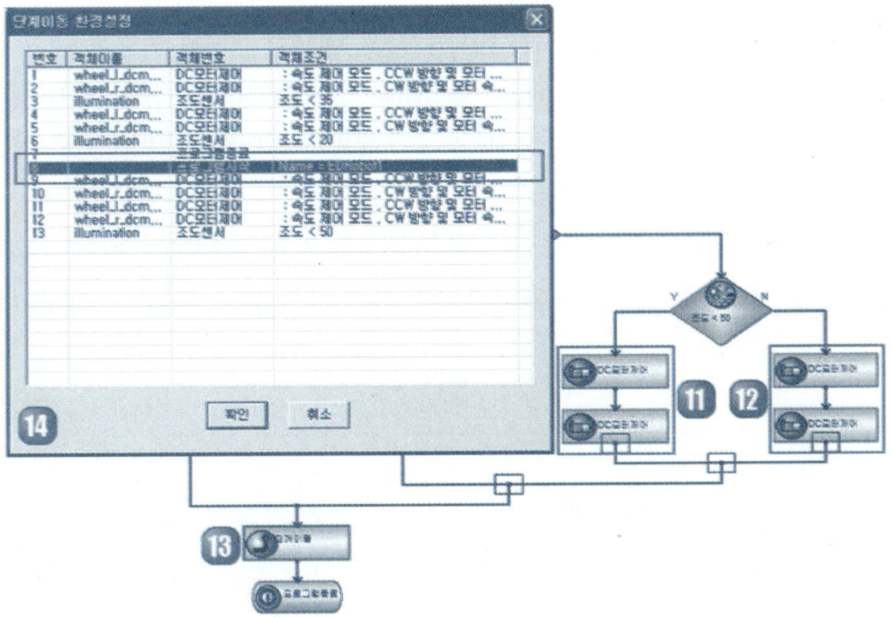


[그림 6-16] 조도 센서 분기 노드들의 시나리오 3, 4 구현

[그림 6-16]의 11은 40rpm으로 직진동작을 하는 구현이며, 12는 20rpm으로 직진동작을 하는 구현이다.

마지막으로 13의 단계이동에서 '프로그램 시작' 노드로 반복시킨다.

## 4) C++ 프로그래밍

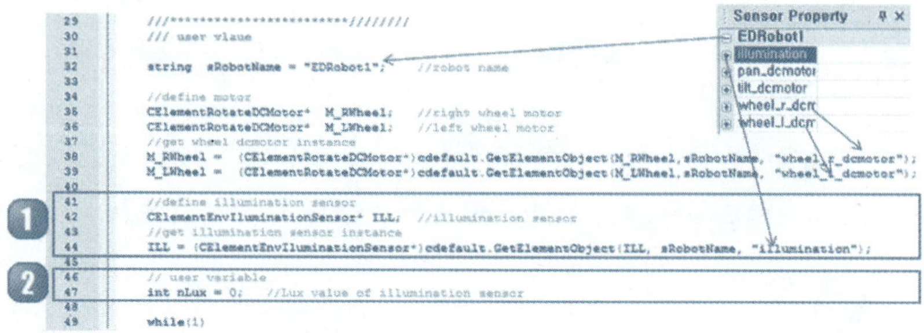


[그림 6-17] 조도 센서 C++ 프로그래밍 사용자 변수 선언

[그림 6-17]은 이 절의 목표를 수행하기 위해 사용할 변수들을 선언한 선언부이다. DC 모터 제어에 관련해서는 앞에서 사용된 변수들과 똑같다.

여기에서는 조도 센서도 제어를 해야 하므로 조도 센서와 관련된 변수를 1과 같이 조도 센서에 해당하는 CElementEnvIluminationSensor 클래스 타입의 변수 "ILL"을 선언하고, 해당 인스턴스를 CDefault 클래스의 GetElementObject() 메소드를 사용하여 "illumination" 이름을 통해 얻어온다.

2의 nLux는 조도 센서에 측정된 조도값을 저장하기 위한 변수이다.

[그림 6-18]은 조도 센서를 통해 로봇을 제어하는 제어 소스이다.

[그림 6-18] 조도 센서 C++ 프로그래밍 제어 소스

3과 같이 변수 "nLux"에 조도 센서 인스턴스인 "ILL"의 GetCurrentIlum() 메소드를 이용하여 현재 측정된 조도값을 얻고, 4에서 조도값을 비교하여 시나리오에 맞춰 모터를 제어한다.

직진 제어는 앞에서 배운 것과 같은 방법으로 구현하면 된다.

### 5) 시뮬레이션 결과 화면

[그림 6-19]는 조도 센서 제어 결과를 시뮬레이션한 화면이다. [그림 6-19]와 같이 EDRS의 Sensor Property를 보면 측정된 조도값에 따라 속도가 달라지는 것을 볼 수 있다.

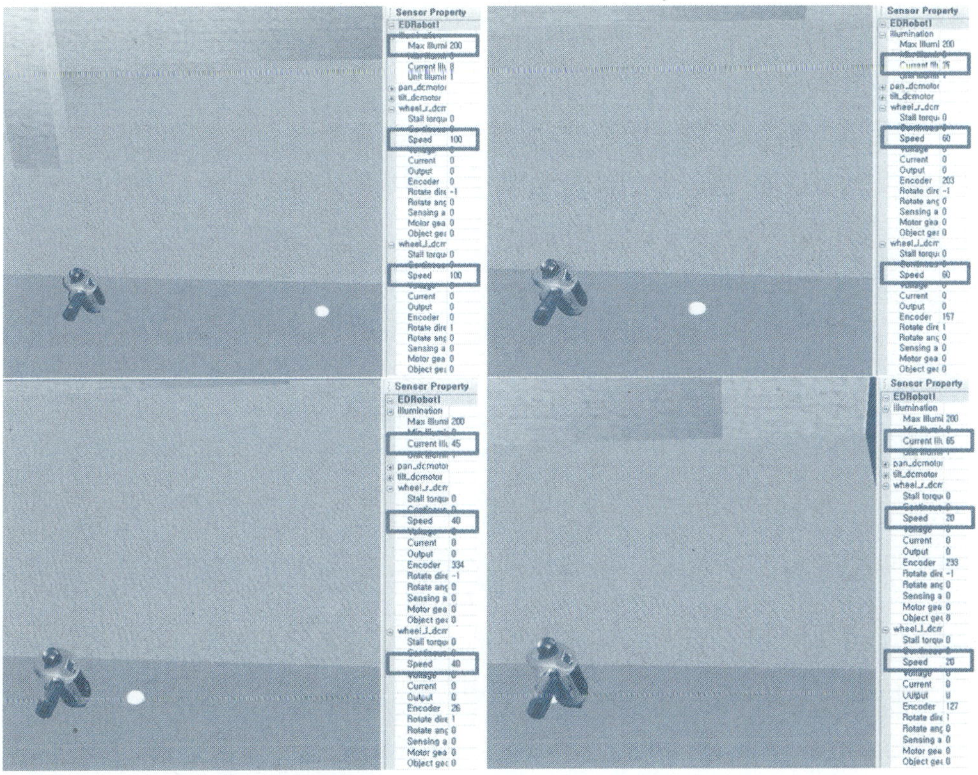

[그림 6-19] 조도 센서 제어 결과 시뮬레이션 화면

### 6) 심화 실습

- 앞의 실습을 통해 조도 센서에 의해 측정된 조도값에 따른 제어를 실습하였다. 이번에는 조도의 변화량에 따른 속도조절을 해보자. 현재의 조도값과 이전 측정된 조도값의 차이만큼 속도를 감소시켜 조도값에 따른 속도변화를 시험해 보자.

# 02 음향 센서의 이해와 EDRS를 활용한 제어 실습

## 2-1 음향 센서의 이해

### 1) 기반 지식

#### (1) 음향 센서

각종의 음향계측에는 음향에너지를 전기에너지로 변환하는 음향 센서가 필요하며, 그것은 대개 마이크로폰이라고 한다. 전기 음향변환기의 변환원리에는 여러 가지가 있는데 그 중에서 마이크로폰에 응용되고 있는 것은 대개 동전형, 정전형, 압전형, 접촉저항형 중 어느 한 가지다.

현재 음향 계측용으로 사용되고 있는 마이크로폰은 대부분이 직류 바이어스 방식의 정전형이며, 일부에서 초저주파음 또는 초고음압을 계측하는데 세라믹 소자를 사용한 압전형이 사용되고 있다.

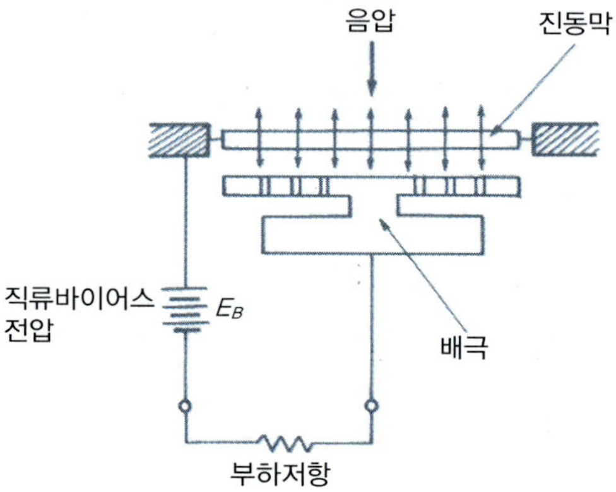


[그림 6-20] 정전형 마이크로폰의 원리

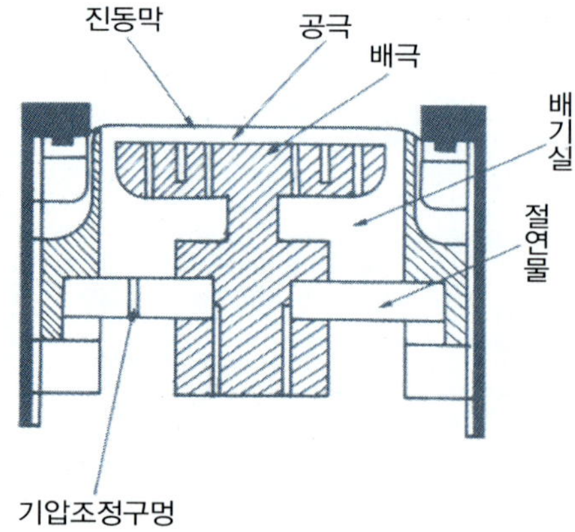


[그림 6-21] 정전형 마이크로폰의 구조

직류 바이어스 방식의 정전형 마이크로폰의 기본 원리는 [그림 6-20]과 같이 음압에 따라 진동변위하는 가동전극(진동막)과 대단히 좁은 간격으로 대항하는 고정전극(배극)으로 평행판 콘덴서를 구성하고 음압에 따라 진동막이 변위하면 이의 정전용량이 약간 변화한다. 이러한 정전용량 변화를 전기신호로 검출하는 방법으로 양쪽 전극 사이에 직류 바이어스 전압을 가하는 방법이 가장 일반적인 방법이다.

계측용 마이크로폰에 요구되는 조건 중 가장 중요한 것은 감도이다. 감도는 마이크로폰에 음압 $p$[Pa]가 작용하고 그의 출력단자 사이에 개회로 전압 $E$[V]가 발생할 때에 이의 비 $S = E/p$를 감도라고 하며, 다만 마이크로폰의 감도라고 할 때에는 1,000Hz의 감도를 말한다. 기준 음압 1Pa에 대하여 1V의 출력이 생길 때를 0dB로 한 감도의 데시벨 표시 $L$을 감도 레벨이라고 한다.

$$L = 20\log_{10}\frac{S}{S_0}[\mathrm{dB}] \left(\text{단, } S_0 = \frac{1\mathrm{V}}{1\mathrm{Pa}}\right)$$

### (2) 음향탐지 센서

음향탐지 센서는 음파의 방향을 감지하기 위한 센서이다. 마이크로폰은 음파를 전기적인 신호로 바꿔주는 역할을 한다. 전기적인 음성신호를 판단하여 소리의 방향을 알 수 있다. 어떤 지점에서 소리가 발생했을 때 발생지점으로부터 각 마이크의 위치는 미소한 거리차가 발생한다.

마이크에 동일한 음파를 감지했을 때 음파의 발원지로부터 가장 가까운 마이크에 음파가 가장 먼저 도달한다. 이런 원리로 소리의 발원지의 방향 그리고 더 나아가 거리까지 판단할 수 있을 것이다.

실제로 마이크 파형을 보면 [그림 6-23]과 같다. 가장 가까운 마이크에서부터 먼 순서의 음파의 형태를 나타낸다. 가장 가까운 마이크에 먼저 음파가 도달하는 것을 볼 수 있다.

[그림 6-22] 적용 원리

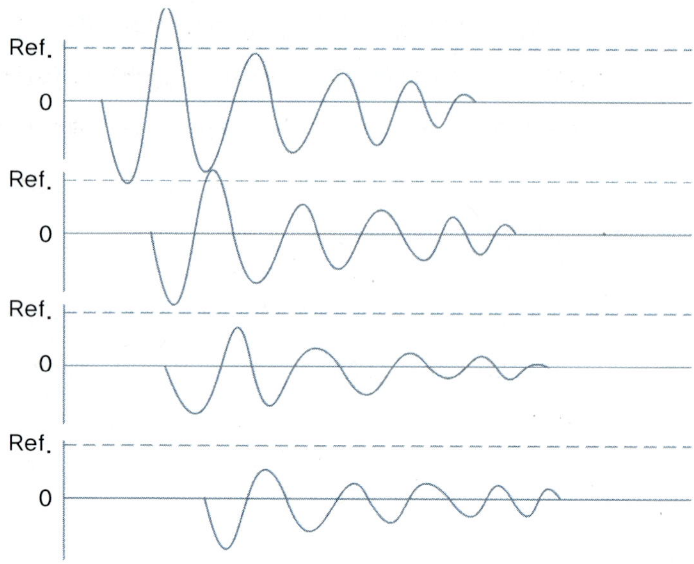


[그림 6-23] 마이크 출력파형

## 2) 음향감지 센서의 구현 예

① 인터페이스 커넥터 : 메인 제어 모듈과 연결

② LED : 감지된 소리의 방향을 표시

③ 센서 볼륨 : 민감도 조절 볼륨

④ 마이크 : 4개의 마이크로 소리의 방향을 감지

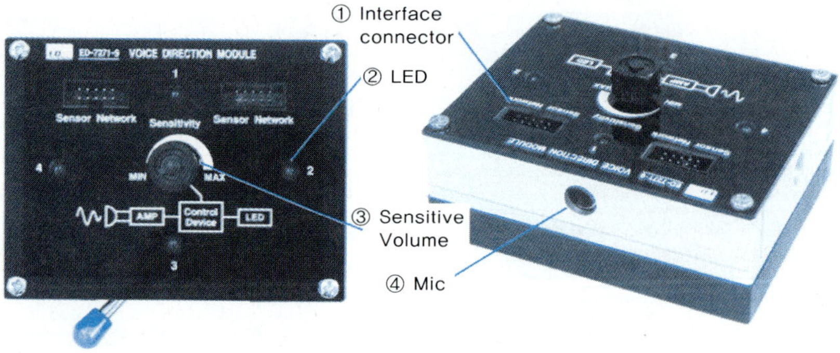


[그림 6-24] 음향감지 센서 구현 예(ED-7271-9)

음향감지 모듈은 로봇이 소리의 방향을 감지해 그 방향을 향해 움직임을 보일 수 있는 원리를 적용한 것이다. 4개의 마이크와 증폭 앰프회로 그리고 민감도 조절 볼륨과 감지된 방향을 표시해 주는 LED로 구성되어 있다.

각 마이크의 음파를 시간별로 분석, 소리의 방향을 감지해 정해진 메모리상에 방향 데이터를 저장한다. PC에서 방향 데이터를 요구하는 패킷 프로세스를 진행하면 음향탐지 모듈은 ID, CMD를 확인 후 ID, CMD, 결과 데이터를 PC쪽으로 송신하는 패킷 프로세스를 실행한다.

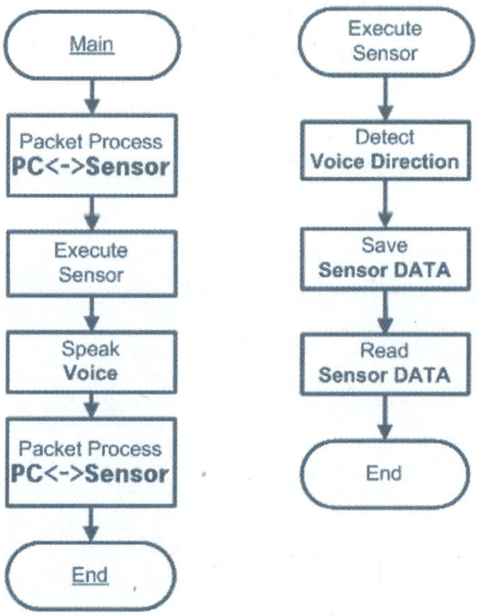


[그림 6-25] 순서도

## 2-2 음향 센서를 이용한 장애물 인식 제어

### 1) 목표와 과제

#### (1) 목 표

이 절에서 실습하는 프로그래밍의 목표는 "로봇의 음향 센서를 이용하여 음원을 인식하기"이다. 로봇의 음향 센서를 사용하여 음원의 소리세기에 따라 앞에서 배운 모터 제어를 적절히 수행하여 주행하도록 할 것이다.

#### (2) 과 제

이 절에서는 음원과 가까워질수록 왼쪽으로 휘어짐 각도를 높이고, 음원과 멀어질수록 휘어짐 각도를 감소시키는 제어를 구현할 것이다. 이를 위한 시나리오는 다음과 같다.

1. 음원이 감지되지 않으면 로봇은 전진이동을 한다.(30rpm)
2. 음원이 감지되고 그 세기가 10dB 이하이면 속도차 1rpm으로 왼쪽으로 휘어지게 움직인다.
3. 음원의 세기가 10~20dB로 감지가 될 경우 속도차 3rpm으로 왼쪽으로 휘어지게 움직인다.
4. 음원의 세기가 20dB 이상일 경우 속도차 5rpm으로 왼쪽으로 휘어지게 움직인다.

## 2) EDRS 환경구축

### (1) 가상 로봇 만들기

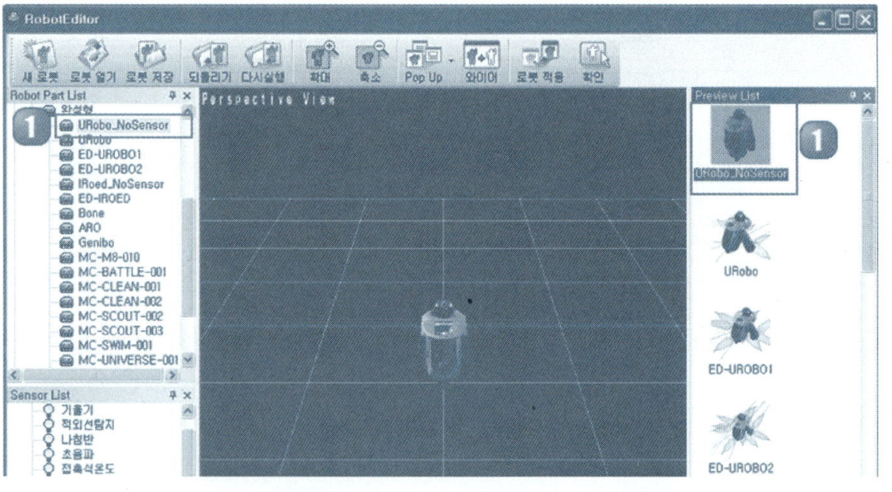


[그림 6-26] 음향 센서 구현을 위한 가상 로봇 만들기_1

'RobotEditor'를 통해 새로운 로봇을 [그림 6-26]의 1에 해당하는 '완성형－URobo_NoSensor'를 생성한다.

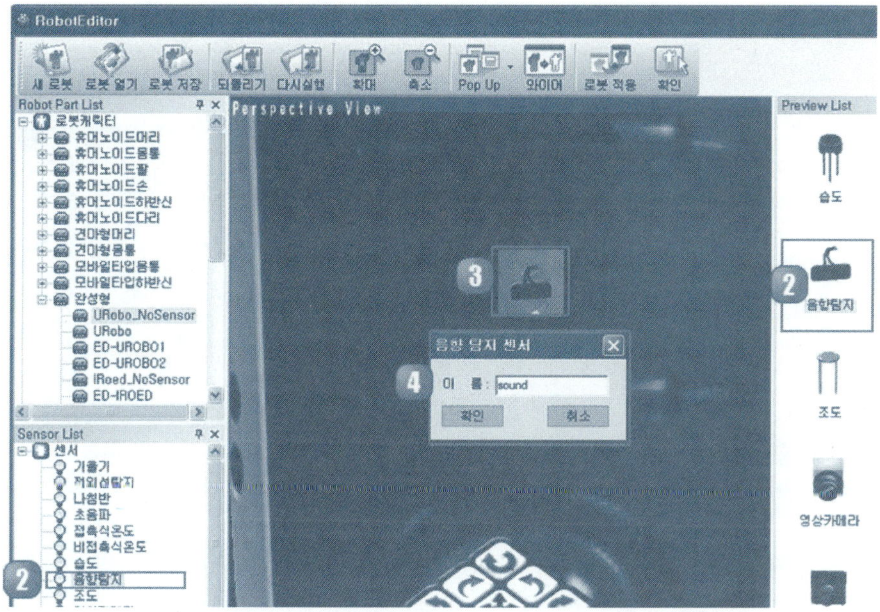


[그림 6-27] 음향 센서 구현을 위한 가상 로봇 만들기_2

생성된 로봇에 [그림 6-27]의 2 '음향탐지' 센서를 3과 같이 로봇에 드래그 & 드롭을 하면 센서가 장착된다.

음향탐지 센서를 더블클릭하면 4와 같은 환경설정창이 나온다.

센서의 이름을 "sound"로 설정하고 RobotEditor의 확인을 눌러 로봇을 "EDRobot1"의 이름으로 EDRS에 적용시킨다.

### (2) 가상 환경 만들기

[그림 6-28]과 같이 1의 "지형-가정집"을 선택하여 적용시킨다.

[그림 6-29]와 같이 2의 "속성변경모델-음원_스피커"를 선택하여, 3과 같이 로봇이 바라보는 환경의 벽면에 설치한다.

4와 같이 도구 버튼을 이용하여 음원의 위치를 벽면 중간으로 올린다.

5와 같이 회전 버튼을 이용하여 180° 회전시킨다.

설치된 스피커를 더블클릭하면 6과 같이 음원 속성창이 나타난다. 해당 음원의 데시벨은 60으로 주파수는 3000으로 설정하여 EDRS에 적용한다.

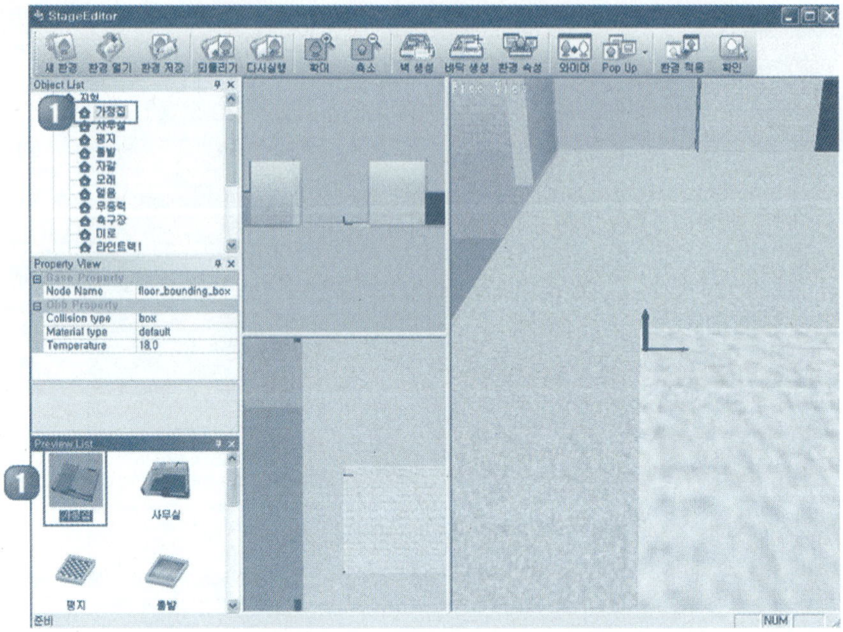


[그림 6-28] 음향 센서 구현을 위한 가상 환경 만들기_1

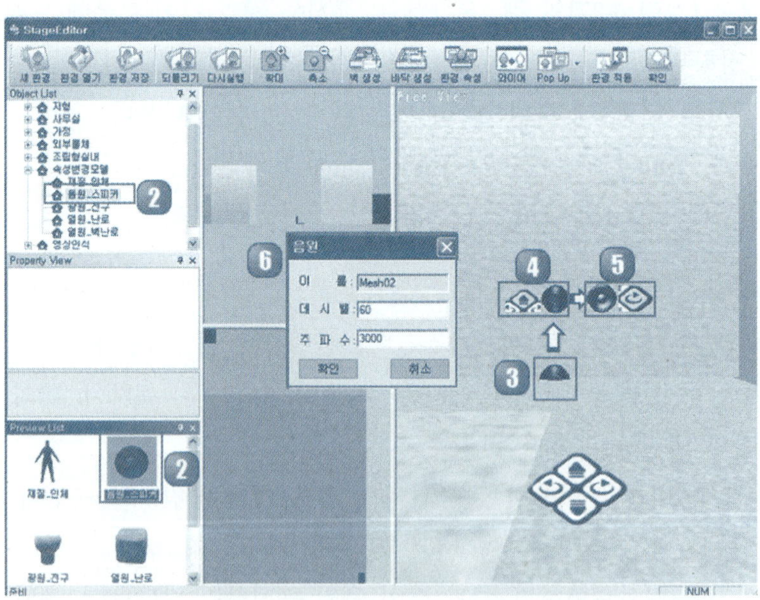


[그림 6-29] 조도 센서 구현을 위한 가상 환경 만들기_2

### 3) IRES 프로그래밍

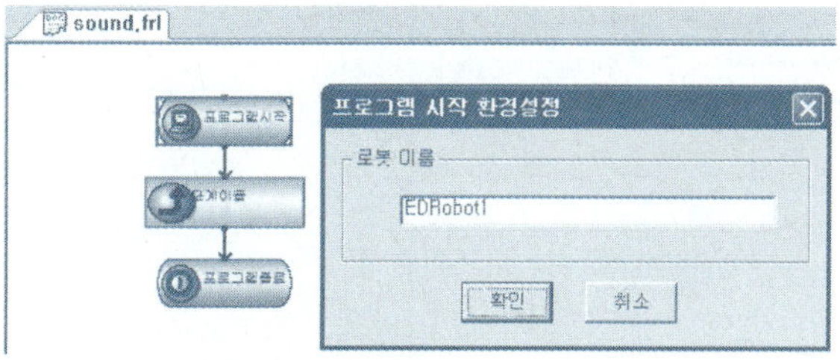

[그림 6-30] 프로그램 로봇 이름설정

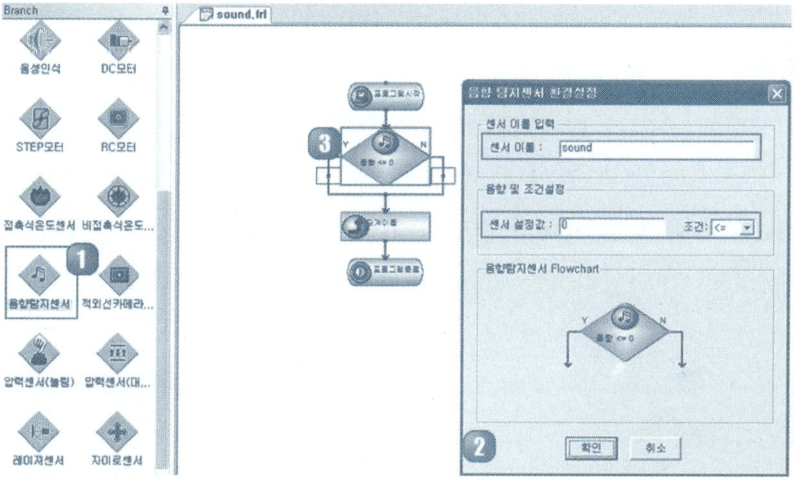

[그림 6-31] 음향탐지 센서 분기객체 추가

[그림 6-30]과 같이 프로그램 시작 객체에 로봇 이름을 설정하고, [그림 6-31]의 1 'Branch' 탭의 '음향탐지 센서' 분기객체를 3의 위치에 삽입한다.

음향탐지 센서 분기객체를 더블클릭하면 2와 같은 '음향탐지 센서 환경설정'창이 나타난다. 센서 이름을 EDRS의 'Sensor Property'에서 확인하여 제어하는 음향탐지 센서의 이름을 넣는다. 여기서는 "sound"의 이름을 가진다.

시나리오의 1의 조건을 판단하기 위해 센서 설정값을 0으로 조건을 '<='로 설정하여 음향탐지 여부를 판단한다.

음향탐지 센서값이 0이하인 'Y' 노드에는 탐지된 음원이 없을 때 수행할 30rpm의 직진 이동에 대한 구현이 들어갈 것이며, 'N' 노드에는 음향탐지값이 10dB보다 작은지 여부를 판단하는 구현이 들어갈 것이다.

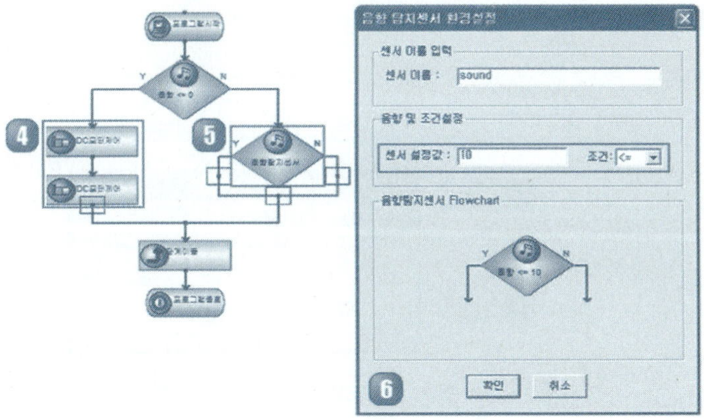


[그림 6-32] 음향탐지 센서 분기 노드들의 시나리오 1, 2 구현

[그림 6-32]의 4는 30rpm의 속도로 직진을 수행하는 구현이다.

음향탐지 센서에 음원이 탐지되는 'N' 노드에는 또 다시 5와 같이 '음향탐지 센서' 분기객체를 삽입하고, 6과 같이 센서 설정값을 10로 조건은 '<='로 설정한다.

이 분기의 'Y' 노드에는 1rpm의 차이의 왼쪽으로 휘어지는 직진동작이 'N' 노드에는 음향탐지 센서값이 20이상인지를 판단하는 노드가 구현될 것이다.

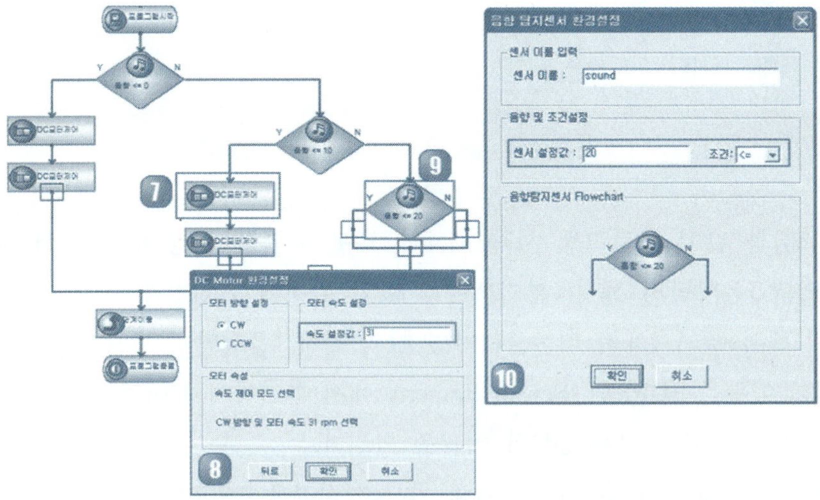


[그림 6-33] 음향탐지 센서 분기 노드들의 시나리오 2, 3 구현

[그림 6-33]의 7은 앞에서 배운 왼쪽으로 휘어져 직진하기와 같다.

"wheel_l_dcmotor"는 30rpm으로 유지하며, "wheel_r_dcmotor"를 8과 같이 31rpm으로 속도차를 1rpm으로 만든다.

9의 위치에 음향탐지 센서값이 20보다 작은지 여부를 판단하기 위한 음향탐지 분기객체를 추가로 삽입하여 10과 같이 설정한다.

[그림 6-34]의 11은 3rpm 속도차로 직진동작을 하는 구현이며, 13은 5rpm 속도차로 직진동작을 하는 구현이다.

마지막으로 [그림 6-35]에서 15의 단계이동에서 프로그램 시작 노드로 단계이동시켜 반복시킨다.

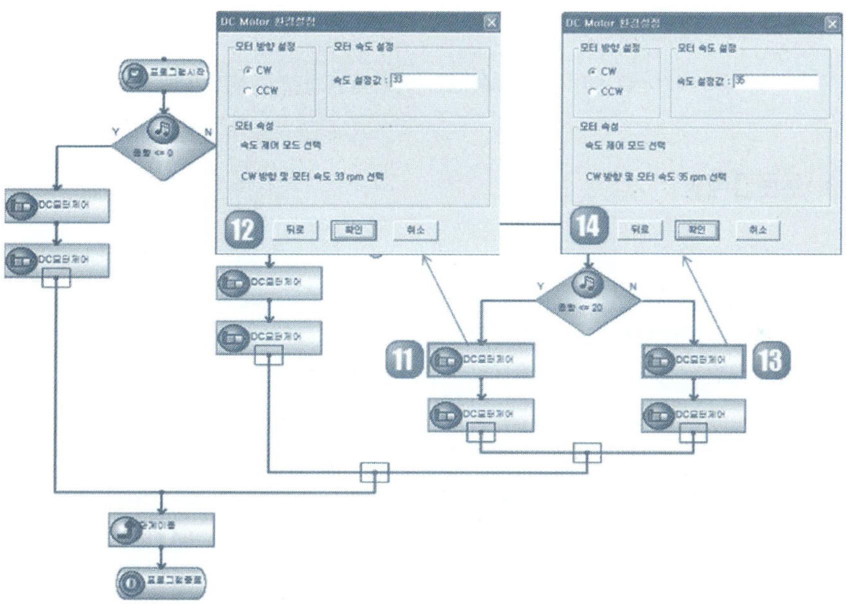


[그림 6-34] 음향탐지 센서 분기 노드들의 시나리오 3, 4 구현

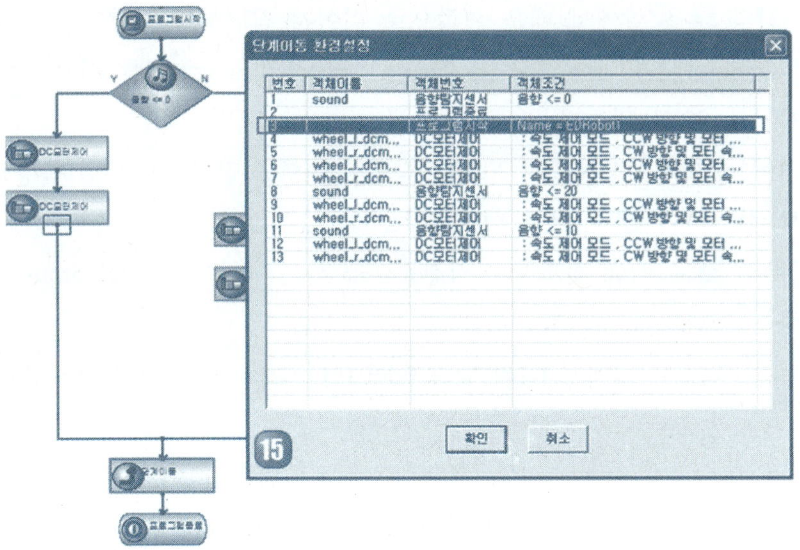


[그림 6-35] 음향탐지 센서 프로그램 단계이동

### 4) C++ 프로그래밍

```
///************************////////
/// user vlaue
string sRobotName = "EDRobot1"; //robot name

//define motor
CElementRotateDCMotor* M_RWheel;    //right wheel motor
CElementRotateDCMotor* M_LWheel;    //left wheel motor
//get wheel dcmotor instance
M_RWheel =  (CElementRotateDCMotor*)cdefault.GetElementObject(M_RWheel,sRobotName, "wheel_r_dcmotor");
M_LWheel =  (CElementRotateDCMotor*)cdefault.GetElementObject(M_LWheel,sRobotName, "wheel_l_dcmotor");
```

1

```
//define detect sound sensor
CElementRayDetectSoundSensor* DSS;  //detect sound sensor
//get detect sound sensor instance
DSS = (CElementRayDetectSoundSensor*)cdefault.GetElementObject(DSS, sRobotName, "sound");
```

2

```
// user variable
int ndB = 0;   //dB value of detect sound sensor


while(1)
```

[그림 6-36] 음향탐지 센서 C++ 프로그래밍 사용자 변수 선언

[그림 6-36]은 이 절의 목표를 수행하기 위해 사용할 변수들을 선언한 선언부이다. DC 모터 제어에 관련해서는 이전의 구현에서 사용된 변수들과 똑같다.

여기에서는 음향탐지 센서를 제어해야 하므로 음향탐지 센서와 관련된 변수를 1과 같이 CElementRayDetectSoundSensor 클래스 타입의 변수 "DSS"을 선언하고, 해당 인스턴스를 CDefault 클래스의 GetElementObject() 메소드를 사용하여 "sound" 이름을 통해 얻어온다. 2의 ndB는 음향탐지 센서에 측정된 데시벨값을 저장하기 위한 변수이다.

```
49      while(1)
50      {
51
52      ///control code ///
53          ndB = DSS->GetDecibel();            //get decibel value of detect sound sensor
54          cout<<"Decibel:"<<ndB<<endl;        //print to consol
55          if(ndB <= 0)                        //scenario 1
56          {
57              M_RWheel->SetSpeed(30);
58              M_RWheel->SetRotateDirect(CW);
59              M_LWheel->SetSpeed(30);
60              M_LWheel->SetRotateDirect(CCW);
61          }
62          else if(ndB <= 10)                  //scenario 2
63          {
64              M_RWheel->SetSpeed(31);
65              M_RWheel->SetRotateDirect(CW);
66              M_LWheel->SetSpeed(30);
67              M_LWheel->SetRotateDirect(CCW);
68          }
69          else if(ndB <= 20)                  //scenario 3
70          {
71              M_RWheel->SetSpeed(33);
72              M_RWheel->SetRotateDirect(CW);
73              M_LWheel->SetSpeed(30);
74              M_LWheel->SetRotateDirect(CCW);
75          }
76          else                                //scenario 4
77          {
78              M_RWheel->SetSpeed(35);
79              M_RWheel->SetRotateDirect(CW);
80              M_LWheel->SetSpeed(30);
81              M_LWheel->SetRotateDirect(CCW);
82          }
83      ///*****************************///
```

[그림 6-37] 음향탐지 센서 C++ 프로그래밍 제어 소스

[그림 6-37]은 음향탐지 센서를 통해 로봇을 제어하는 제어 소스이다.

3과 같이 변수 "ndB"에 음향탐지 센서 인스턴스인 "DSS"의 GetDecibel() 메소드를 이용하여 현재 측정된 음향탐지 크기값을 얻고, 4에서 이 음향탐지 크기값을 비교하여 시나리오에 맞춰 모터를 제어한다.

바퀴의 모터 제어는 앞에서 배운 것과 같은 방법으로 구현하면 된다. 54번째 줄은 얻어온 음향탐지 크기값을 콘솔 창에 출력하는 역할을 한다.

### 5) 시뮬레이션 결과 화면

[그림 6-38]은 음향탐지 센서 제어를 시뮬레이션한 결과 화면이다. 그림과 같이 EDRS의 Sensor Property를 보면 측정된 음향탐지값에 따라 좌/우 바퀴의 속도차가 달라지는 것을 볼 수 있다.

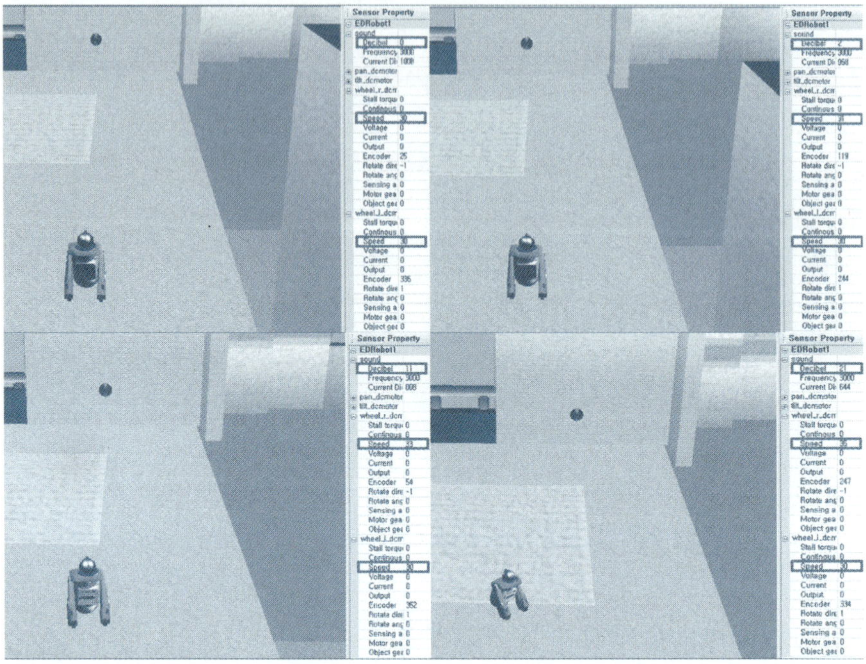

[그림 6-38] 음향탐지 센서 제어 결과 시뮬레이션 화면

### 6) 심화 실습

- 앞의 실습을 통해 음향탐지 센서에 의해 측정된 값을 이용한 제어를 실습하였다. 이번에는 음향 크기가 커짐의 크기에 따라 속도를 감속하고, 특정값 이상의 음향 크기가 감지되면 후진으로 회피하며 음향 크기가 특정값 이하가 되면 다시 전진하는 제어를 실습해보자.

## 03 초음파 센서의 이해와 EDRS를 활용한 제어 실습

### 3-1 초음파 센서의 이해

### 1) 기반 지식

#### (1) 초음파 센서의 원리

초음파란 일반적으로 인간의 귀에 들리지 않는 높은 주파수의 음으로 약 14kHz 이상을 통칭하여 초음파라고 하나 인간의 귀로 듣는 것을 목적으로 하지 않는 공업분야에 적

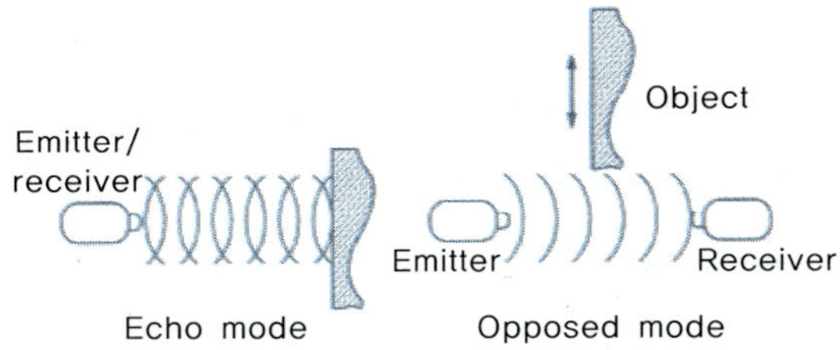


[그림 6-39] 초음파 센서 모드

용하는 가청음도 초음파라고 부르기도 한다. 따라서 초음파 센서란 "음향에너지 중에서 비교적 주파수가 높은 영역에서 검출하기 위한 센서로서 20kHz 이상의 음향에너지를 검출하는 소자"라고 정의할 수 있으며 이 종류의 센서 소자는 압전의 정효과 및 부효과를 동시에 이용하는 압전 세라믹 소자를 이용하는 경우가 많다.

초음파 센서(Ultrasonic Sensor)에 적용되는 주파수는 그 사용 용도에 따라 결정되는 것이 원칙이나 일반적으로 공기중 물체감지에 적용되는 초음파 센서에서 사용되는 주파수는 9kHz에서 50kHz정도이며 이 범위의 주파수는 강력한 초음파 펄스를 발생하기 쉽고 지향특성을 얻기가 용이하기 때문이다.

초음파 센서의 측정원리는 초음파 센서에서 발사된 초음파 펄스가 피측정물의 표면에서 반사되어 다시 초음파 센서로 되돌아올 때까지의 시간을 측정하여 측정 대상에 따른 정보를 얻는 방법을 사용한다.

즉 초음파를 송신 후 되돌아올 때까지의 지연시간을 측정하는 방법을 사용한다. 일반적으로 공기중에서의 음속은 약 340m/s이고 거리산출은 다음과 같은 식으로 간단히 구할 수 있다.

$$H = \frac{t}{2} \times u$$

$H$ : 센서와 측정물체까지 거리

$u$ : 음속(340m/s)

$t$ : 소요시간

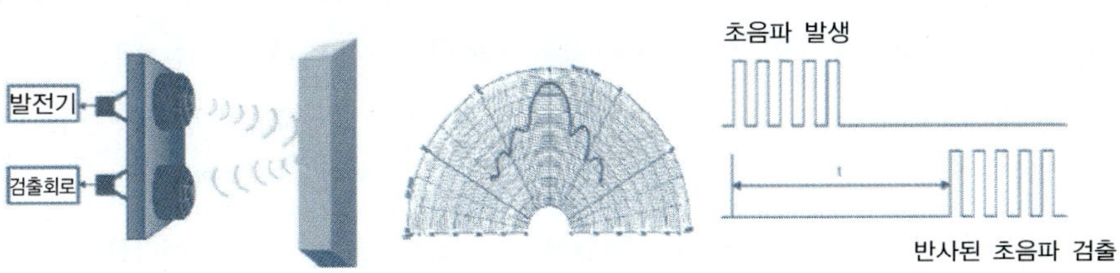


[그림 6-40] 초음파 거리측정 원리

### (2) 센서 적용 원리

초음파를 발생하는 송파용 <MA40B8S>, 장애물에 반사된 음파를 수신하는 수신용 <MA40B8R>을 사용하는 경우 송파용 센서에 40kHz의 해당하는 펄스를 주고 수파용 센서에 음파가 되돌아올 때까지의 시간을 측정하여 거리를 측정한다.

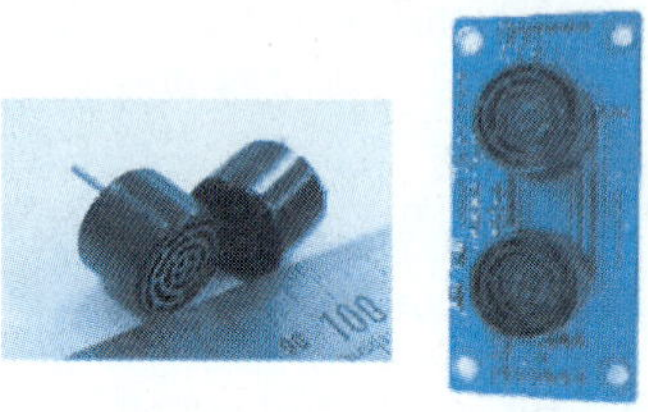

[그림 6-41] 송수신용 초음파 센서 MA40B8R, MA40B8S

## 2) 초음파 센서의 구현 예

① 센서 : 왼쪽이 음파를 발생하는 센서이고, 오른쪽이 반사된 음파를 수신하는 센서이다.

② 인터페이스 커넥터 : 메인 제어 모듈과 연결한다.

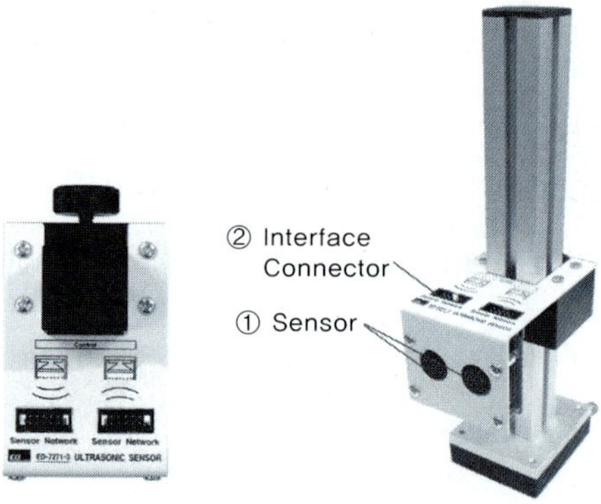


[그림 6-42] 초음파 센서의 구현 예(ED-7271-3)

초음파 센서 모듈은 약 55ms 주기마다 40kHz의 초음파를 발생시킨다. 이 초음파는 장애물을 만나 반사되어 센서의 수파기에 되돌아온다. 초음파 발생 후 되돌아오는 초음파를 검출할 때까지의 시간을 측정하여 거리를 산출한다. 이렇게 측정한 거리 데이터를 메모리에 저장한다.

PC에서 초음파 센서에 맞는 ID와 CMD를 송신하면 초음파 센서는 ID와 CMD 그리고 거리 데이터를 다시 PC로 전송한다.

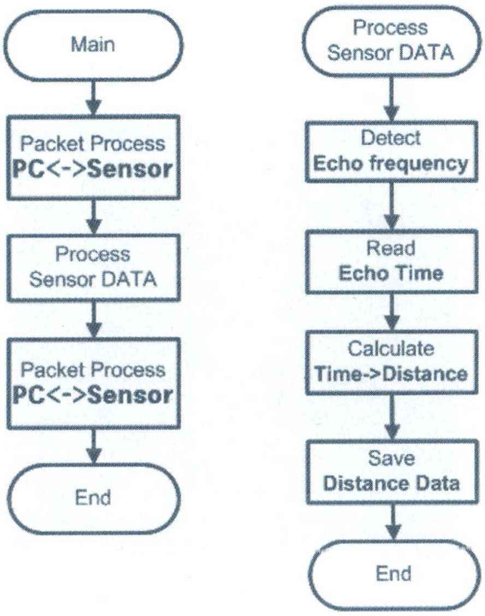


[그림 6-43] 순서도

## 3-2 초음파 센서를 이용한 장애물 인식 제어

### 1) 목표와 과제

#### (1) 목 표

이 절에서 실습하는 프로그래밍의 목표는 "로봇의 초음파 센서를 이용하여 장애물을 인식하기"이다. 로봇의 초음파 센서를 사용하여 장애물과의 거리를 인식하고 지금까지 배웠던 모터 제어를 사용하여 로봇을 적절하게 움직여 보자.

#### (2) 과 제

이 절의 목표를 수행하기 위한 로봇의 제어 시나리오는 다음과 같다.

1. 로봇은 50rpm의 속도로 직진이동한다.
2. 장애물이 감지되었으나 장애물과의 거리가 50cm 이상일 경우 속도를 줄여 30rpm의 속도로 직진이동한다.
3. 장애물과의 거리가 50cm 이내인 경우 장애물과의 거리가 80cm가 될 때까지 30rpm의 속도로 후진으로 이동한다.
4. 후진 이후 시계방향으로 돌면서 장애물이 감지되지 않는 경우 ①의 동작을 수행한다. 만약, 장애물이 감지되면 ③의 동작을 다시 수행한다.

## 2) EDRS 환경구축

### (1) 가상 로봇 만들기

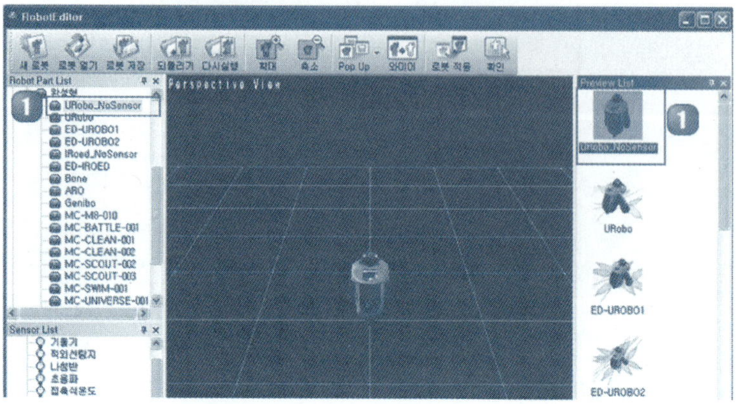


[그림 6-44] 초음파 센서 구현를 위한 가상 로봇 만들기_1

'RobotEditor'를 통해 새로운 로봇을 [그림 6-44]의 1과 같이 '완성형-URobo_NoSensor'를 생성한다.

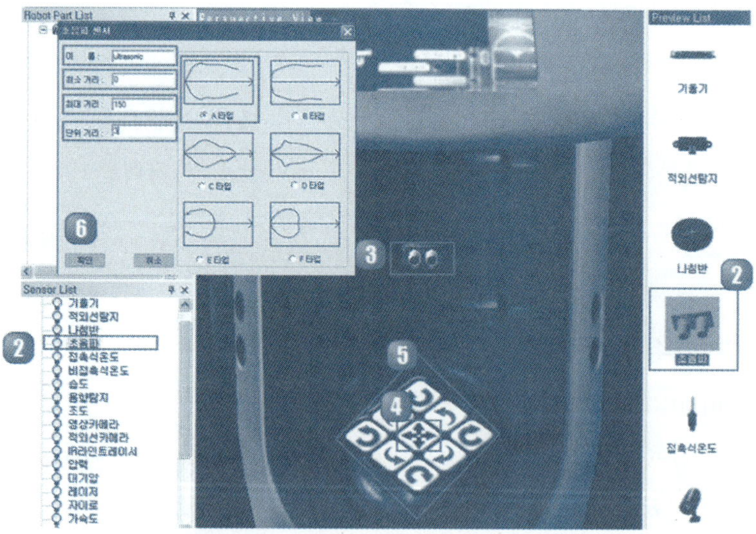


[그림 6-45] 초음파 센서 구현을 위한 가상 로봇 만들기_2

[그림 6-45] 2 '초음파'를 로봇으로 드래그&드롭을 하면 3과 같이 센서를 장착할 수 있다. 처음 드래그 & 드롭으로 장착된 센서는 정면으로 정확하게 모양을 갖추고 있지 않을 것이다.

십자 모양의 4의 버튼을 누르면 센서는 수직방향을 바라보게 되며, 5의 방향제어 버튼을 사용하여 그림과 같이 정면을 바라보게 수정해야 한다.

**참고**

센서의 위치와 방향에 따라 해당 시뮬레이션의 결과는 다르게 나타난다. 해당 로봇과 환경에 맞게 센서의 위치를 선택해서 적합한 결과가 나올 수 있도록 해야 한다.

장착된 3의 초음파 센서를 두 번 클릭하면 6과 같은 초음파 센서 설정창이 나타난다.

이 설정 창에서 초음파 센서의 이름, 최소/최대/단위 거리, 초음파 센서의 타입을 설정할 수 있다.

이 실습에서는 센서의 이름을 "Ultrasonic"으로 명명하고, 최소거리 0, 최대거리 150, 단위거리 3으로 설정하였으며, 초음파 센서의 타입은 "A타입"으로 설정하였다.

이렇게 센서 설정이 완료되면 "RobotEditor"의 확인 버튼을 눌러 "EDRobot1"의 이름으로 EDRS에 적용시킨다.

**참고**

완성형 로봇 타입인 'ED-UROBO1'과 'ED-UROBO2'는 기본적으로 "ultra_ 1"~"ultra_9"의 이름을 가지는 최대 감지거리가 50cm인 9개의 초음파 센서를 가지고 있다. 이 중 "ultra_1"이 전면에 부착된 센서이며, 위의 방법으로 로봇을 생성하는 대신 이 로봇들의 센서를 활용하여 사용할 수도 있다.

### (2) 가상 환경 만들기

1을 눌러서 'StageEditor'를 열고 2에 있는 새 환경을 누른다.

'object list－지형'에 있는 '사무실' 또는 3에 있는 '사무실'을 화면으로 드래그 & 드롭하여 환경을 생성한다.

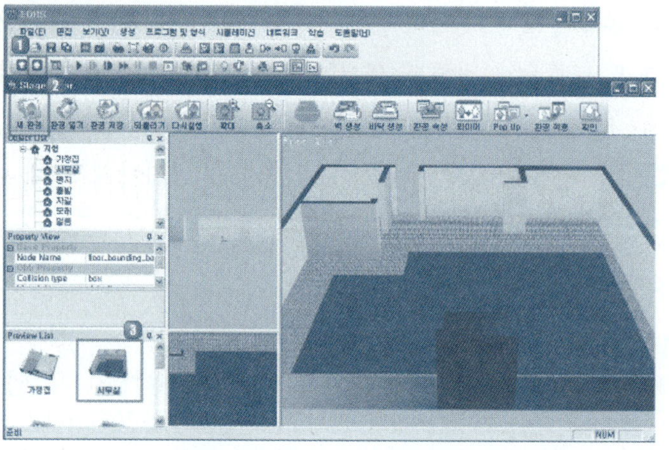

[그림 6-46] 사무실 지형 만들기

❹를 선택하여 책상을 화면으로 드래그하여 적절한 위치에 배치시키고 ❺를 이용하여 책상의 방향을 결정한다. 이러한 방법으로 각종 사물들을 적절한 위치에 배치시킨다. ❻을 눌러 만들어진 환경을 적용한다.

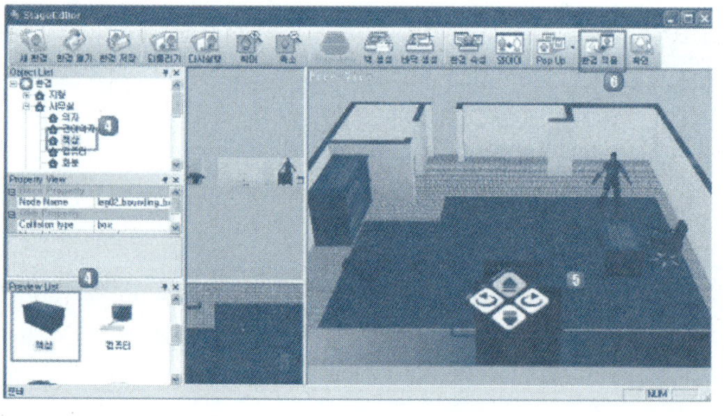

[그림 6-47] 사무실 사물배치

### 3) IRES 프로그래밍

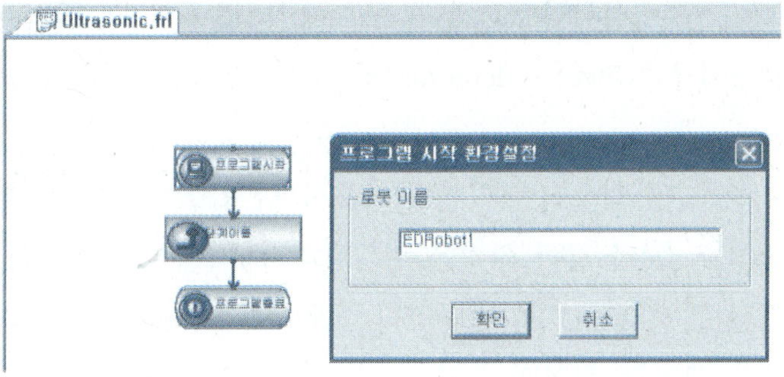


[그림 6-48] 프로그램 로봇 이름설정

[그림 6-48]과 같이 프로그램 로봇 이름을 EDRS에 적용된 "EDRobot1"로 설정한다.

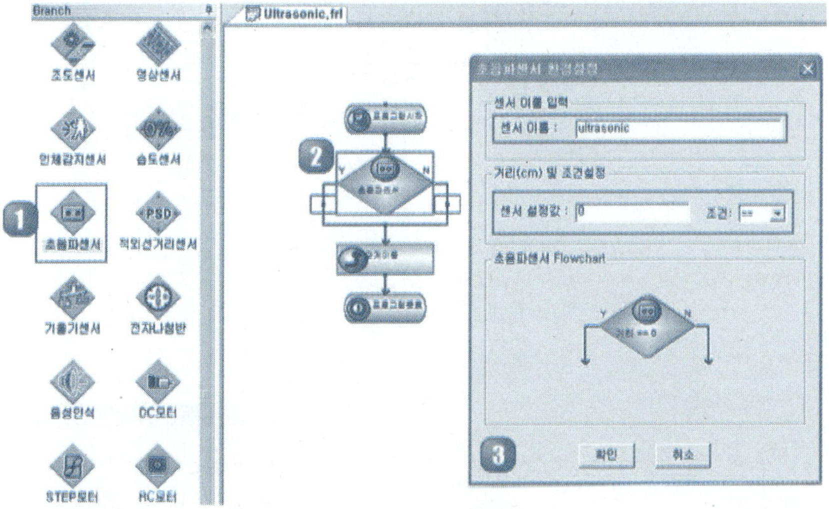


[그림 6-49] 초음파 센서를 통한 장애물이 측정되지 않는 경우 환경설정

[그림 6-49]와 같이 'Branch'탭의 1 '초음파 센서' 객체를 작업창에 2와 같이 옮겨 놓은 후 더블 클릭해서 3과 같은 환경설정창을 띄운다. '초음파 센서 환경설정'창에서 센서의 이름과 조건을 설정한다.

이 실습에서 사용할 센서의 이름은 EDRS에 적용된 "ultrasonic"의 이름을 가진 초음파 센서이며, 첫 분기에서 장애물의 인식여부를 판단할 것이다.

초음파의 센서값이 0이면 어떠한 장애물도 인식하지 못했다는 의미이므로 초음파 센서 환경설정의 센서 설정값은 0으로 조건은 '=='로 설정하여 장애물 인식여부를 확인한다.

장애물이 감지되지 않는 경우인 'Y' 분기 노드에 [그림 6-50]의 4와 같이 앞의 실습에서 수행했던 직진제어를 "wheel_r_dcmotor"와 "wheel_l_dcmotor"에 적용하여 50rpm으로 전진하도록 한다.

그리고 장애물이 감지된 경우인 'N' 분기 노드에 다시 초음파 센서 분기객체를 사용하여 5와 같이 삽입하고, 6과 같이 환경을 설정한다. 여기에서는 장애물 감지시 장애물과의 거리가 50cm보다 긴지의 여부를 판단한다. 50cm보다 크다면 직진을 하고, 그렇지 않다면 회피를 하도록 제어할 것이다.

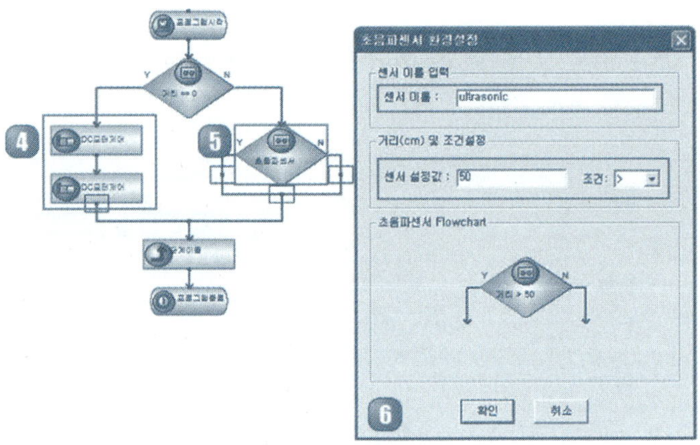


[그림 6-50] 장애물 감지 여부에 따른 수행 설정

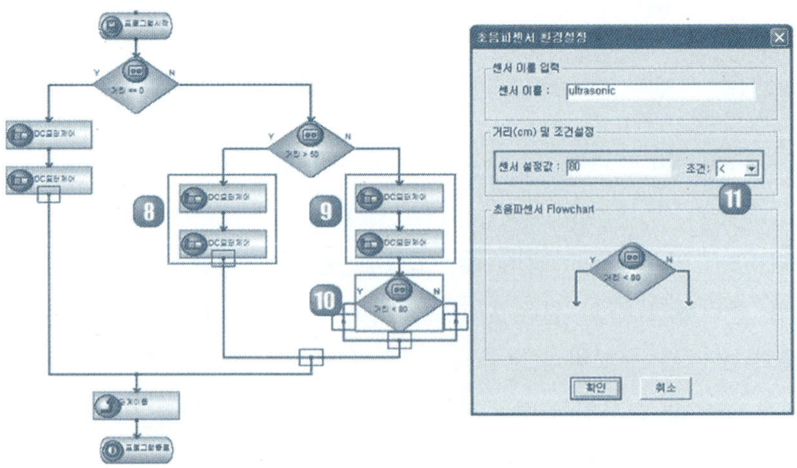


[그림 6-51] 장애물과의 거리(50cm)에 따른 수행

장애물과의 거리가 50cm 이상인 5의 'Y' 분기 노드인 [그림 6-51]의 8에는 직진제어를 30rpm으로 수행하도록 한다. 그리고 장애물과의 거리가 50cm 이하로 접근하게 되는 'N' 분기 노드 9에는 "wheel_ r_dcmotor"는 'CCW'로 "wheel_l_dcmotor"는 'CW'로 설정하여 후진제어를 하고 속도는 30rpm으로 설정한다.

장애물과의 거리가 80cm일 때까지 후진을 해야 하므로 다시 초음파 센서 분기객체를 사용하여 10과 같이 삽입하고, 초음파 센서 환경설정을 11과 같이 80cm보다 작은지 여부를 판단한다. 80cm보다 작다면 후진제어를 계속 할 것이고, 그렇지 않다면 방향전환을 시도할 것이다.

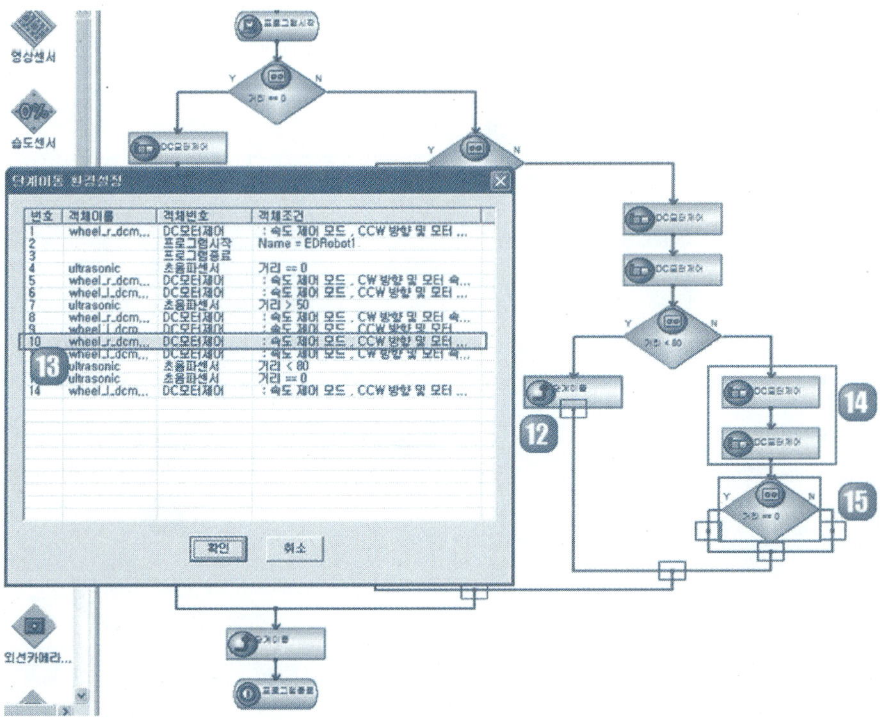


[그림 6-52] 장애물을 회피하기 위한 수행

장애물과의 거리가 80cm미만인 11의 'Y' 분기 노드인 [그림 6-52]의 12에는 '단계이동' 객체를 통해 반복적으로 후진을 수행하도록 한다.

13과 같이 후진제어의 시작인 10번 노드로 단계이동을 설정한다.

장애물과의 거리가 80cm이상 멀어졌을 때인 'N' 분기 노드 14에서는 시계방향으로의 회전을 수행한다.

시계방향회전은 앞에서 실습한 내용과 유사하나 제자리에서 회전하기 위하여 좌/우 모터 모두를 작동시킨다. "wheel_r_dcmotor"는 'CCW'로 "wheel_l_dcmotor"도 'CCW'로 설정하여 회전제어를 하고 속도는 20rpm으로 설정한다.

회전은 장애물이 더 이상 감지되지 않을 때까지 해야 하므로 다시 초음파 센서 분기객체를 사용하여 15와 같이 삽입하고, 초음파 센서 환경설정을 0cm와 같은지 여부를 판단한다. 장애물이 감지되면 계속 회전을 수행할 것이며, 그렇지 않다면 프로그램의 시작부분으로 돌아간다.

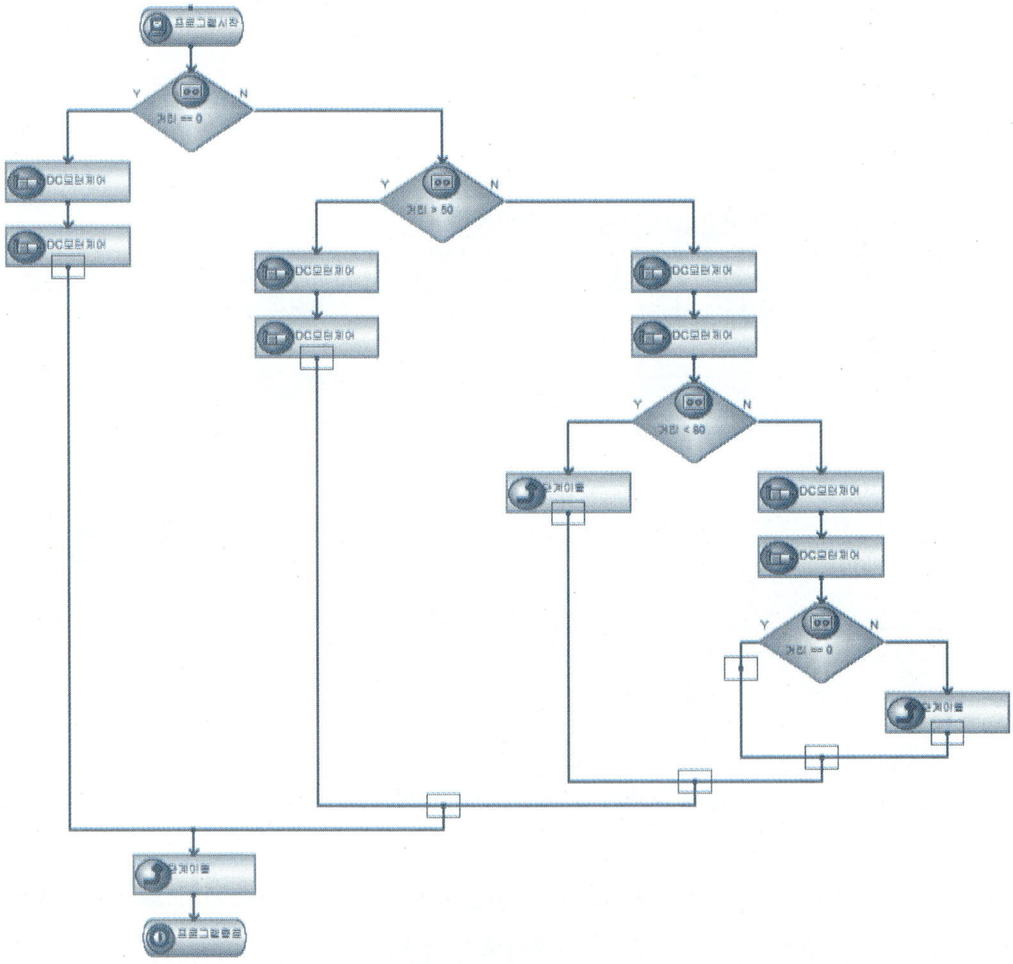

[그림 6-53] 최종 완료 프로그램

### 4) C++ 프로그래밍

[그림 6-54]는 이 절의 실습과제를 수행하기 위한 메인부분의 소스코드이다. 이전의 실습에서 배웠던 내용보다 조금은 복잡해졌다. 우선 39줄~45줄의 사용자 변수 정의 부분은 앞에서와 같다.

여기에 1과 같이 초음파 센서에 해당하는 CElementRayUltrasonicSensor 클래스 타입의 "USSensor" 사용자 변수가 추가되었으며, 해당 인스턴스는 EDRS에 적용된 로봇에 명시된 "ultrasonic"이라는 이름을 통해 얻는다.

2는 사용자 함수를 추가한 것이다. 이번 과제는 로봇의 상태(장애물과의 거리)에 따라 3가지의 행동을 수행해야 한다. 장애물이 감지되지 않은 상황에서 행동하는 전진행위와 장애물을 회피하기 위한 후진행위와 회전행위의 3가지 행동을 각각 함수로 표현하고자 한다.

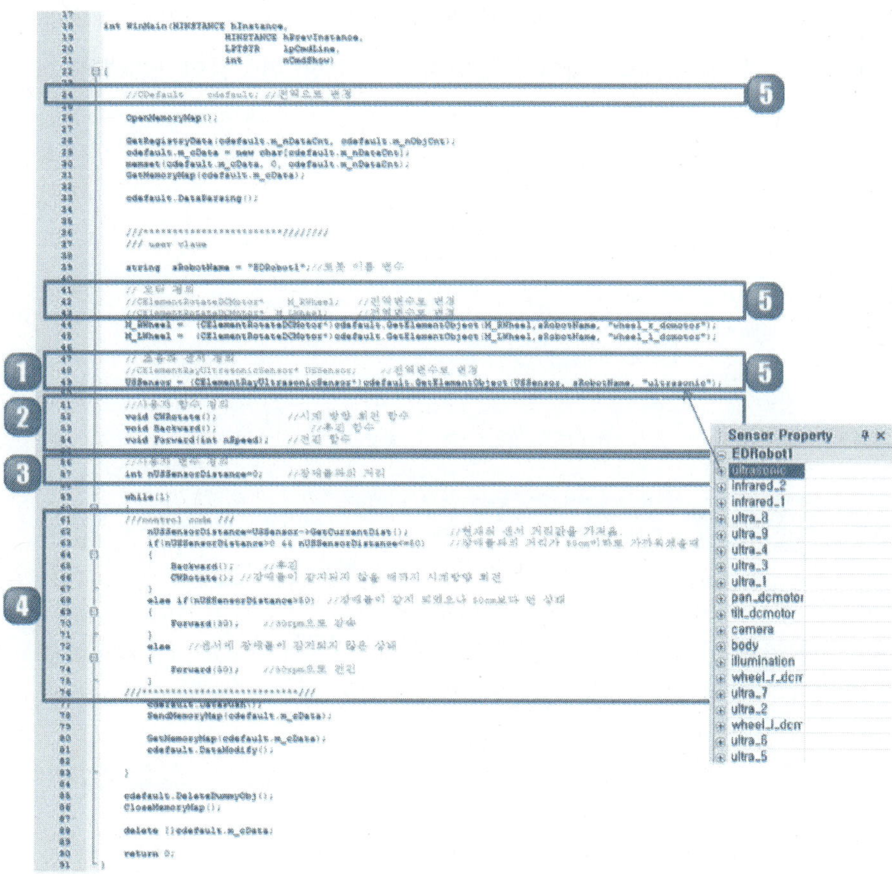

[그림 6-54] C++ 프로그램 메인 제어 코드

"CWRotate()" 함수는 회전행위를 수행하는 함수이며, "Backward()" 함수는 후진행위를 수행하고, "Forward(int nSpeed)" 함수는 전진행위를 수행한다. "Forward(int nSpeed)" 함수의 매개변수인 nSpeed는 시나리오상에 50rpm과 30rpm으로 전진해야 하는 상황이 2가지로 존재함에 따라 전진 수행시 매개변수로 속도값을 지정할 수 있도록 함수를 정의하였다.

3은 현재의 장애물과의 거리를 저장하기 위한 변수를 정의한 것이다.

4의 제어 코드를 살펴보면 62번째 줄은 초음파 센서 인스턴스인 "USSensor"를 통해 현재의 센서에 측정된 거리값을 가져오는 코드이다. 63~75번째 줄은 센서의 거리값의 상태에 따라 행위를 결정한다.

장애물과의 거리가 0보다 크고 50보다 작은 경우 후진 및 회전을 하는 회피행위가 진행되며, 50이상인 경우 30rpm으로의 감속이 진행되고 위의 사항에 해당되지 않는 경우, 즉 장애물이 감지되지 않은 경우 50rpm으로 직진한다.

[그림 6-55]의 코드의 경우 3개의 함수들을 통해 제어가 이루어진다. 이 3개의 함수에서도 모터와 초음파 센서 등의 제어가 필요하므로 해당 변수들이 필요하다.

```
class CDefault;

//전역변수 정의
CDefault    cdefault; //
// 모터 정의
CElementRotateDCMotor*  M_RWheel;
CElementRotateDCMotor*  M_LWheel;
// 초음파 센서 정의
CElementRayUltrasonicSensor* USSensor;

int WinMain(HINSTANCE hInstance,
            HINSTANCE hPrevInstance,
            LPTSTR    lpCmdLine,
            int       nCmdShow)
{

    //CDefault    cdefault; //전역으로 변경

    OpenMemoryMap();

    GetRegistryData(cdefault.m_nDataCnt, cdefault.m_nObjCnt);
    cdefault.m_cData = new char[cdefault.m_nDataCnt];
    memset(cdefault.m_cData, 0, cdefault.m_nDataCnt);
    GetMemoryMap(cdefault.m_cData);

    cdefault.DataParsing();


    ///************************////////
    /// user vlaue

    string  sRobotName = "EDRobot1";//로봇 이름 변수

    // 모터 정의
    //CElementRotateDCMotor*   M_RWheel;  //전역변수로 변경
    //CElementRotateDCMotor*  M_LWheel;   //전역변수로 변경
    M_RWheel =  (CElementRotateDCMotor*)cdefault.GetElementObject(M_RWheel,sRobotName, "wheel_r_dcmotor");
    M_LWheel =  (CElementRotateDCMotor*)cdefault.GetElementObject(M_LWheel,sRobotName, "wheel_l_dcmotor");

    // 초음파 센서 정의
    //CElementRayUltrasonicSensor* USSensor;    //전역변수로 변경
    USSensor = (CElementRayUltrasonicSensor*)cdefault.GetElementObject(USSensor, sRobotName, "ultrasonic");
```

[그림 6-55] C++ 전역변수 선언

따라서 5와 같이 해당변수를 [그림 6-55]와 같이 메인함수 위에 선언하여 전역 변수화 함으로써 다른 함수에서도 이 변수를 사용할 수 있도록 하였다.

만약, 함수형태를 사용하지 않고 메인 제어 코드 내에 포함할 경우는 전역 변수화할 필요는 없다.

다음은 각각의 함수의 구현을 살펴본다.

```
84
85      cdefault.DeleteDummyObj();
86      CloseMemoryMap();
87
88      delete []cdefault.m_cData;
89
90      return 0;
91  }
92
93  //전진 함수
94  void Forward(int nSpeed)
95  {
96      cout << "Forward" << endl;  //전진중임을 콘솔에 출력
97      //전진
98      M_RWheel->SetSpeed(nSpeed);
99      M_RWheel->SetRotateDirect(CW);
100     M_LWheel->SetSpeed(nSpeed);
101     M_LWheel->SetRotateDirect(CCW);
102 }
```

[그림 6-56] C++ Forward 함수

[그림 6-56]은 Forward 함수의 구현 내용이다.

- 18~91번째 줄의 메인 함수 아래에 함수들이 선언된다.
- 96번째 줄은 콘솔에 전진중임을 표시하기 위한 코드이다.
- 98~101번째 줄은 앞에서 배운 직진 코드와 동일하나 SetSpeed의 매개변수를 Forward 함수의 매개변수인 "nSpeed"를 사용하는 부분만 다르다.

```
104 //후진 함수
105 void Backward(void)
106 {
107     cout << "Backward" << endl;
108     int nDistance=0;    //후진후의 거리를 저장할 변수
109     while(1)
110     {
111         nDistance=USSensor->GetCurrentDist();    //현재의 거리를 가져옴.
112         cout << nDistance << endl;               //측정된 현재의 거리를 콘솔에 출력
113         //후진
114         M_RWheel->SetSpeed(30);
115         M_RWheel->SetRotateDirect(CCW);   ⑥
116         M_LWheel->SetSpeed(30);
117         M_LWheel->SetRotateDirect(CW);
118
119         //변경된 사항을 시뮬레이터에 반영                              ⑦
120         cdefault.DataPush();                      //메모리에 변경사항을 저장
121         SendMemoryMap(cdefault.m_cData);          //저장된 변경사항을 시뮬레이터에 전달
122         GetMemoryMap(cdefault.m_cData);           //변경사항이 시뮬레이션된 결과를 가져옴.
123         cdefault.DataModify();                    //변경사항을 메모리에 반영
124
125         if(nDistance>80) //80cm이상 멀어지면 후진을 멈춘다.            ⑧
126             break;
127     }
128 }
```

[그림 6-57] C++ Backward 함수

[그림 6-57]은 Backward 함수의 구현 내용이다.

108번째 줄의 변수 "nDistance"는 장애물과 80cm이상 후진해야 하기 때문에 현재의 거리를 저장하기 위한 변수이다.

후진은 직진과는 반대로 6과 같이 CW/CCW를 반대로 하면 후진하게 된다. 속도는 30rpm으로 설정한다.

7은 C++ 프로그램에서 수행한 내용을 시뮬레이션에 반영하고 또 그 결과를 C++ 프로그램에서 알 수 있게 하도록 하기 위한 통신방법이다. 이는 메인프로그램의 77~81번째 줄에의 메인 제어부를 위한 시뮬레이션 반영방법과 같은 내용이다.

- 111~123번째 줄이 while문에 의해 반복됨으로써 8의 조건인 장애물과의 거리가 80cm이상일 때까지 후진을 하게 된다.

**참고**

EDRS와 제어 프로그램과의 통신은 메모리맵이라는 공유 메모리 형태의 통신을 한다. 메모리에는 로봇의 상태 데이터가 저장되어 있으며, CDefault 클래스는 이 메모리를 가지고 있으며, CDefault 클래스의 DataPush(), DataModify() 등의 메소드를 통해 데이터를 관리하며, SendMemoryMap() 메소드를 통해 EDRS 시뮬레이터로 데이터를 전송할 수 있으며, GetMemoryMap() 메소드를 통해 시뮬레이터에서 데이터를 가져올 수 있다.

```
//시계방향 회전 함수
void CWRotate()
{
    cout << "CWRotate" << endl;
    int nDistance=0;
    while(1)
    {
        nDistance=USSensor->GetCurrentDist();     //현재의 거리를 가져옴.
        cout << nDistance << endl;                //측정된 현재의 거리를 콘솔에 출력
        //후진
        M_RWheel->SetSpeed(20);
        M_RWheel->SetRotateDirect(CCW);
        M_LWheel->SetSpeed(20);
        M_LWheel->SetRotateDirect(CCW);

        //변경된 사항을 시뮬레이터에 반영
        cdefault.DataPush();                  //메모리에 변경사항을 저장.
        SendMemoryMap(cdefault.m_cData);      //저장된 변경사항을 시뮬레이터에 전달
        GetMemoryMap(cdefault.m_cData);       //변경사항이 시뮬레이션된 결과를 가져옴.
        cdefault.DataModify();                //변경사항을 메모리에 반영

        if(nDistance==0) //장애물이 감지되지 않으면 회전을 멈춘다.
            break;
    }
}
```

[그림 6-58] C++ CWRotate 함수

[그림 6-58]은 CWRotate 함수의 구현 내용이다.

이 함수의 동작은 9와 같이 좌/우 바퀴 모두 CCW 방향으로 회전시켜 로봇을 시계방향으로 회전시킨다.

앞의 시계방향 회전과 다른 것은 한쪽 바퀴만이 아닌 좌/우 바퀴 모두 회전함으로써 좌/우 바퀴간의 간격이 회전의 반지름이 아닌 지름이 되는 것이 다르다. 즉, 제자리에서 회전하게 된다.

7은 [그림 6-58]의 Backward() 함수와 같은 구현이며, 이 반복은 10과 같이 더 이상 장애물이 감지되지 않으면 종료된다.

### 5) 시뮬레이션 결과 화면

[그림 6-59] 초음파 센서 제어 결과 시뮬레이션 화면

**참고**

EDRS는 시뮬레이션 상태를 Sensor Property 창에 나타낸다.

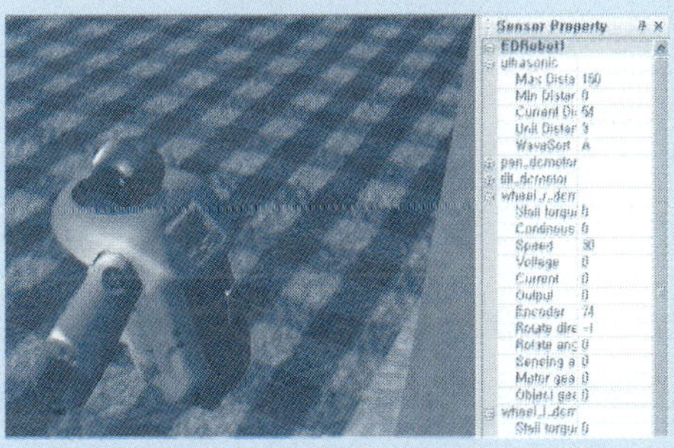


[그림 6-60] 시뮬레이션 상태를 Sensor Property 창 표시

[그림 6-60]과 같이 ultrasonic의 하위 트리에 Current Distance가 54로 현재의 거리를 확인할 수 있다. 같은 방법으로 로봇의 모든 모터나 센서들의 상태를 확인할 수 있다. 또한 시뮬레이션상에서 그림과 같이 빨간색 또는 파란색으로 센서의 파형 모양이 표시된다. 초음파 센서의 경우 장애물이 감지되면 빨간색으로, 아닌 경우 파란색으로 표시된다.

### 6) 심화 실습

- 앞의 실습을 통해 초음파 센서에 의해 측정된 값을 이용한 제어를 실습하였다. 이번에는 초음파 센서의 파형, 최대/최소 거리 등의 속성이나 위치 및 방향을 바꾸어 보고 이에 따른 변화를 관찰해 보자.

## 04 적외선 센서의 이해와 EDRS를 활용한 제어 실습

### 4-1 적외선 센서의 이해

#### 1) 기반 지식

(1) PSD 거리측정 원리

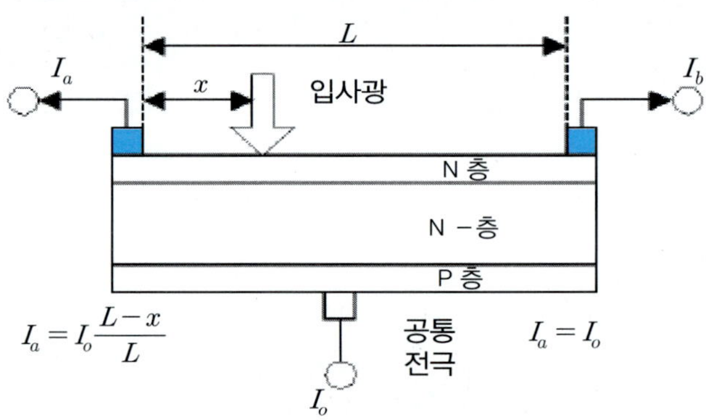


[그림 6-61] PSD 원리

PSD(Position Sensitive Detector)는 빛에 반응하는 반도체로서, 포토다이오드와 비슷한 구조로 되어 있다. 일반 포토다이오드와 달리 P층과 PN 결합층의 저항이 매우 높은 점이 다르다. 외부에서 집속광을 받게 되면 PDS 센서의 출력전류($I_o$)로 수광점의 위치를 계산할 수 있다.

PSD 단독으로는 거리 센서를 구성할 수 없으므로 PSD의 최대특성인 위치감지 특성과 [그림 6-62]와 같이 삼각측량법을 이용해서 거리 센서를 구성할 수 있다. 포토TR에서 출발한 적외선(Infrared)은 수신 PSD쪽의 수신렌즈를 통해 집속된 다음 PSD의 한 점에 이르게 되고, 수광점의 위치를 PSD 센서로 알 수 있게 된다. 송광렌즈, 수광렌즈상의 거리와 수광렌즈, PSD까지의 거리는 렌즈 시스템의 비례관계에 의해 축소되므로 물체까지의 거리 $a$는 다음과 같은 식으로 구할 수 있다.

$$\frac{b}{a}=\frac{x}{d} \qquad \text{거리 } a=\frac{bd}{x}$$

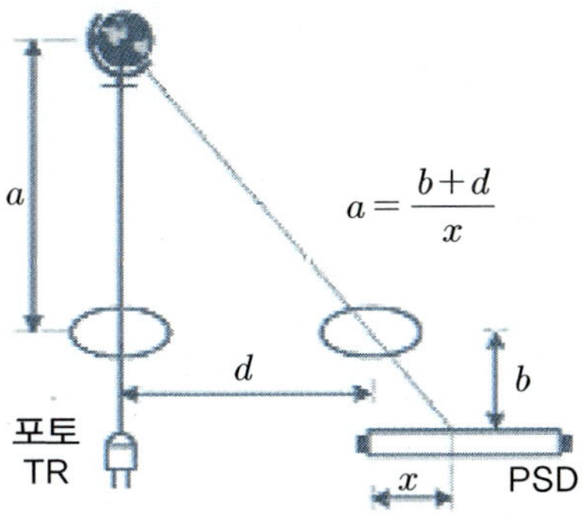


[그림 6-62] 거리측정 원리

(2) 센서 적용 원리

샤프사의 모듈인 <GP2D12> 적외선 거리 센서의 출력형태는 장애물 반사거리에 반비례하는 아날로그 전압 출력이다. 센서로부터 대상물까지의 거리가 멀수록 아날로그 출력 전압은 낮아진다.

[그림 6-63] GP2D12

## 2) 적외선 센서(Infrared Sensor)의 구현 예

① 인터페이스 커넥터 : 메인 제어 모듈과 연결한다.

② 센서 : GP2D12

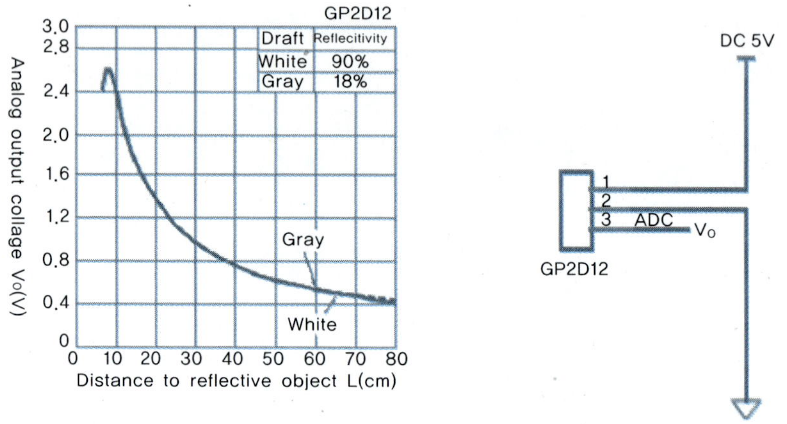


[그림 6-64] 전압과 거리의 비교

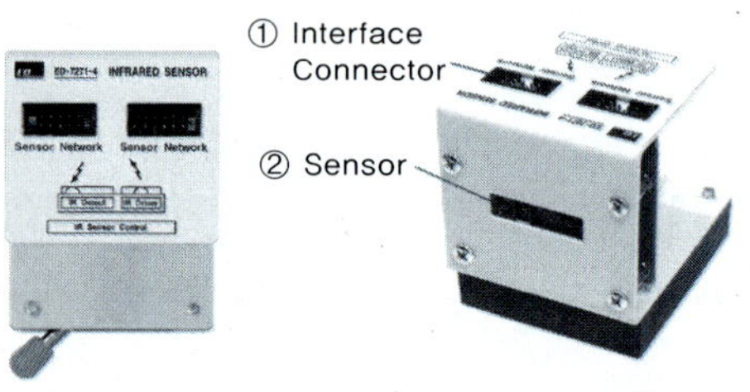


[그림 6-65] 적외선 센서의 구현 예(ED-7271-4)

적외선 거리 센서 모듈의 작업과정은 아래와 같다.

주기적으로 거리 센서의 아날로그 전압의 데이터를 ADC 후 거리의 값으로 환산하여 메모리 공간에 거리정보를 업데이트한다. PC로부터 적외선 거리 센서 모듈의 지정 ID와 CMD를 입력받으면 ID와 CMD 그리고 센서의 거리 데이터를 포함한 패킷 데이터를 PC로 전송하는 시스템 과정을 갖는다.

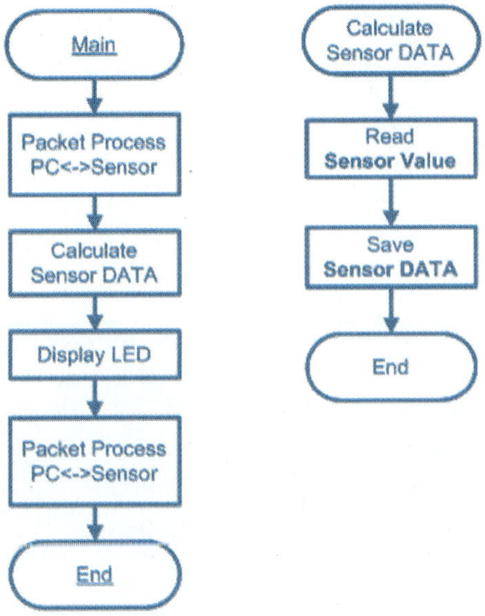


[그림 6-66] 순서도

## 4-2 적외선 센서를 이용한 장애물 인식 제어

### 1) 목표와 과제

#### (1) 목 표

이 절에서 실습하는 프로그래밍의 목표는 "로봇의 적외선 센서를 이용하여 장애물을 회피하기"이다. 로봇의 적외선 센서를 사용하여 장애물과의 거리를 인식하고 지금까지 배웠던 모터 제어와 초음파 센서 제어를 사용하여 로봇을 적절하게 움직여 보자.

#### (2) 과 제

앞의 초음파 센서 제어는 전면의 한 개의 초음파 센서만을 사용하기 때문에 장애물이 대각선에 위치하고 있을 때는 이를 인식하지 못한다. 좀 더 완벽한 회피를 위해 적외선 센서 2개를 추가하여 구현한다. 로봇의 제어 시나리오는 다음과 같다.

1. 로봇은 50rpm의 속도로 직진이동한다.
2. 초음파 센서에 장애물이 감지되었으나, 장애물과의 거리가 50cm 이상일 경우 속도를 줄여 30rpm의 속도로 직진이동한다.
3. 초음파 센서의 장애물과의 거리가 50cm 이내인 경우 장애물과의 거리가 80cm가 될 때까지 30rpm의 속도로 후진으로 이동한다.

4. 후진 이후 시계방향으로 돌면서 초음파 센서와 적외선 센서 모두에서 장애물이 감지되지 않는 경우 1의 동작을 수행한다. 만약, 장애물이 감지되면 3의 동작을 다시 수행한다.

## 2) EDRS 환경구축

### (1) 가상 로봇 만들기

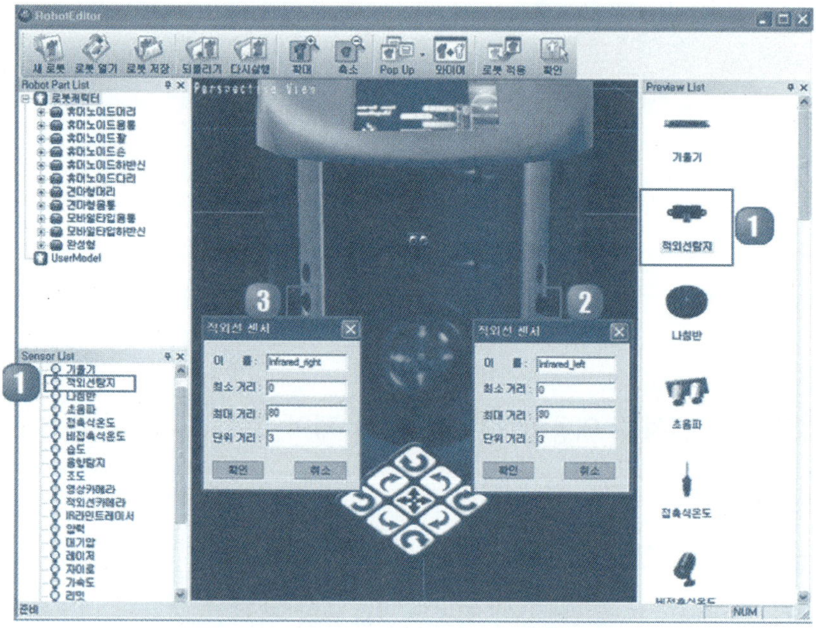


[그림 6-67] 적외선 센서를 구현하기 위한 로봇 생성

앞과 같은 로봇에 1의 '적외선 탐지' 센서를 2와 3의 위치에 부착한다. 도구를 사용하여 적절히 배치시킨 후 해당 센서를 더블클릭하여 2의 적외선 센서의 이름을 "Infrared_left"로 하고 최소거리 0, 최대거리 80, 단위거리 3으로 설정한다.

3의 적외선 센서는 이름을 "Infrared_right"로 하고 최소거리 0, 최대거리 80, 단위거리 3으로 설정한다. 적외선 센서의 부착위치는 조절하기가 쉽지 않다.

로봇을 EDRS에 적용시킨 후 시뮬레이션을 시작하면 [그림 6-68]과 같이 적외선 센서의 모습을 눈으로 확인할 수 있다. 그림과 같은 모습이 되도록 확인하면서 조절을 해야 한다.

[그림 6-68] 적외선 센서를 구현하기 위한 로봇 생성을 EDRS에서 확인하기

참고

완성형 로봇 타입인 'URobo', 'ED-UROBO1', 'ED-UROBO2'는 기본적으로 적외선 센서를 가지고 있다. 이 로봇들의 센서를 활용하여 사용할 수도 있다.

### (2) 가상 환경 만들기

환경은 앞의 초음파 센서 실습과 같은 환경을 사용한다.

## 3) IRES 프로그래밍

우리는 앞에서 초음파 센서를 이용한 회피 프로그램을 작성하였다. 이번에는 회피 동작에서 후진 후, 장애물이 없는 위치를 확인하기 위해 회전할 때 새로 부착한 2개의 적외선 센서를 활용하여 완전히 장애물이 없는 위치를 찾아낼 것이다.

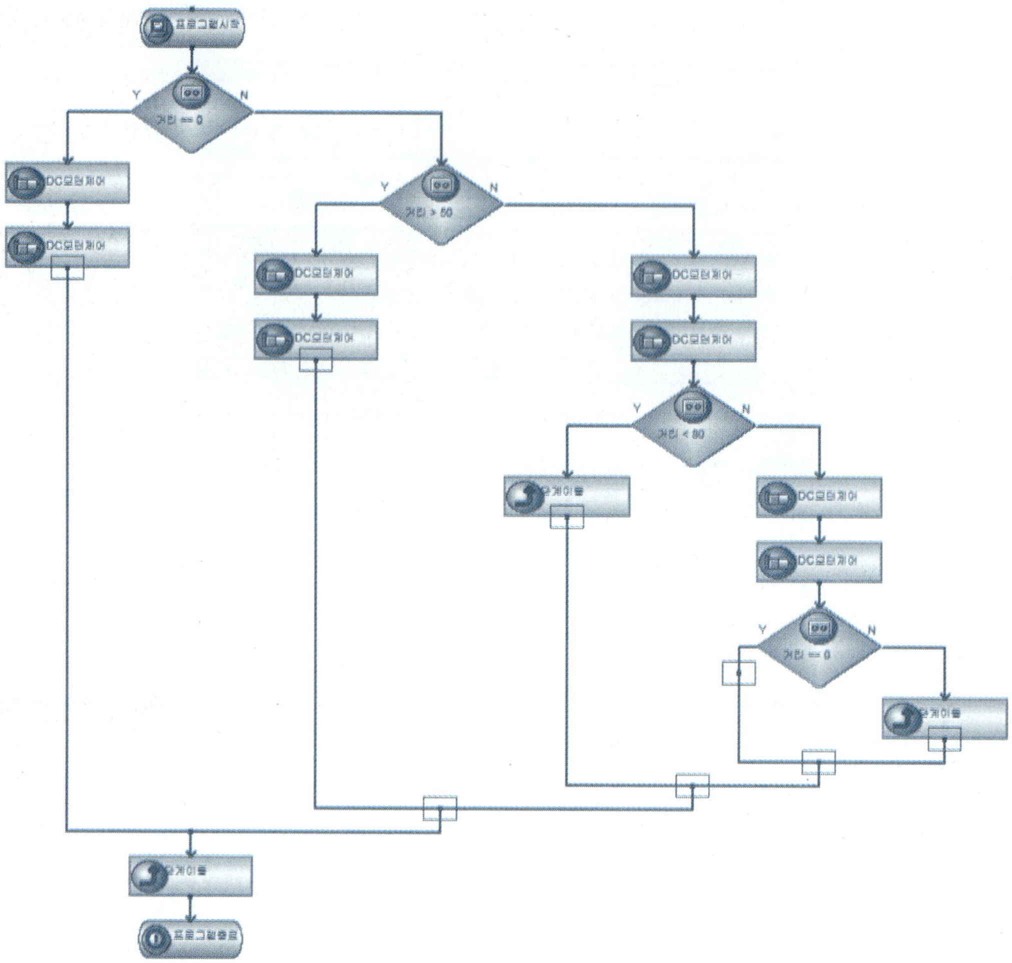

[그림 6-69] IRES 구현 프로그램

[그림 6-69]의 프로그램은 앞의 IRES 구현 프로그램이다.

이 구현에 [그림 6-70]의 4의 '적외선거리 센서' 객체를 5의 위치에 삽입하여 6과 같이 환경설정창을 띄워 센서 이름을 "Infrared_left"로 설정하고, 설정값을 0과 '=='로 설정하여 왼편의 적외선 센서에도 장애물이 없는지 확인한다.

장애물이 없는 경우 다시 오른편의 적외선 센서를 확인하고 장애물이 있는 경우 회전을 반복한다.

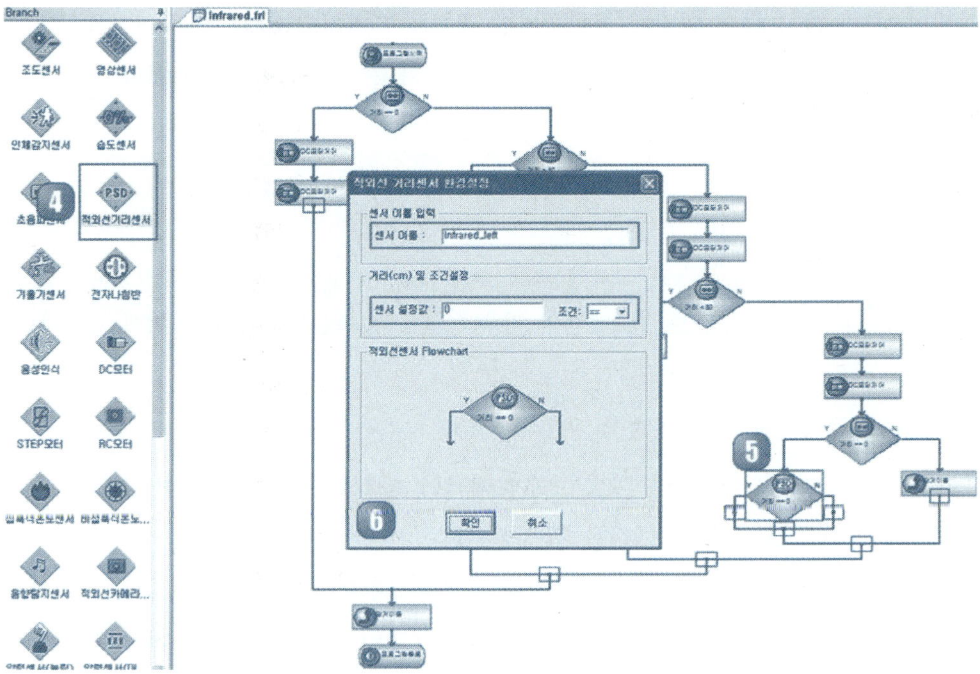


[그림 6-70] 왼쪽 적외선 거리 센서 모듈의 추가

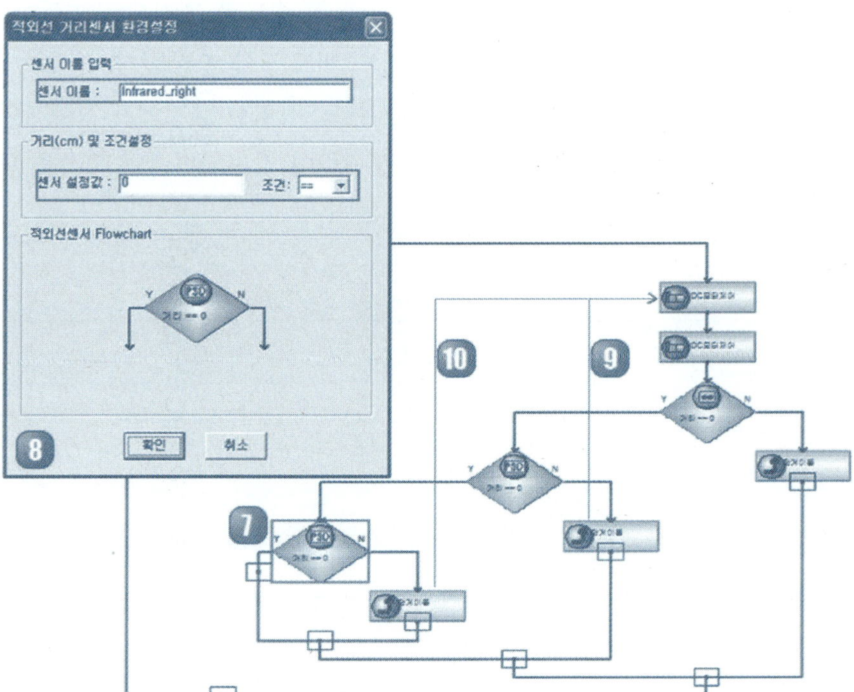


[그림 6-71] 오른쪽 적외선 거리 센서 모듈의 추가

CHAPTER 06

[그림 6-71]과 같이 7의 위치에 적외선거리 객체를 추가하고 8과 같이 환경을 설정한다. 각 적외선거리 노드의 'N' 노드에 '단계이동' 객체를 추가하여 9와 10과 같이 이동을 설정한다.

> **참고**
>
> IRES 프로그래밍은 조건이 여러 개인 복잡한 프로그램이나 계산을 요구하는 프로그램을 작성하기가 힘들다. 복잡성이 높은 프로그램의 경우 C++ 프로그램을 활용하는 것이 편리하다.

### 4) C++ 프로그래밍

C++ 프로그래밍에서는 IRES 프로그래밍에서와 달리 조금 더 복잡한 조건이 추가된 다음과 같은 시나리오로 프로그램을 작성할 것이다.

1. 로봇은 50rpm의 속도로 직진이동한다.
2. 초음파 센서 또는 적외선 센서에 장애물이 감지되었으나, 장애물과의 거리가 50cm 이상일 경우 속도를 줄여 30rpm의 속도로 직진이동한다.
3. 초음파 센서 또는 적외선 센서의 장애물과의 거리가 50cm 이내인 경우 초음파 센서의 장애물과의 거리가 80cm이 될 때까지 30rpm의 속도로 후진으로 이동한다. 단 초음파 센서에는 장애물이 걸려있지 않을 경우 바로 4를 수행한다.
4. 후진 이후 시계방향으로 돌면서 초음파 센서에도 적외선 센서에도 장애물이 감지되지 않는 경우 1의 동작을 수행한다. 만약, 장애물이 감지되면 3의 동작을 다시 수행한다.

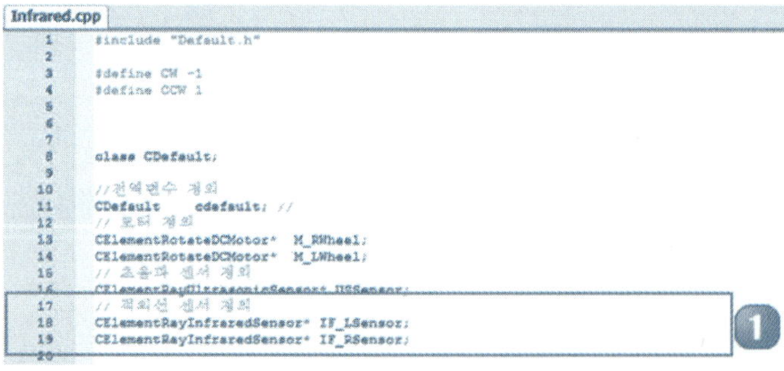


[그림 6-72] 적외선 거리 센서 변수의 추가

이 절에서는 앞에서 사용된 초음파 센서를 구현한 프로그램을 수정하여 프로그램을 작성할 것이다. [그림 6-72]는 전역변수 선언부이다.

적외선 센서를 사용하기 위하여 CElementRayInfraredSensor 클래스 타입의 변수 "IF_LSensor"와 "IF_RSensor"를 1과 같이 전역변수로 추가 선언하였다.

```
///*************************////////
/// user vlaue

string  sRobotName = "EDRobot1";//로봇 이름 변수

// 모터 정의
//CElementRotateDCMotor*   M_RWheel;   //전역변수로 변경
//CElementRotateDCMotor*  M_LWheel;    //전역변수로 변경
M_RWheel =  (CElementRotateDCMotor*)cdefault.GetElementObject(M_RWheel,sRobotName, "wheel_r_dcmotor");
M_LWheel =  (CElementRotateDCMotor*)cdefault.GetElementObject(M_LWheel,sRobotName, "wheel_l_dcmotor");

// 초음파 센서 정의
//CElementRayUltrasonicSensor* USSensor;    //전역변수로 변경
USSensor = (CElementRayUltrasonicSensor*)cdefault.GetElementObject(USSensor, sRobotName, "ultrasonic");

// 적외선 센서 정의
//CElementRayInfraredSensor* IF_LSensor;  //전역변수로 변경
//CElementRayInfraredSensor* IF_RSensor;  //전역변수로 변경
IF_LSensor = (CElementRayInfraredSensor*)cdefault.GetElementObject(IF_LSensor, sRobotName, "Infrared_left");
IF_RSensor = (CElementRayInfraredSensor*)cdefault.GetElementObject(IF_RSensor, sRobotName, "Infrared_right");

//사용자 함수 정의
void CWRotate();            //시계 방향 회전 함수
void Backward();               //후진 함수
void Forward(int nSpeed);   //전진 함수

//사용자 변수 정의
int nUSSensorDistance=0;    //초음파 센서의 장애물과의 거리

int nIFLSensorDistance=0;   //왼쪽 적외선 센서의 장애물과의 거리
int nIFRSensorDistance=0;   //오른쪽 적외선 센서의 장애물과의 거리

while(1)
```

[그림 6-73] 적외선 센서의 인스턴스 얻기 및 사용자 변수의 추가

2와 같이 적외선 센서 변수에 "Infrared_left"와 "Infrared_right" 적외선 센서 이름을 가지고 해당 센서의 인스턴스를 얻어오는 코드를 추가한다.

3과 같이 왼쪽 적외선 센서의 장애물과의 거리 값을 저장할 변수 "nIFLSensorDistance"와 오른쪽 적외선 센서의 장애물과의 거리 값을 저장할 변수 "nIFRSensorDistance" 변수를 추가로 선언하였다.

```
while(1)
{
///control code ///
    nUSSensorDistance=USSensor->GetCurrentDist();       //현재의 초음파 센서 거리값을 가져옴.

    nIFLSensorDistance=IF_LSensor->GetCurrentDist();   //현재의 왼쪽 적외선 센서 거리값을 가져옴.
    nIFRSensorDistance=IF_RSensor->GetCurrentDist();   //현재의 오른쪽 적외선 센서 거리값을 가져옴.

    if((nUSSensorDistance>0 && nUSSensorDistance<=50)||
    (nIFLSensorDistance>0 && nIFLSensorDistance<=50)||
    (nIFRSensorDistance>0 && nIFRSensorDistance<=50))    //장애물과의 거리가 50cm이하로 가까워졌을때
    {
        Backward();     //후진
        CWRotate(); //장애물이 감지되지 않을 때까지 시계방향 회전
    }
    else if(nUSSensorDistance>50||nIFLSensorDistance>50||nIFRSensorDistance>50)  //장애물이 감지 되었으나 50cm보다 먼 상태
    {
        Forward(30);     //30rpm으로 감속
    }
    else  //센서에 장애물이 감지되지 않은 상태
    {
        Forward(50);     //50rpm으로 전진
    }
///**************************///
```

[그림 6-74] 메인 제어 코드의 적외선 센서 부분 추가

[그림 6-74]는 메인의 제어 코드이다.

4와 같이 적외선 센서의 거리를 각 변수에 저장하는 코드를 추가한다.

장애물과의 회피를 수행하는 조건인 5의 if문에 OR('||')로 왼쪽 및 오른쪽 적외선 센서 거리를 비교하는 논리식을 추가하였다.

6은 감속의 조건을 판단하는 코드이다. else if문에 왼쪽 및 오른쪽 적외선 센서 거리를 비교하는 논리식을 OR조건으로 추가하였다.

[그림 6-75] Backward 함수부분 수정

[그림 6-75]는 Backward 함수부분이다. 회피행위가 초음파 센서 뿐만 아니라, 적외선 센서에 의해서도 수행되므로 "nDistance"의 값이 0인 경우가 생긴다. 따라서 8과 같이 "nDistance"가 0인 조건도 추가하였다.

또한, 이전에 7과 같이 먼저 후진을 한 후 완료조건을 판단했던 것을 "nDistance"가 0인 경우 수행하지 않도록 하기 위해 위치를 7에서 8의 위치로 수정하였다.

[그림 6-76]은 CWRotate 함수부분이다. 회전 중 장애물이 적외선 센서에도 감지되지 않게 하기 위한 코드가 추가되어야 한다.

9와 같이 좌/우의 적외선 센서의 거리 값을 저장할 변수를 추가로 선언하고, 10과 같이 해당 거리값을 가져오도록 코드를 추가한다. 165번째 줄은 적외선 센서의 거리값도 콘솔에 출력하도록 수정된 내용이다.

마지막으로 회전의 종료 조건에 11과 같이 좌/우의 적외선 센서에도 장애물이 없어야 하는 조건을 AND(&&) 조건으로 추가하였다.

```
//시계방향 회전 함수
void CWRotate()
{
    cout << "CWRotate" << endl;
    int nDistance=0;
    int nIFLDistance=0;
    int nIFRDistance=0;

    while(1)
    {
        nDistance=USSensor->GetCurrentDist();    //현재의 초음파 센서 거리를 가져옴.
        nIFLDistance=IF_LSensor->GetCurrentDist();    //현재의 왼쪽 적외선 센서 거리를 가져옴.
        nIFRDistance=IF_RSensor->GetCurrentDist();    //현재의 오른쪽 적외선 센서 거리를 가져옴.
        cout << nDistance << ", " << nIFLDistance << ", " << nIFRDistance << endl;  //측정된 현재의 거리를 콘솔에 출력
        //후진
        M_RWheel->SetSpeed(20);
        M_RWheel->SetRotateDirect(CCW);
        M_LWheel->SetSpeed(20);
        M_LWheel->SetRotateDirect(CCW);

        //변경된 사항을 시뮬레이터에 반영
        cdefault.DataPush();                    //메모리에 변경사항을 저장
        SendMemoryMap(cdefault.m_cData);        //저장된 변경사항을 시뮬레이터에 전달
        GetMemoryMap(cdefault.m_cData);         //변경사항이 시뮬레이션된 결과를 가져옴.
        cdefault.DataModify();                  //변경사항을 메모리에 반영

        if(nDistance==0&&nIFLDistance==0&&nIFRDistance==0) //장애물이 감지되지 않으면 회전을 멈춘다.
            break;
    }
}
```

[그림 6-76] CWRotate 함수부분 수정

### 5) 시뮬레이션 결과 화면

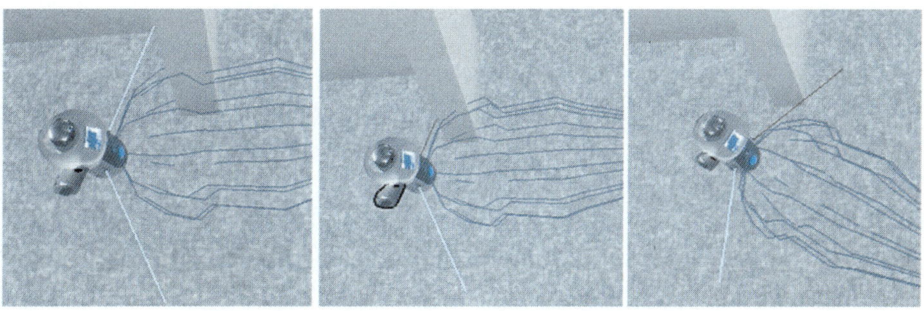

[그림 6-77] 적외선 센서 제어 결과 시뮬레이션 화면

### 6) 심화 실습

- 앞의 실습을 통해 적외선 센서에 의해 측정된 값을 이용한 제어를 실습하였다. 이 실습에서 우리는 장애물이 감지되었을 때, 오른쪽으로 회전하면서 회피를 하도록 실습하였다. 이번에는 왼쪽 적외선 센서에 장애물이 감지되었을 때는 오른쪽으로 회전하여 회피하고 오른쪽 적외선 센서에 장애물이 감지되었을 때는 왼쪽으로 회전하여 회피하도록 하는 제어를 실습해 보자.

# 05 나침반 센서의 이해와 EDRS를 활용한 제어 실습

## 5-1 나침반 센서의 이해

### 1) 기반 지식

#### (1) 나침반 센서의 원리

나침반 센서(Electronic Compass)를 사용하여 자유공간을 움직이는 항체(vehicle) 또는 센서 모듈의 방위각 계산하는 방법을 사용하고 있으며, 최근에는 MEMS 기술의 발달로 칩(chip)형 나침반 센서로 모듈화 되어 있다. 나침반 센서는 지구 자기장의 세기를 측정하는 장치로 지구 자기장의 흐름 벡터와 이를 측정하는 센서의 측정 축 벡터가 평행해야만 정확한 자기장의 세기를 측정할 수 있다. 이때, 직각으로 배치된 두 개의 나침반 센서를 수평으로 장착한 후 두 센서의 출력을 이용하여 센서 모듈이 가리키고 있는 방위각을 계산한다.

그러나 나침반 센서가 수평을 이루고 있지 않은 경우 지구 자기장의 세기를 정확하게 측정할 수 없으므로 이때의 방위각 정보는 큰 오차를 포함하게 된다. 따라서 사용시 나침반 센서는 수평을 유지하고 사용을 하여야 한다.

#### (2) 센서의 적용원리

ROBOT Electronics사의 CMPS03을 살펴보면 북쪽을 기준으로 기울어진 각도값을 I2C 방식의 16bit디지털 데이터 형태로 출력한다. [그림 6-80]과 같은 데이터 포맷으로 CMPS03으로부터 데이터를 읽는다. 분해능은 0.1°이다.

[그림 6-78] 지자기 센서

[그림 6-79] CMPS03 핀의 내용

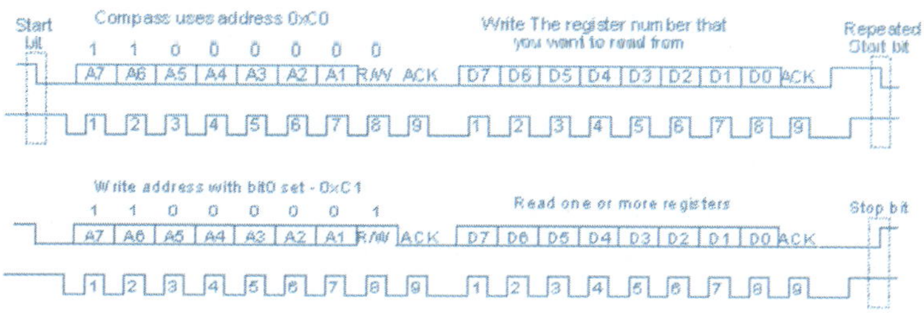


[그림 6-80] $I^2C$ 방식 프로토콜

### 2) 나침반 센서의 구현 예

① 인터페이스 커넥터 : 메인 제어 모듈과 연결

② 센서 : 내부에 CMPS03이 삽입되어 있다.

③ LED : 32개의 LED로 북쪽을 표시한다.

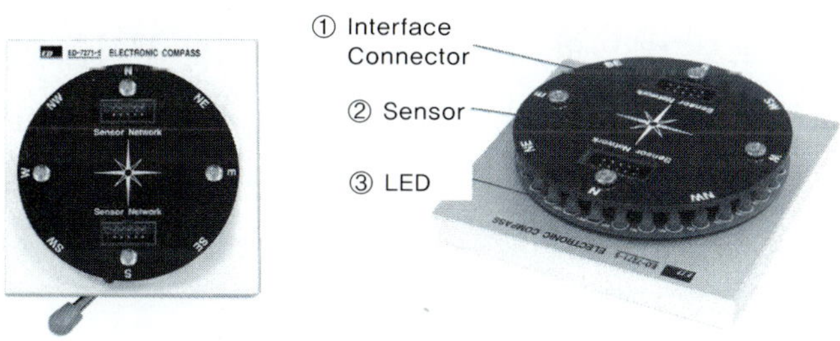


[그림 6-81] 나침반 센서의 구현 예(ED-7271-5)

전자나침반 센서와 $i^2c$ 인터 방식으로 주기적으로 방위 데이터를 입력받는다. 이렇게 입력받은 방위 데이터를 이용해 32개의 LED로 방위를 표시하고, 방위 데이터 메모리 영역에 전자나침반 모듈의 "N"방향을 기준으로 비틀린 각도를 저장한다. PC쪽에서 현재 각도 값을 요청하면 전자나침반 모듈은 ID, CMD를 확인하고 ID, CMD, 각도 데이터를 PC에 송신한다.

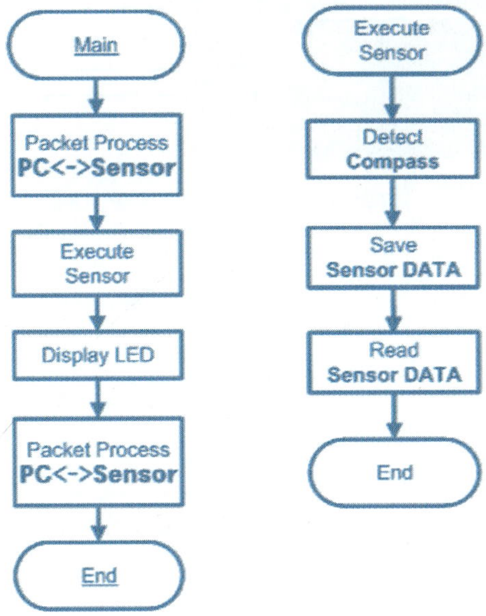


[그림 6-82] 순서도

## 5-2 나침반 센서를 이용한 방향전환 제어

### 1) 목표와 과제

#### (1) 목 표

이 절에서 실습하는 프로그래밍의 목표는 "로봇의 나침반 센서를 이용하여 정확한 각도로 로봇의 진행방향을 제어하기"이다. 로봇의 나침반 센서를 사용하여 현재의 방향을 인식하고 지금까지 배웠던 모터 제어를 사용하여 로봇을 적절하게 움직여 보자.

#### (2) 과 제

앞의 제어는 단순히 장애물이 감지되지 않는 곳으로의 회피 제어이다.

이 절에서는 초음파 센서 및 적외선 센서에 모두 장애물이 인식되면 180° 회전하여 회피하는 제어를 수행한다. 로봇의 제어 시나리오는 다음과 같다.

1. 로봇은 50rpm의 속도로 직진이동을 한다.

2. 초음파 센서에 장애물이 감지되었으나, 장애물과의 거리가 80cm 이상일 경우 속도를 줄여 30rpm의 속도로 직진이동을 한다.
3. 초음파 센서의 장애물과의 거리가 80cm 이내이며, 적외선 센서 모두에도 장애물이 인식되면 남쪽으로 진행중일 경우 북쪽으로, 북쪽으로 이동중일 경우 남쪽으로 회전하여 진행한다.

## 2) EDRS 환경구축

### (1) 가상 로봇 만들기

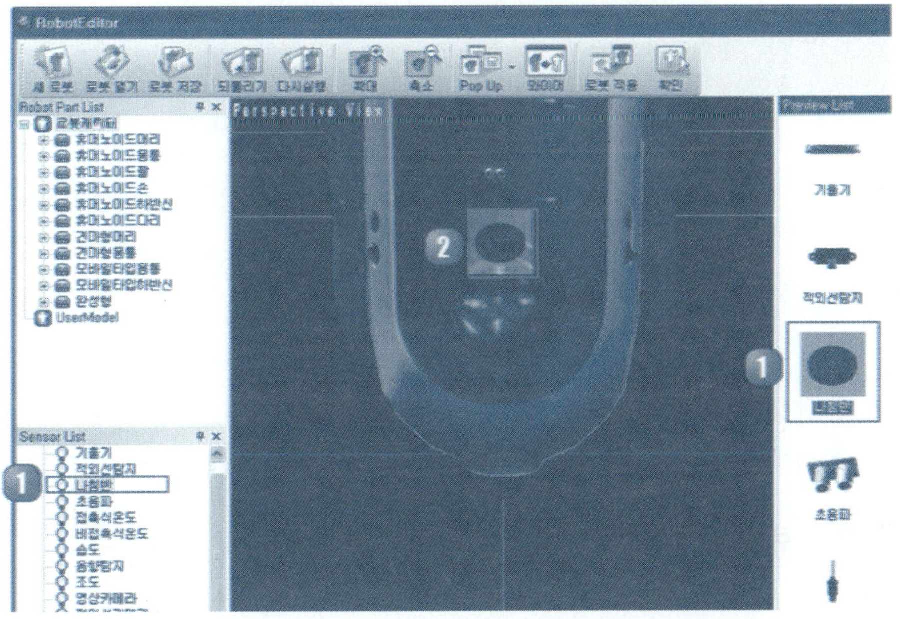

[그림 6-83] 나침반 센서를 구현하기 위한 로봇 생성 1

앞과 같은 로봇에 1의 '나침반' 센서를 2와 같이 부착한다.

부착하면 나침반 센서는 로봇 내부에 장착이 되기 때문에 화면에는 보이지 않는다.

[그림 6-84]와 같이 3의 '와이어' 툴바버튼을 누르면 내부의 모습이 보이게 되며, 4의 위치에 나침반 센서가 장착되었음을 볼 수 있다.

나침반 센서의 환경설정을 5와 같이 이름은 "Compass", 단위각도는 1°로 설정한다.

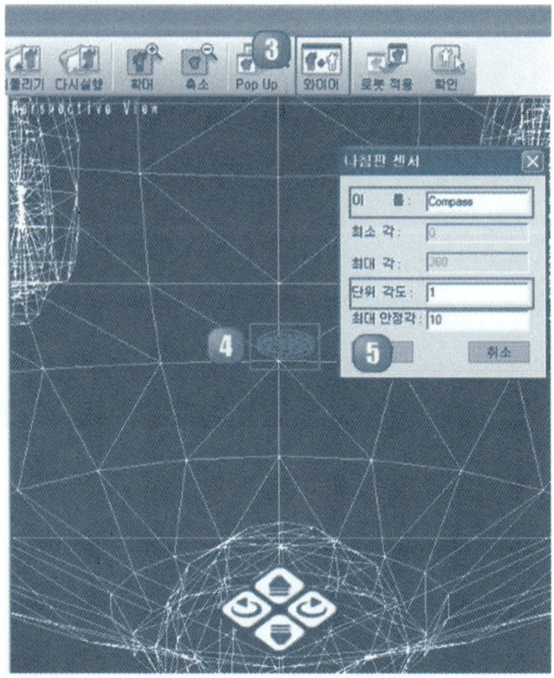


[그림 6-84] 나침반 센서를 구현하기 위한 로봇 생성 2

### (2) 가상 환경 만들기

환경은 앞의 적외선 센서 실습과 같은 환경을 사용한다.

## 3) IRES 프로그래밍

이 절에서는 나침반 센서를 이용하여 180° 회전하는 회피동작을 구현할 것이다.

상세 제어 시나리오는 1)을 참조한다. 단, IRES 프로그램에서는 정확한 180° 회전이 아닌 4° 정도의 오차범위를 허용할 것이다. 보다 정확한 180°의 회전은 C++ 프로그램을 참조하도록 한다. 제어 결과는 앞뒤로 왕복 전진운동을 수행할 것이다.

[그림 6-85]의 프로그램은 시나리오 1, 2를 구현하고 시나리오 3을 구현하기 위해 나침반 센서를 추가한 IRES 구현 프로그램이다.

[그림 6-85]의 1은 초음파 센서에서의 장애물 감지 여부의 분기 노드이며, 2는 50rpm으로의 전진 수행이다.

3은 초음파 센서에서의 장애물과의 거리가 50cm이상인지 여부를 판단하는 분기 노드이며, 4는 30rpm으로의 전진 수행이다.

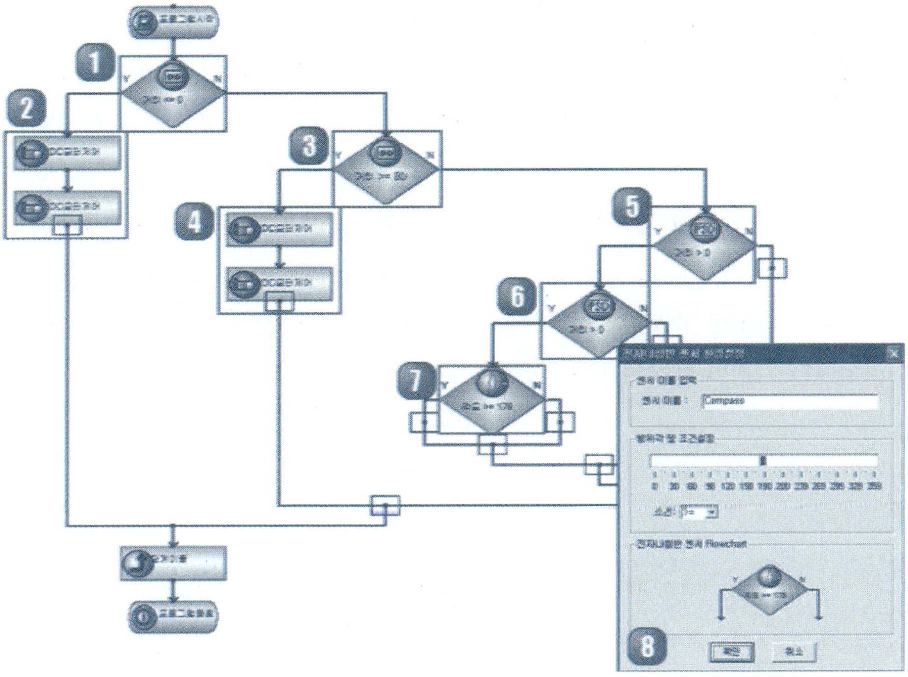

[그림 6-85] 나침반 센서 분기 노드의 추가

5는 오른쪽 적외선 센서에서의 장애물 감지 여부를 판단하기 위한 분기 노드이다.

6은 왼쪽 적외선 센서에서의 장애물 감지 여부를 판단하기 위한 분기 노드이다.

7의 위치는 초음파 센서와 적외선 센서 모두에서 장애물이 감지된 경우이다.

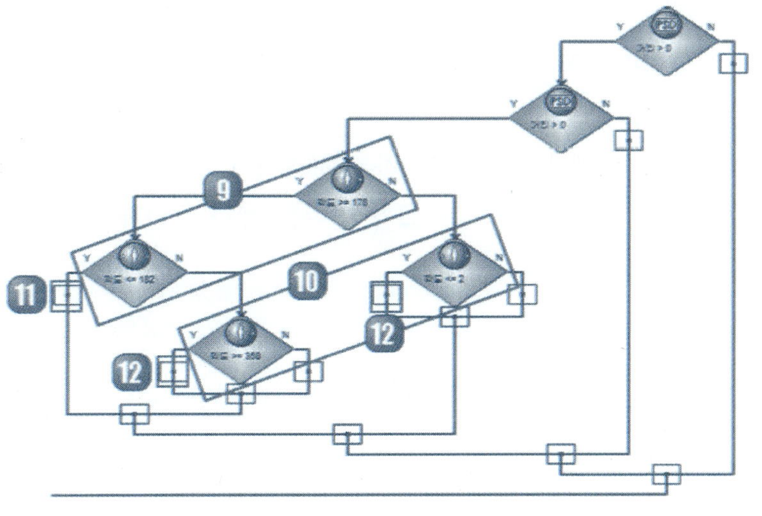

[그림 6-86] 나침반 센서 사용한 현재의 방향감지

7과 같이 현재의 진행방향이 남쪽인지 확인하기 위해 'Branch' 탭의 '전자나침반' 분기 노드를 삽입하고 8과 같은 환경설정창을 띄워 센서 이름을 "Compass"로 설정, 방위각을 178로 조건은 '>='로 설정한다. [그림 6-86]의 그림과 같이 나침반 센서 분기 노드를 추가한다.

9는 현재의 진행방향이 남쪽인지를 판단하며, 10은 현재의 진행방향이 북쪽인지를 판단한다.

11의 위치에는 나침반 센서가 북쪽 방향을 가리킬 때까지 회전하는 구현이 추가될 것이다.

12의 위치에는 나침반 센서가 남쪽 방향을 가리킬 때까지 회전하는 구현이 추가될 것이다.

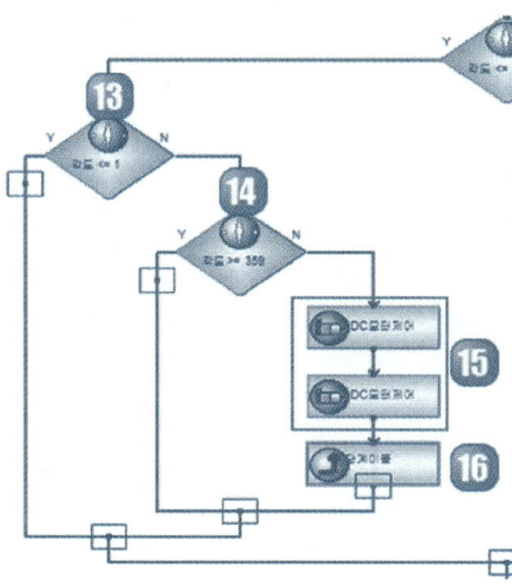

[그림 6-87] 남쪽 방향으로 진행시 북쪽 방향으로의 회전

[그림 6-87]은 로봇이 남쪽 방향으로 진행중에 있을 때 180° 회전하여 북쪽방향으로 방향전환하는 구현이다.

10은 5rpm의 속도로 시계방향으로 회전하는 구현이며, 16은 13으로 단계이동시켜 북쪽 방향인지 여부를 판단하는 13 또는 14가 만족할 때까지 반복하게 된다.

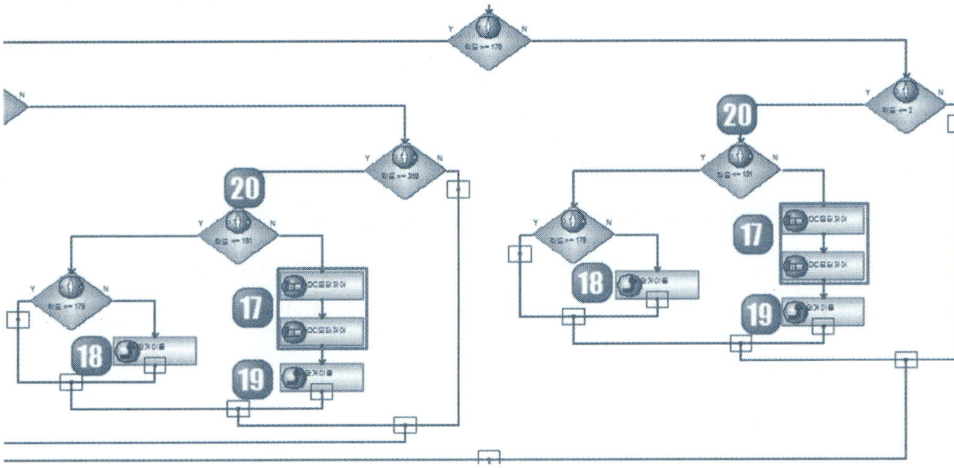

[그림 6-88] 북쪽 방향으로 진행시 남쪽 방향으로의 회전

[그림 6-88]은 북쪽 방향으로 진행중일 경우 남쪽 방향으로 회전하는 구현이다. 17은 시계방향으로 5rpm의 속도로 회전하는 제어이며, 19는 20으로의 단계이동이며, 18은 17로의 단계이동이다.

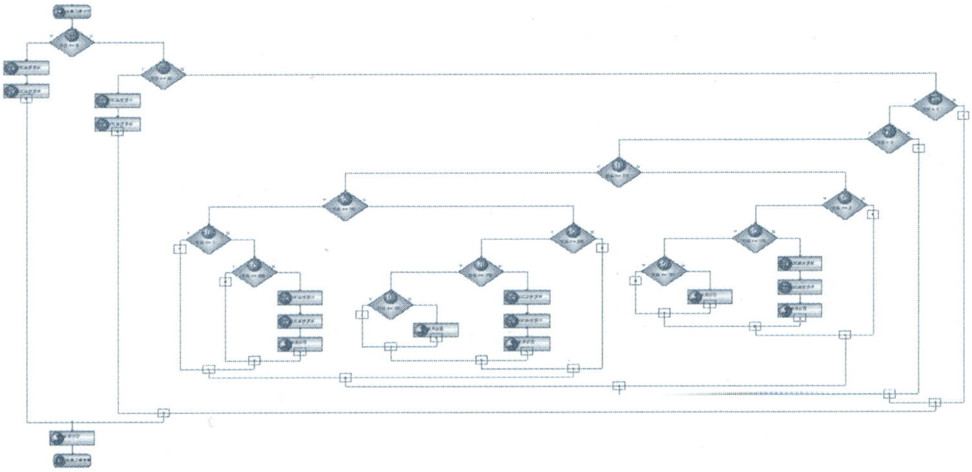

[그림 6-89] 모든 시나리오가 구현된 전체 프로그램

### 4) C++ 프로그래밍

C++ 프로그래밍에서는 IRES 프로그래밍에서와 달리 조금 더 정확한 계산을 포함한 프로그램을 작성할 것이다. 정확도를 높인 시나리오는 다음과 같다.

1. 로봇은 50rpm의 속도로 직신이동을 한다.

2. 초음파 센서에 장애물이 감지되었으나, 장애물과의 거리가 80cm 이상일 경우 속도를 줄여 30rpm의 속도로 직진이동한다.
3. 초음파 센서의 장애물과의 거리가 80cm 이내이며, 적외선 센서 모두에도 장애물이 인식되면 180° 회전한다.
4. 180° 회전시 정확도를 높이기 위해 목표 방향과의 차이가 20이하이면 회전속도를 1rpm으로 줄인다. 만약 목표값을 벗어나면 반대방향으로 다시 회전한다.

위의 시나리오를 구현하기 위해 앞에서 사용된 적외선 센서를 구현한 프로그램을 수정하여 프로그램을 작성할 것이다.

compass.cpp

```
#include "Default.h"

#define CW -1
#define CCW 1


class CDefault;


// Global Variable Define
CDefault    cdefault;
// Motor Define
CElementRotateDCMotor*  M_RWheel;
CElementRotateDCMotor*  M_LWheel;
// Ultrasonic Sensor Define
CElementRayUltrasonicSensor* USSensor;
// Infrared Sensor Define
CElementRayInfraredSensor* IF_LSensor;
CElementRayInfraredSensor* IF_RSensor;
// Compass Sensor Define
CElementCompassSensor* CPSSensor;



int WinMain(HINSTANCE hInstance,
                       HINSTANCE hPrevInstance,
                       LPTSTR    lpCmdLine,
                       int       nCmdShow)
{
```

1 2

[그림 6-90] 나침반 센서 변수의 추가

[그림 6-90]은 전역변수 선언부이다.

1은 모터와 초음파 센서, 적외선 센서를 선언한 기존의 소스코드이다.

여기에 2와 같이 나침반 센서를 CElementCompassSensor 클래스 타입의 변수 "CPSSensor"를 전역변수로 추가 선언하였다.

[그림 6-91]은 사용자 변수 선언부이다.

3은 앞의 기존 소스와 동일하며, 여기에 나침반 센서의 인스턴스를 얻기 위해 4와 같이 추가하였다.

사용자 함수로 5와 같이 Turn() 함수를 추가하였다. 이 함수는 180° 회전을 수행하는 함수이며, 매개변수로 현재의 나침반 센서의 값과 회전속도를 전달한다. 기존의 Backward() 함수와 CWRotate() 함수는 삭제하였다.

```
//CDefault    cdefault; //Change to global variable

OpenMemoryMap();

GetRegistryData(cdefault.m_nDataCnt, cdefault.m_nObjCnt);
cdefault.m_cData = new char[cdefault.m_nDataCnt];
memset(cdefault.m_cData, 0, cdefault.m_nDataCnt);
GetMemoryMap(cdefault.m_cData);

cdefault.DataParsing();


///************************///////
/// user vlaue
string  sRobotName = "EDRobot1";//Robot name variable

// Motor Define
//CElementRotateDCMotor*    M_RWheel;   //Change to global variable
//CElementRotateDCMotor*  M_LWheel;     //Change to global variable
M_RWheel =  (CElementRotateDCMotor*)cdefault.GetElementObject(M_RWheel,sRobotName, "wheel_r_dcmotor");
M_LWheel =  (CElementRotateDCMotor*)cdefault.GetElementObject(M_LWheel,sRobotName, "wheel_l_dcmotor");

// Ultrasonic Sensor Define
//CElementRayUltrasonicSensor* USSensor;    //Change to global variable
USSensor = (CElementRayUltrasonicSensor*)cdefault.GetElementObject(USSensor, sRobotName, "ultrasonic");

// Infrared Sensor Define
//CElementRayInfraredSensor* IF_LSensor;  //Change to global variable
//CElementRayInfraredSensor* IF_RSensor;  //Change to global variable
IF_LSensor = (CElementRayInfraredSensor*)cdefault.GetElementObject(IF_LSensor, sRobotName, "Infrared_left");
IF_RSensor = (CElementRayInfraredSensor*)cdefault.GetElementObject(IF_RSensor, sRobotName, "Infrared_right");

// Compass Sensor Define
CPSSensor = (CElementCompassSensor*)cdefault.GetElementObject(CPSSensor, sRobotName, "Compass");
// User define Function

void Forward(int nSpeed);   //Forward Function
void Turn(int nCurrent, int nSpeed);      //180 dgree Turn Function

// User Variable Define
int nUSSensorDistance=0;    //Ultrasonic Sensor Value

int nIFLSensorDistance=0;   //Left Infrared Sensor Value
int nIFRSensorDistance=0;   //Right Infrared Sensor Value
int nCPSSensorValue=0;

while(1)
```

③ ④ ⑤ ⑥

[그림 6-91] 나침반 센서의 인스턴스 얻기 및 사용자 변수/함수의 추가

마지막으로 ⑥과 같이 나침반 센서의 값을 저장할 "nCPSSensorValue" 사용자 변수를 선언하였다.

```
while(1)
{

///control code ///
    nUSSensorDistance=USSensor->GetCurrentDist();        //Get Current Ultrasonic Sensor Value

    nIFLSensorDistance=IF_LSensor->GetCurrentDist();    //Get Current Left Infrared Sensor Value
    nIFRSensorDistance=IF_RSensor->GetCurrentDist();    //Get Current Right Infrared Sensor Value

    nCPSSensorValue=CPSSensor->GetDirection();

    if((nUSSensorDistance>0 && nUSSensorDistance<=80)&&
    (nIFLSensorDistance>0)&&
    (nIFRSensorDistance>0))  //Scenario 3
    {
        Turn(nCPSSensorValue,5);
    }
    else if(nUSSensorDistance>80)
    {
        Forward(30);    //Scenario 2
    }
    else
    {
        Forward(80);    //Scenario 1
    }
///****************************///
```

⑦ ⑧ ⑨ ⑩

[그림 6-92] 메인 제어 코드의 구현

[그림 6-92]는 메인의 제어 코드이다.

⑦과 같이 나침반 센서의 값을 변수에 저장하는 코드를 추가한다.

CHAPTER 06

180° 회전하는 조건인 8의 if문에 초음파 센서 조건을 80으로 수정하고 if문 내부에 구현을 Turn() 함수로 수정한다. 5rpm의 속도로 회전을 하도록 한다.

감속의 조건인 9의 else if문에도 비교 값을 80으로 수정한다. 이제 새로 추가된 함수 Turn() 함수를 살펴보자.

[그림 6-93]은 Turn 함수의 구현 부분이다.

11의 "nCPSVal"은 변경된 나침반 센서의 값을 저장하기 위한 변수이며, "nTarget"은 회전의 목표값 각도를 저장하기 위한 변수이다.

12에서는 매개변수로 전달된 현재 진행중인 로봇의 방향값을 통해 회전해야 할 목표 회전각도를 계산하는 부분이다. 나침반 센서가 0~359까지의 범위를 측정하므로 180° 보다 작은 경우 180°를 더하면 목표 각도가 될 것이며, 180° 이상의 경우 180°를 빼면 목표 각도가 될 것이다.

13에서 목표값을 콘솔에 출력하고 현재의 나침반 센서값을 가져온다.

```
void Turn(int val, int nSpeed)
{
    int nCPSVal=0;
    int nTarget=0;
    if(val>=180)
    {
        nTarget=val-180;
    }
    else
    {
        nTarget=val+180;
    }
    while(1)
    {
        cout << "Turn : " << nTarget << endl;  //Print out to Consol
        nCPSVal=CPSSensor->GetDirection();

        if(nCPSVal==nTarget)
            return;
        else if(nCPSVal<nTarget)
        {
            if(nTarget-nCPSVal<20)
            {
                M_RWheel->SetSpeed(1);
                M_RWheel->SetRotateDirect(CW);
                M_LWheel->SetSpeed(1);
                M_LWheel->SetRotateDirect(CW);
            }else
            {
                M_RWheel->SetSpeed(nSpeed);
                M_RWheel->SetRotateDirect(CW);
                M_LWheel->SetSpeed(nSpeed);
                M_LWheel->SetRotateDirect(CW);
            }
        }
        else if(nCPSVal>nTarget)
        {
            if(nCPSVal-nTarget<20)
            {
                M_RWheel->SetSpeed(1);
                M_RWheel->SetRotateDirect(CCW);
                M_LWheel->SetSpeed(1);
                M_LWheel->SetRotateDirect(CCW);
            }else
            {
                M_RWheel->SetSpeed(nSpeed);
                M_RWheel->SetRotateDirect(CCW);
                M_LWheel->SetSpeed(nSpeed);
                M_LWheel->SetRotateDirect(CCW);
            }
        }

        cdefault.DataPush();
        SendMemoryMap(cdefault.m_cData);

        GetMemoryMap(cdefault.m_cData);
        cdefault.DataModify();
    }
}
```

[그림 6-93] Turn 함수 구현 코드

14~16은 현재의 나침반 각도 값과 목표 각도 값을 비교하여 그 수행을 다르게 하는 구현이다.

14는 목표값에 도달할 경우이며 함수를 종료한다.

15는 현재 나침반 값이 목표값 보다 작을 경우이며 16은 현재 나침반 값이 목표값 보다 클 경우이다. 로봇이 시계방향으로 회전하면 나침반 센서의 값은 점점 줄어들며, 로봇이 시계반대방향으로 회전하면 나침반 센서의 값은 점점 늘어난다. 따라서 15의 경우 시계반대방향으로 회전해야 한다.

16의 경우 시계방향으로 회전시켜야 한다. 15와 16의 내부에 있는 if문은 목표값에 가까워지면 정확성을 높이기 위해 회전의 속도를 줄이는 부분이다.

### 5) 시뮬레이션 결과 화면

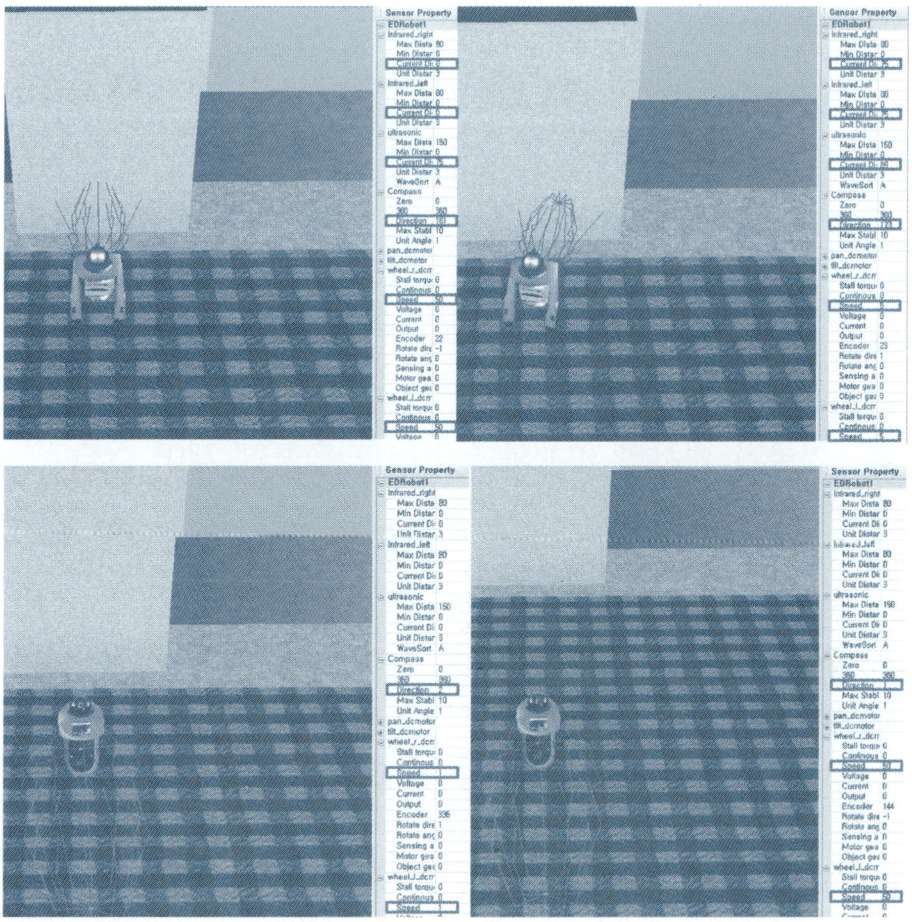

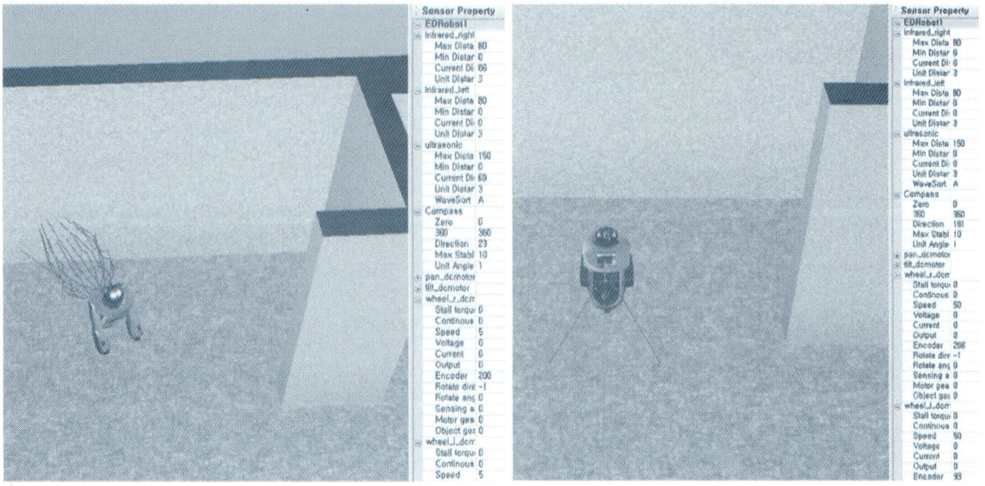

[그림 6-94] 나침반 센서 제어 결과 시뮬레이션 화면_1

### 6) 심화 실습

- 앞의 실습을 통해 나침반 센서에 의해 측정된 값을 이용한 제어를 실습하였다. 이 실습에서 우리는 장애물이 감지되었을 때 180° 회전을 하여 회피하도록 실습하였다. 이번에는 앞에서 실습한 내용의 장애물 회피를 장애물 감지가 더 이상 이루어지지 않을 때까지가 아닌 나침반 센서를 활용하여 90° 회전을 하여 회피하도록 제어를 실습해 보자.

## 06 기울기 센서의 이해와 EDRS를 활용한 제어 실습

### 6-1 기울기 센서의 이해

### 1) 기반 지식

#### (1) 기울기(가속도) 센서의 원리

기울기 센서(Inclination/Tilt Sensor)는 [그림 6-95]와 같이 a, b, c의 전극과 전도성을 지닌 액체를 넣어 중력에 의해 기구가 기울어질 때의 전도율을 통해 기울기를 측정하는 원리이다. 그림과 같이 a, b 사이의 액체량이 b, c 사이의 액체량보다 많게 되면 a, b사이의 전도성이 더 높아지게 된다.

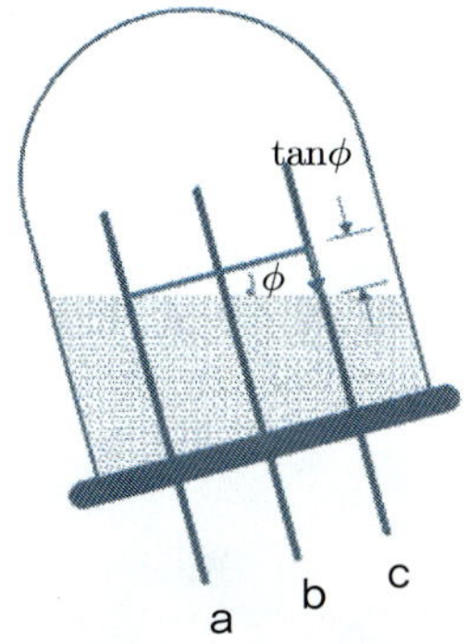


[그림 6-95] 기울기 센서의 원리

[그림 6-96]은 가속도 센서의 원리이다. 가속도 센서와 기울기 센서는 근본적으로 중력을 이용한 측정이라는 기본 원리는 유사하다. 가속도 센서는 질량(진자)에 작용하는 가속도에 의한 관성력을 이용한다. 마찰이 적은 피벗으로 진자를 지지하고, 가속도 $a$가 가해지면 진자는 반대방향으로 변위한다. 이와 같은 변위를 측정하여 가속도로 환산하게 된다.

이러한 가속도 센서는 가속도뿐만 아니라 현재의 기울기값 측정이 가능하다. 예를 들어 진자가 중력에 방향과 일치한다면 기울기는 0°가 될 때의 변압기의 전압과 일정각도가 기울었을 때의 전압차이로 기울기값이 전압차로 환산이 된다. 그리고 기울기 센서의 반응속도가 느린 단점을 보완할 수도 있다.

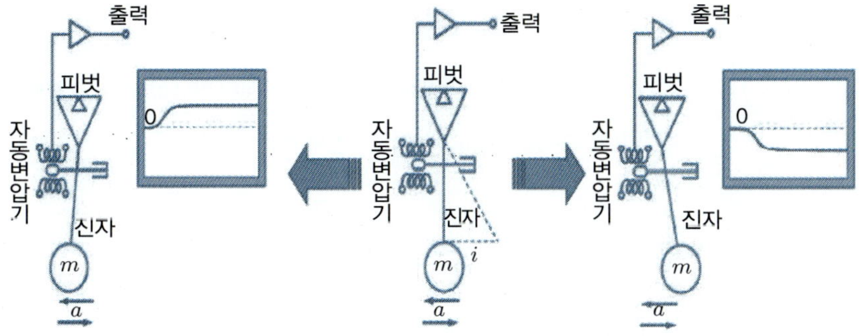


$a=\frac{i}{t^2}$ ($a$(가속도) $i$(거리) $t^2$(시간))

[그림 6-96] 가속도 센서의 원리

CHAPTER 06

### (2) 센서의 적용원리

'VTI Technology'의 양축 가속도(기울기) 센서인 SCA1000을 사용한다. 이 가속도(기울기) 센서는 X, Y 두 축의 가속도(기울기)를 측정할 수 있다. 데이터 출력형태는 아날로그 전압출력과 SPI 방식의 디지털 출력방식 두 가지를 사용할 수 있다.

[그림 6-97] 가속도 센서 SCA1000

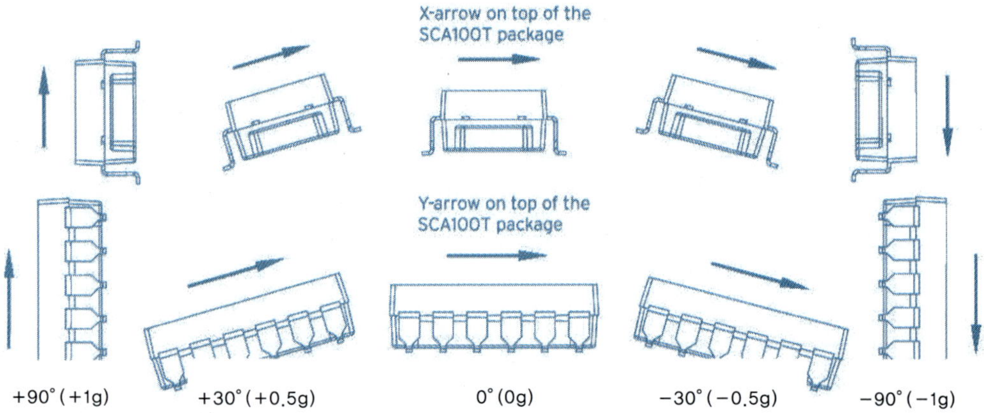


[그림 6-98] 각도에 따른 센서 위치

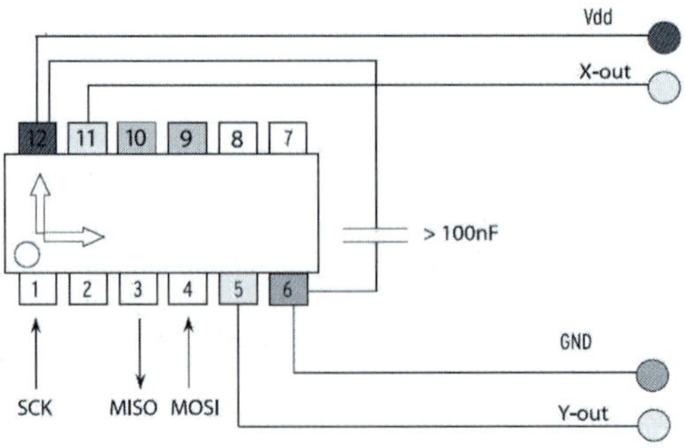


[그림 6-99] SCA1000 SPI 인터페이스

### 2) 기울기 센서의 구현 예

① 인터페이스 커넥터 : 메인 컨트롤 모듈과 연결한다.

② 센서 : SCA1000

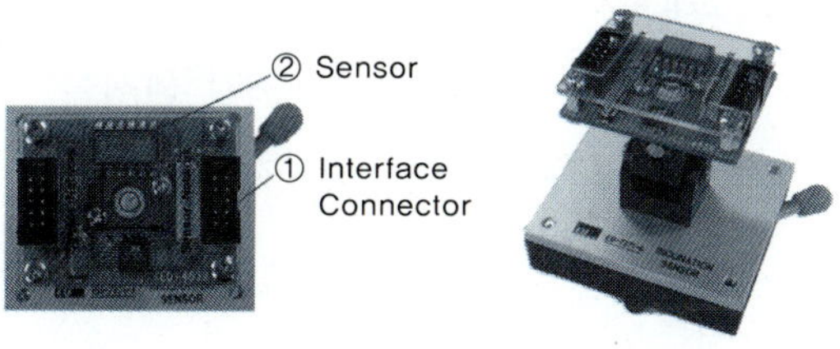


[그림 6-100] 기울기 센서의 구현 예(ED-7271-6)

이 모듈은 SPI방식의 데이터 접근방식으로 센서의 X, Y축의 기울기 데이터를 주기적으로 읽어온다. 각각의 기울기 데이터는 2개의 레지스터에 저장된다. PC에서 이 기울기 센서 모듈에 맞는 ID 및 CMD를 송신하면 센서 모듈은 ID와 CMD를 확인 후 ID, CMD, 기울기 데이터를 다시 PC로 송신한다.

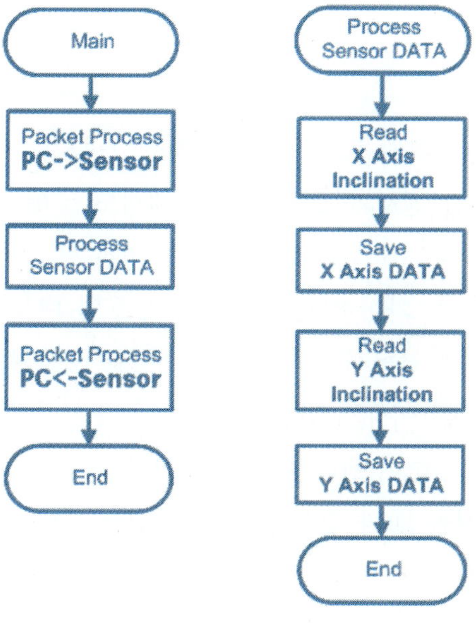


[그림 6-101] 기울기 센서 순서도

## 6-2 기울기 센서를 이용한 경사로 인식제어

### 1) 목표와 과제

#### (1) 목 표

이 절에서 실습하는 프로그래밍의 목표는 "로봇의 기울기 센서를 이용하여 지형의 경사도를 인식하고 로봇을 제어하기"이다. 로봇의 기울기 센서를 사용하여 현재 지형의 경사를 인식하고 지금까지 배웠던 모터 제어를 사용하여 로봇을 적절하게 움직여 보자.

#### (2) 과 제

이 절에서 구현해야 할 과제는 언덕 지형을 인식하고 오르막길에서는 속도를 증가시키고 내리막길에서는 속도를 감소시키며, 특정 각도 이상의 오르막길에서는 돌아 내려오도록 한다. 로봇의 제어 시나리오는 다음과 같다.

1. 로봇은 50rpm의 속도로 전진이동을 한다.
2. 기울기 센서에 오르막길이 감지되면 속도를 증가시켜 60rpm의 속도로 전진이동한다.
3. 기울기 센서에 내리막길이 감지되면 속도를 감소시켜 40rpm의 속도로 전진이동한다.
4. 만일 기울기가 15이상인 언덕을 오르려고 할 경우 뒤로 돌아 전진한다.

### 2) EDRS 환경구축

#### (1) 가상 로봇 만들기

이 절에서 사용할 로봇은 앞과 같은 로봇에 1의 '기울기' 센서를 2의 위치에 부착한다. 센서를 부착하면 나침반 센서와 같이 기울기 센서도 로봇 내부에 장착이 되기 때문에 화면에는 보이지 않는다.

[그림 6-103]과 같이 3의 '와이어' 툴바버튼을 누르면 내부의 모습이 보이게 되며, 기울기 센서는 나침반 센서와 겹쳐서 보일 것이다. 이동 도구 툴의 위로 버튼을 이용하여 4의 위치로 기울기 센서를 이동시킨다.

그리고 5의 버튼을 사용하여 90° 회전을 시킨다.

기울기 센서의 환경설정을 6과 같이 이름은 "inclination", 최소 기울기는 −90°, 최대 기울기는 90°, 단위기울기는 1°로 설정한다.

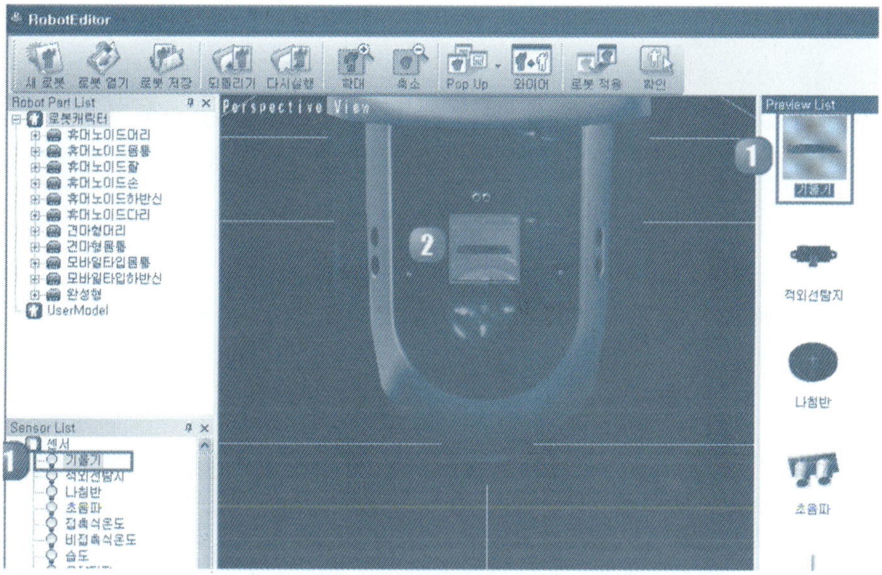


[그림 6-102] 기울기 센서를 구현하기 위한 로봇 생성_1

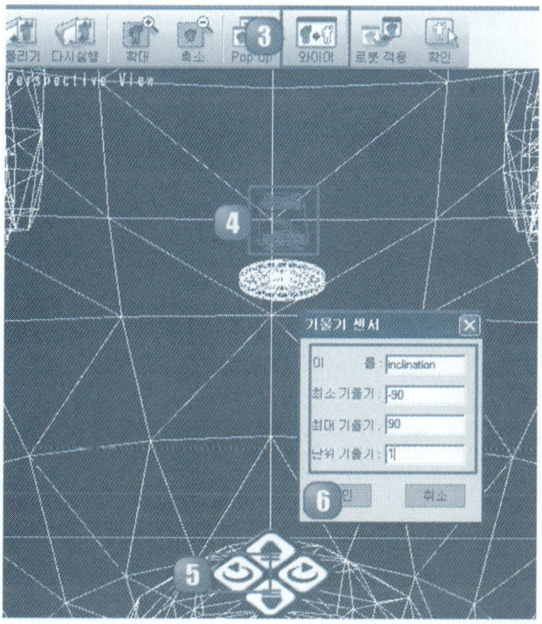


[그림 6-103] 기울기 센서를 구현하기 위한 로봇 생성_2

CHAPTER 06

**참고**

기울기 센서의 기본 장착 위치는 좌/우로의 기울기가 측정 가능하다. [그림 6-103]과 같이 ⑤의 회전 버튼을 이용하여 시계반대 방향으로 90° 회전해야 앞뒤로의 기울기를 측정할 수 있다. 만일, 시계방향으로 90° 회전하게 되면 기울기 값의 부호가 반대로 나타난다.

### (2) 가상 환경 만들기

이 절에서 사용할 가상 환경은 '지형－평지'를 선택하고 '조립형실내－완경사', '중간경사', '급경사'를 [그림 6-104]와 같이 배치한다.

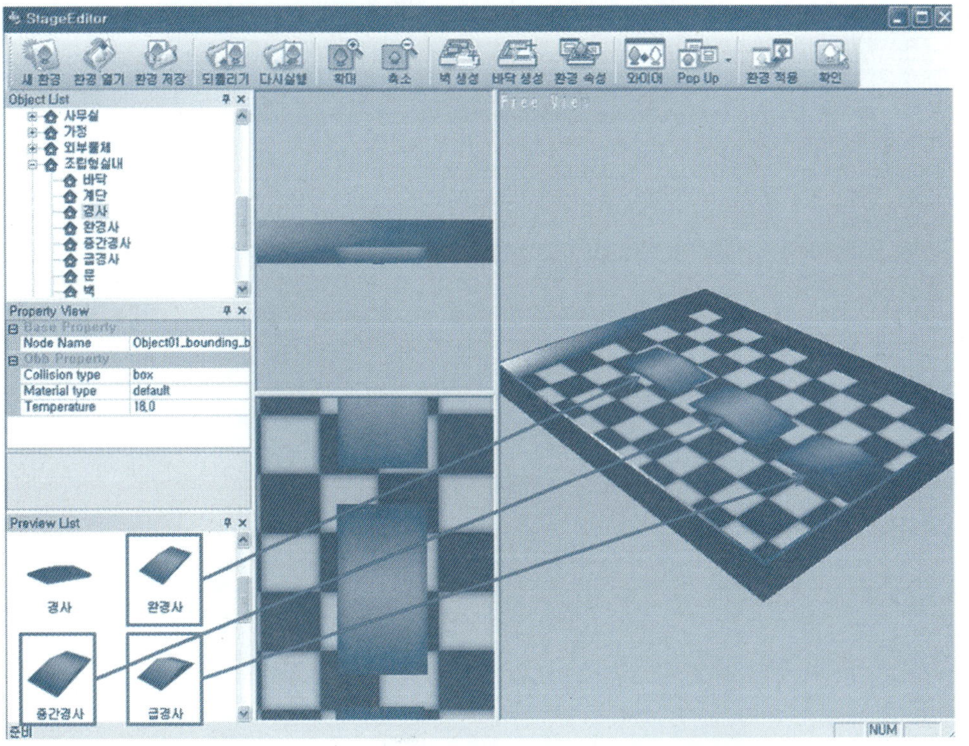


[그림 6-104] 기울기 센서를 구현하기 위한 환경 생성

## 3) IRES 프로그래밍

우리는 시나리오에 맞춰 기울기 센서를 이용하여 지형의 기울기를 판단하여 그 기울기에 따른 이동속도에 변화를 줄 것이며, 급경사를 만날 시 나침반 센서를 이용하여 180° 회전하여 되돌아오는 프로그램을 작성할 것이다.

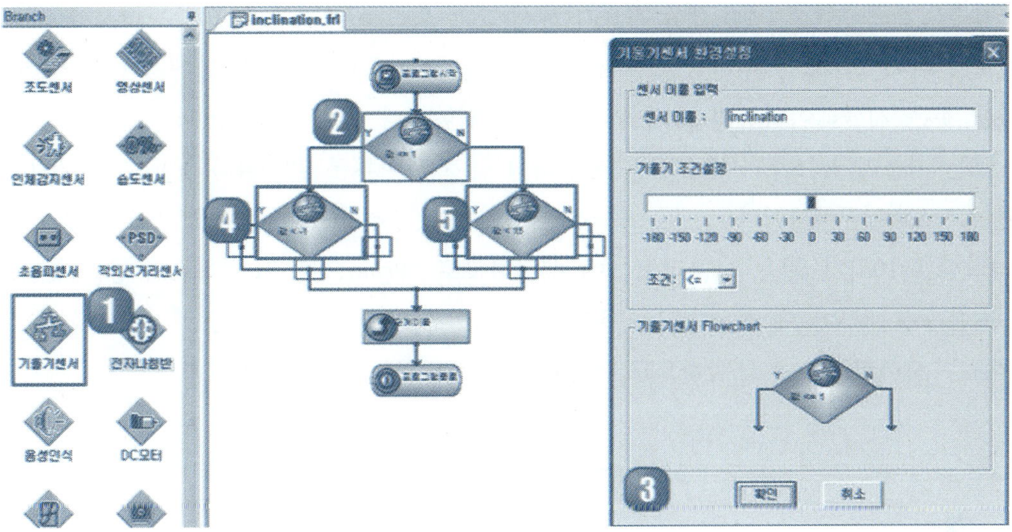

[그림 6-105] 기울기 센서 분기 노드의 생성

먼저, 시나리오 1, 2의 조건을 판단하기 위해 [그림 6-105]와 같이 1 의 'Branch' 탭의 '기울기 센서'를 2의 위치에 추가하고 3과 같이 환경설정창을 띄운다.

센서 이름을 "inclination"로 설정하고 기울기 조건을 1이하일 경우로 설정한다. 이 노드는 오르막길인지 아닌지를 판단할 것이다. Y노드는 오르막길이 아님을 나타내고 N노드는 오르막길임을 나타낸다.

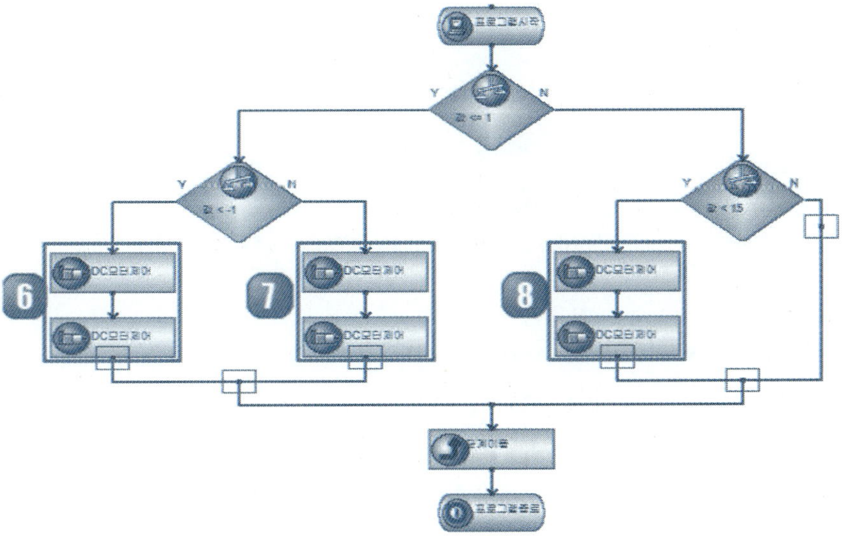

[그림 6-106] 시나리오 1, 2, 3의 구현

각각의 노드에 4와 5 같이 기울기 센서 분기 노드를 추가한다. 4는 −1보다 작은지를 판단하여 Y노드는 내리막길, N노드는 평지를 판가름한다. 2와 4에서 1과 −1을 사용한 것은 시뮬레이터상의 오차를 수용하기 위함이다.

5는 기울기가 15보다 작은가를 판단하여 급경사 여부를 판단한다. Y노드는 완경사이며, N노드는 급경사이다.

[그림 6-106]의 6은 시나리오 3에 해당하므로 40rpm으로 전진하는 수행을 한다.

7은 시나리오 1에 해당하므로 50rpm으로 전진하는 수행을 한다.

8은 시나리오 2에 해당하므로 60rpm으로 전진하는 수행을 한다.

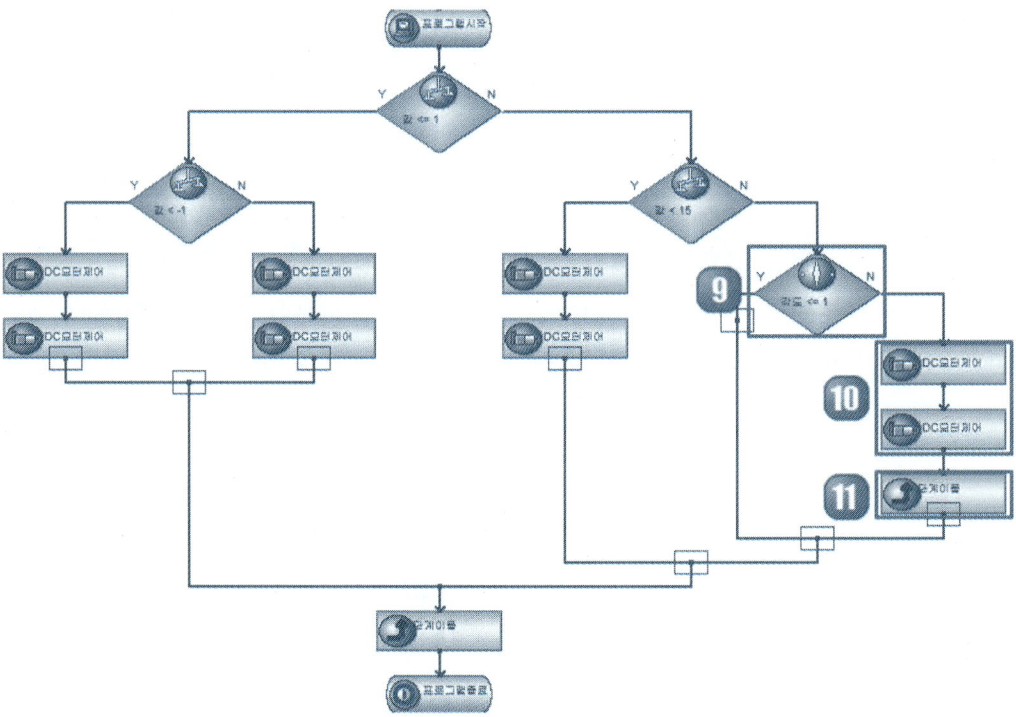


[그림 6-107] 시나리오 4의 구현

[그림 6-107]은 시나리오 4를 구현한 내용이다.

급경사가 인식된 9의 위치에 '전자나침반' 분기 노드를 추가하고 북쪽 방향을 향하도록 해야 하므로 1도 이하로 조건을 설정하면 1 또는 0에서 멈출 수 있게 된다.

10은 5rpm으로 시계방향 회전을 하는 수행이며, 11의 단계이동은 나침반 센서로 이동한다.

### 4) C++ 프로그래밍

C++ 프로그래밍에서는 IRES 프로그래밍에서와 달리 앞에서 구현한 왕복 구현에 언덕 지형을 추가한 형태를 구현할 것이다. 시나리오는 다음과 같다.

1. 로봇은 50rpm의 속도로 전진이동을 한다.
2. 기울기 센서에 오르막길이 감지되면 속도를 증가시켜 60rpm의 속도로 전진이동한다.
3. 기울기 센서에 내리막길이 감지되면 속도를 감소시켜 40rpm의 속도로 전진이동한다.
4. 만일 기울기가 15이상인 언덕을 오르려고 할 경우 뒤로 돌아 전진한다.
5. 만일 초음파 센서에 장애물이 80cm 이내에 발견되고, 적외선 센서에도 모두 장애물이 감지되면 뒤로 돌아 전진한다.

Inclination.cpp

```
#include "Default.h"

#define CW -1
#define CCW 1


class CDefault;


// Global Variable Define
CDefault     cdefault;
// Motor Define
CElementRotateDCMotor*  M_RWheel;
CElementRotateDCMotor*  M_LWheel;
// Ultrasonic Sensor Define
CElementRayUltrasonicSensor* USSensor;
// Infrared Sensor Define
CElementRayInfraredSensor* IF_LSensor;
CElementRayInfraredSensor* IF_RSensor;
// Compass Sensor Define
CElementCompassSensor* CPSSensor;

// Inclination Sensor Define          ← 1
CElementInclinationSensor* INCSensor;

int WinMain(HINSTANCE hInstance,
                      HINSTANCE hPrevInstance,
                      LPTSTR    lpCmdLine,
                      int       nCmdShow)
```

[그림 6-108] 기울기 센서 변수의 추가

이 절에서는 앞에서 사용된 나침반 센서를 구현한 프로그램을 수정하여 프로그램을 작성할 것이다.

[그림 6-108]은 전역변수 선언부이다.

기울기 센서를 사용하기 위하여 CElementInclinationSensor 클래스 타입의 변수 “INCSensor”를 1과 같이 전역변수로 추가 선언하였다.

CHAPTER 06

```
int WinMain(HINSTANCE hInstance,
                        HINSTANCE hPrevInstance,
                        LPTSTR    lpCmdLine,
                        int       nCmdShow)
{

    //CDefault    cdefault; //Change to global variable

    OpenMemoryMap();

    GetRegistryData(cdefault.m_nDataCnt, cdefault.m_nObjCnt);
    cdefault.m_cData = new char[cdefault.m_nDataCnt];
    memset(cdefault.m_cData, 0, cdefault.m_nDataCnt);
    GetMemoryMap(cdefault.m_cData);

    cdefault.DataParsing();

    ///*************************////////
    /// user vlaue
    string  sRobotName = "EDRobot1";//Robot name variable

    // Motor Define
    //CElementRotateDCMotor*    M_RWheel;   //Change to global variable
    //CElementRotateDCMotor*  M_LWheel;     //Change to global variable
    M_RWheel =  (CElementRotateDCMotor*)cdefault.GetElementObject(M_RWheel,sRobotName, "wheel_r_dcmotor");
    M_LWheel =  (CElementRotateDCMotor*)cdefault.GetElementObject(M_LWheel,sRobotName, "wheel_l_dcmotor");

    // Ultrasonic Sensor Define
    //CElementRayUltrasonicSensor* USSensor;    //Change to global variable
    USSensor = (CElementRayUltrasonicSensor*)cdefault.GetElementObject(USSensor, sRobotName, "ultrasonic");

    // Infrared Sensor Define
    //CElementRayInfraredSensor* IF_LSensor;  //Change to global variable
    //CElementRayInfraredSensor* IF_RSensor;  //Change to global variable
    IF_LSensor = (CElementRayInfraredSensor*)cdefault.GetElementObject(IF_LSensor, sRobotName, "Infrared_left");
    IF_RSensor = (CElementRayInfraredSensor*)cdefault.GetElementObject(IF_RSensor, sRobotName, "Infrared_right");

    // Compass Sensor Define
    CPSSensor = (CElementCompassSensor*)cdefault.GetElementObject(CPSSensor, sRobotName, "Compass");

    // Inclination Sensor Define
    INCSensor = (CElementInclinationSensor*)cdefault.GetElementObject(INCSensor, sRobotName, "inclination");

    // User define function
    void Forward(int nSpeed);   //Forward Function
    void Turn(int nCurrent, int nSpeed);      //180 dgree Turn Function

    // User Variable Define
    int nUSSensorDistance=0;    //Ultrasonic Sensor Value

    int nIFLSensorDistance=0;   //Left Infrared Sensor Value
    int nIFRSensorDistance=0;   //Right Infrared Sensor Value
    int nCPSSensorValue=0;      //Compass Sensor Value

    int nINCSensorValue=0;      //Inclination Sensor Value

    while(1)
```

[그림 6-109] 기울기 센서 변수의 추가

[그림 6-109]는 기울기 센서를 위한 사용자 변수 선언부이다.

2와 같이 기울기 센서 변수에 "inclination" 이름을 가지고 해당 센서의 인스턴스를 얻어오는 코드를 추가한다.

3과 같이 기울기 센서의 값을 저장할 변수 "nINCSensorValue" 변수를 추가로 선언한다.

[그림 6-110]은 메인의 제어 코드이다.

4와 같이 기울기 센서의 값을 "INCSensor"의 GetCurrentInc() 메소드를 통해 얻어와 변수에 저장하는 코드를 추가한다.

5와 같이 시나리오에 따라 제어를 변경한다.

- 95~100번째 줄은 장애물을 만났을 때에 대한 수행으로 Turn() 함수를 호출하여 뒤돌아 가도록 한다.
- 101~104번째 줄은 기울기가 15 이상인 급경사를 만났을 때이며 Turn() 함수를 호출하여 뒤돌아가도록 한다.

```
82  while(1)
83  {
84
85  ///control code ///
86      nUSSensorDistance=USSensor->GetCurrentDist();       //Get Current Ultrasonic Sensor Value
87
88      nIFLSensorDistance=IF_LSensor->GetCurrentDist();    //Get Current Left Infrared Sensor Value
89      nIFRSensorDistance=IF_RSensor->GetCurrentDist();    //Get Current Right Infrared Sensor Value
90
91      nCPSSensorValue=CPSSensor->GetDirection();          //Get Current Compass Sensor Value
92
93      nINCSensorValue=INCSensor->GetCurrentInc();         //Get Current Inclination Sensor Value
94
95      if((nUSSensorDistance>0 && nUSSensorDistance<=80)&&
96      (nIFLSensorDistance>0)&&
97      (nIFRSensorDistance>0))      //Scenario 5
98      {
99          Turn(nCPSSensorValue,5);
100     }
101     else if(nINCSensorValue>=15)//Scenario 4
102     {
103         Turn(nCPSSensorValue,5);
104     }
105     else if(nINCSensorValue<-1) //Scenario 3
106     {
107         Forward(40);
108     }
109     else if(nINCSensorValue>1)  //Scenario 2
110     {
111         Forward(60);
112     }
113     else                        //Scenario 1
114     {
115         Forward(50);
116     }
```

[그림 6-110] 메인 제어 코드

• 105~108번째 줄은 내리막길을 만났을 때로 Forward() 함수를 호출하여 40rpm으로 전진하게 한다. [그림 6-111]은 Turn 함수의 코드이다.

```
void Turn(int val, int nSpeed)
{
    int nCPSVal=0;
    int nTarget=0;
    if(val>=180)
    {
        nTarget=val-180;
    }
    else
    {
        nTarget=val+180;
    }
    while(1)
    {
        cout << "Turn : " << nTarget << endl;  //Print out to Consol
        nCPSVal=CPSSensor->GetDirection();

        if(nCPSVal==nTarget||nCPSVal+1==nTarget||nCPSVal-1==nTarget)
            return;
        else if(nCPSVal<nTarget)
        {
            if(nTarget-nCPSVal<20)
            {
                M_RWheel->SetSpeed(1);
                M_RWheel->SetRotateDirect(CW);
                M_LWheel->SetSpeed(1);
                M_LWheel->SetRotateDirect(CW);
            }else
            {
                M_RWheel->SetSpeed(nSpeed);
                M_RWheel->SetRotateDirect(CW);
                M_LWheel->SetSpeed(nSpeed);
                M_LWheel->SetRotateDirect(CW);
            }
        }
```

[그림 6-111] Turn 함수의 수정

CHAPTER 06

로봇의 위치에 따라 로봇의 회전에 대해 나침반 센서의 각도가 1°씩 변경되지 않을 수도 있어 시나리오대로 움직이지 못할 때가 있다. 이러한 문제를 해결하기 위해 6과 같이 +1, −1의 오차를 허용하도록 수정한다.

### 5) 시뮬레이션 결과 화면

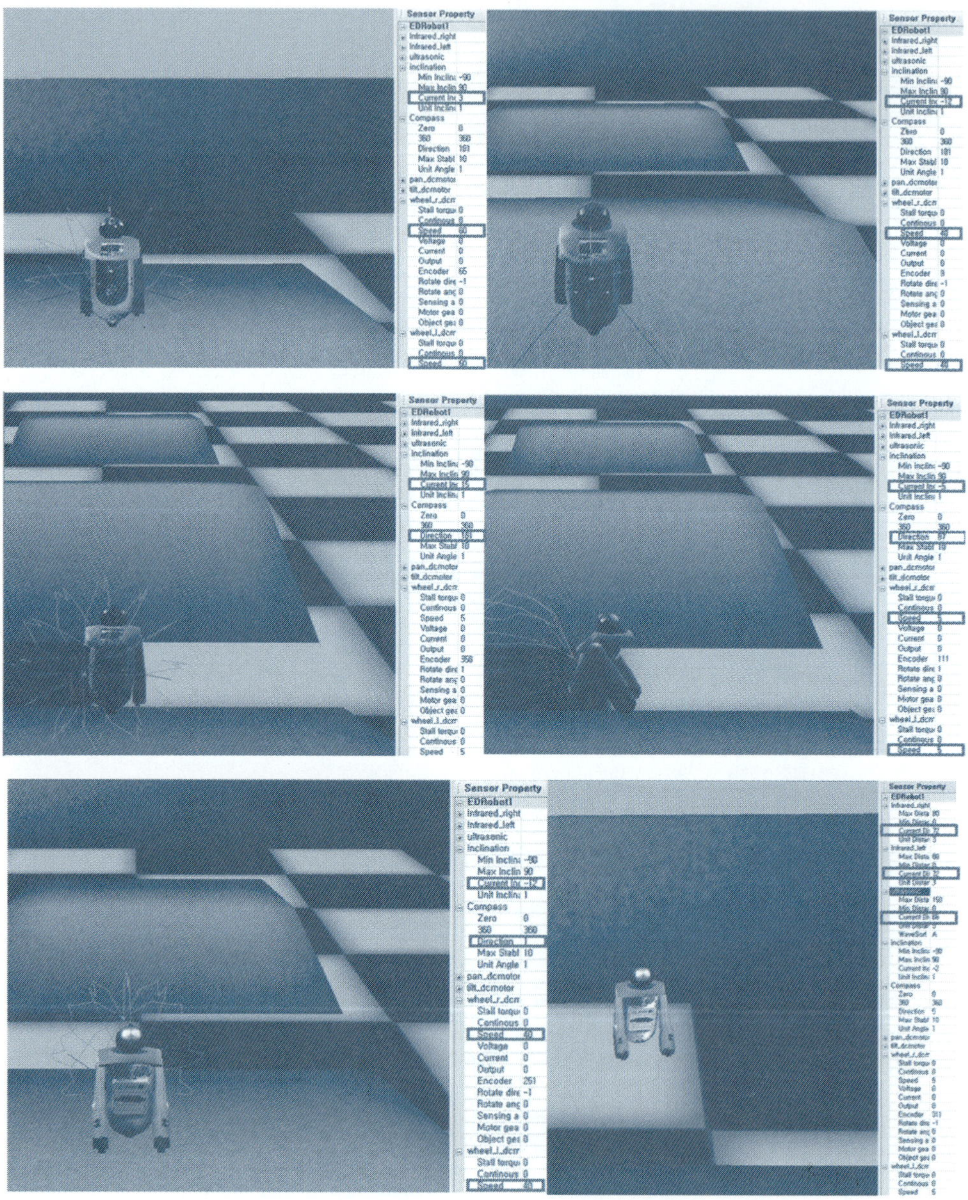

[그림 6-112] 기울기 센서 제어 결과 시뮬레이션 화면

# 07 초전 센서의 이해와 EDRS를 활용한 제어 실습

## 7-1 초전(인체감지) 센서의 이해

### 1) 기반 지식

#### (1) 초전(인체감지) 센서의 원리

초전 센서(Pyroelectricity Sensor)는 물체로부터 방사되는 적외선이 창을 통해 초전체의 입사될 때 일으키는 초전 표면전하의 변화로부터 적외선을 측정하고 이로부터 물체의 온도를 열적으로 감지한다. 센서에서 적외선에 들어오면 초전체의 온도가 상승하고, 그 결괴 초전체 표면에 유기되는 진하량이 변하여 출력이 인어진다.

그런데, 물체로부터 방사되는 적외선에 변화가 없으면 유기되는 전하의 변화도 없으므로 출력은 0으로 된다. 따라서 이동물체 또는 온도가 변화하는 물체의 온도만을 검출할 수 있다.

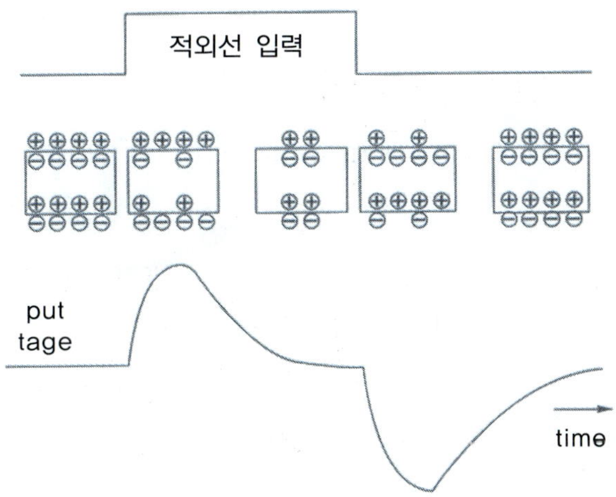


[그림 6-113] 일반적인 초전 센서의 출력 형태

#### (2) 센서의 적용원리

파나소닉사의 <AMN13112>는 초전 센서에 응용 외부 회로를 겸한 센서로 이동물체 또는 온도가 변하는 물체를 감지시 5V 레벨 ON/OFF 형태의 출력을 나타낸다. 초전 센서는 감지거리가 대부분 30cm내외의 짧은 감지거리 때문에 센서 외부에 멀티렌즈를 장착하면 5m 정도의 검출거리를 나타낼 수 있다.

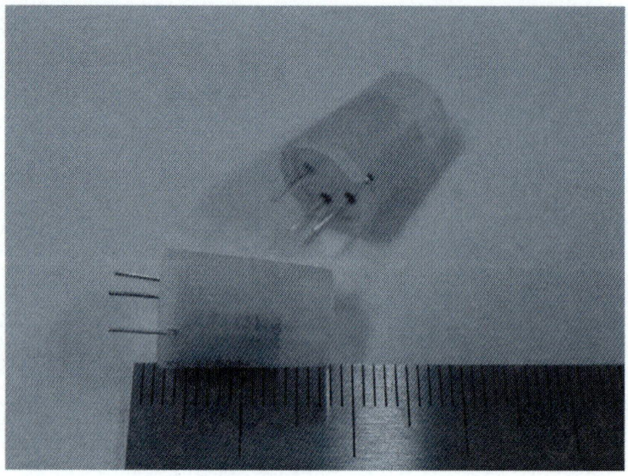

[그림 6-114] AMN13112

## 2) 초전 센서의 구현 예

① 인터페이스 커넥터 : 메인 컨트롤 모듈의 Serial Sensor Network와 연결

② LED : 인체감지를 했을 때 LED 표시

③ 센서 : 초전 센서

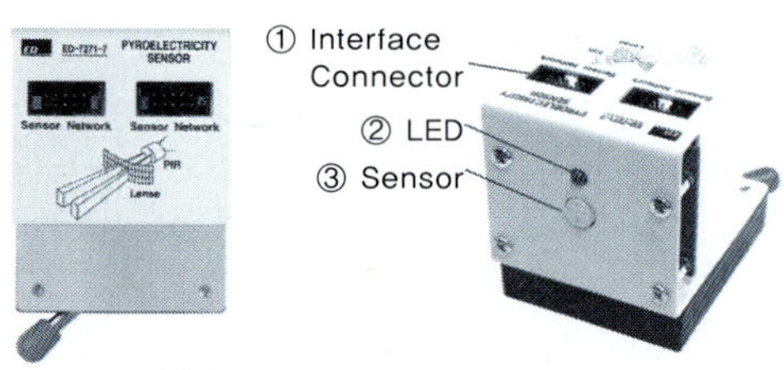


[그림 6-115] 초전 센서의 구현 예(ED-7271-7)

초전 센서는 인체감지를 위한 모듈로 사용된다. 이 초전 센서 모듈은 열의 변화를 감지하기 때문에 사람이 움직이면 센서모듈은 LED가 켜지면서 반응을 보인다. 전원이 공급되면 센서는 곧바로 동작을 하게 된다.

사람이 감지되면 LED는 곧바로 켜졌다 꺼진다. 열의 변화가 생겨야 센서는 출력을 내보내기 때문이다. 이 센서 모듈은 감지되면 레지스터에 현재의 감지상태를 저장한다. PC와 Packet Process(ID, CMD 수신)과정 후 센서 모듈은 PC쪽으로 ID, CMD, 센서 DATA를 보낸다.

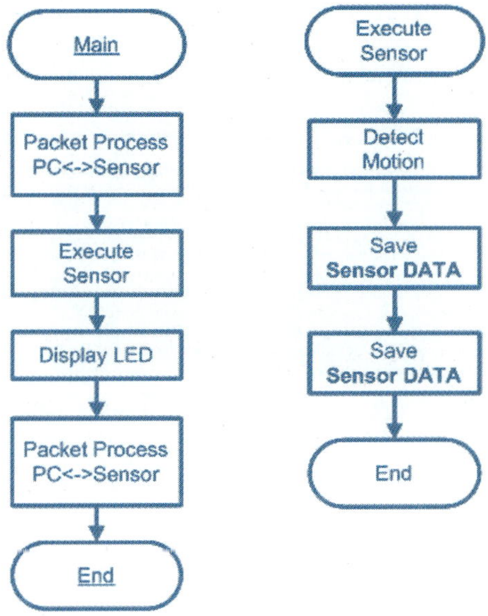


[그림 6-116] 순서도

## 7-2 초전 센서를 이용한 인체 인식 제어

### 1) 목표와 과제

#### (1) 목 표

이 절에서 실습하는 프로그래밍의 목표는 "로봇의 초전 센서를 이용하여 인체를 인식하고 로봇을 제어하기"이다. 로봇의 초전 센서를 사용하여 사람의 존재를 인식하고 지금까지 배웠던 제어를 사용하여 로봇을 적절하게 움직여 보자.

#### (2) 과 제

이 절에서 구현해야 할 과제는 사람을 인식하고 사람의 왼편으로 회피하여 진행하는 제어이다. 로봇의 제어 시나리오는 다음과 같다.

1. 로봇은 50rpm의 속도로 전진이동을 한다.
2. 정면에 사람이 인식되면 거리가 80cm미만이 될 때까지 속도를 30rpm으로 감속하여 전진이동을 한다.
3. 사람이 인식되고 거리가 80cm 미만이면 10rpm으로 시계방향으로 회전하여 사람의 왼쪽으로 지나간다.
4. 사람의 왼쪽편을 지나갈 때 다시 시계반대방향으로 회전하여 사람의 뒤편으로 진행한다.

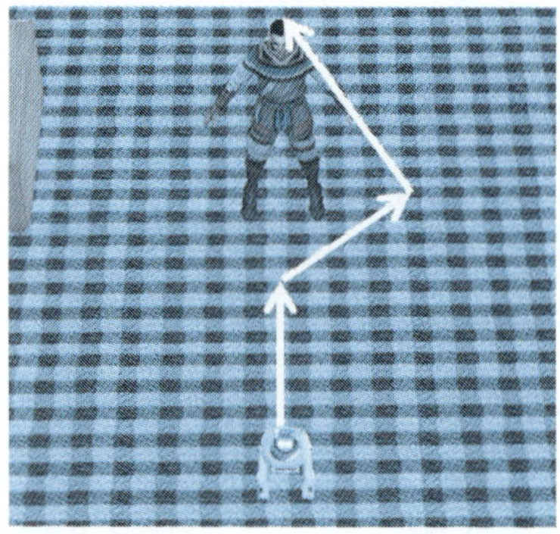

[그림 6-117] 초전 센서 시나리오 로봇 이동경로

## 2) EDRS 환경구축

### (1) 가상 로봇 만들기

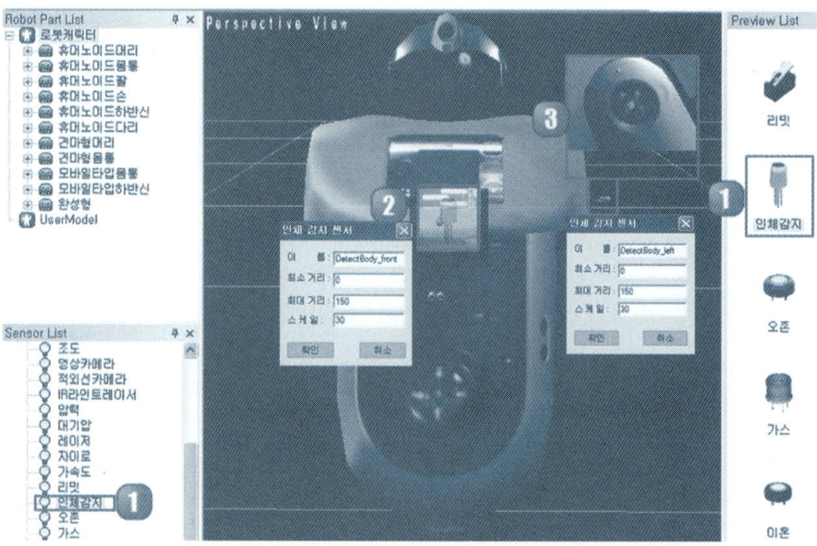


[그림 6-118] 기울기 센서를 구현하기 위한 로봇 생성

이 절에서 사용할 로봇은 앞과 같은 로봇에 인체감지 센서를 추가하여 사용한다.

[그림 6-118]의 1 '인체감지' 센서를 2의 위치에 부착한다. 환경설정창을 열어 이름을 "DetectBody_front"로 최소거리 0, 최대거리 150, 스케일 30으로 설정한다.

그리고 3의 위치에도 그림과 같이 '인체감지' 센서를 부착하고 이름을 "DetectBody_left"로 설정한다.

[그림 6-119]는 센서 부착이 완료된 로봇의 모습이다.

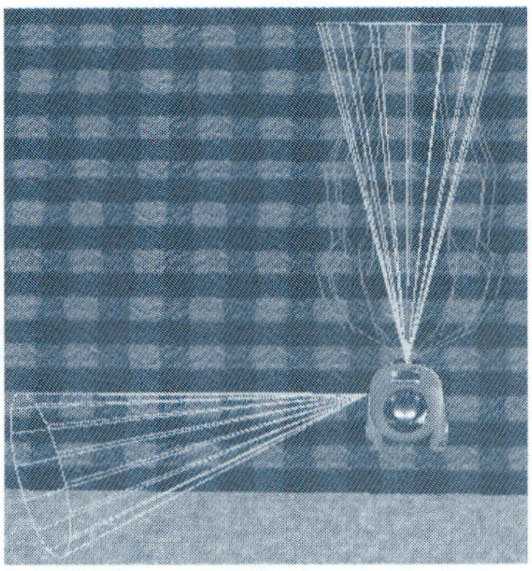

[그림 6-119] 인체감지 센서를 부착한 로봇

#### (2) 가상 환경 만들기

이 절에서 사용할 가상 환경은 [그림 6-120]과 같이 앞의 환경에서 사람의 위치를 아래와 같이 중앙으로 이동시켜 배치한다.

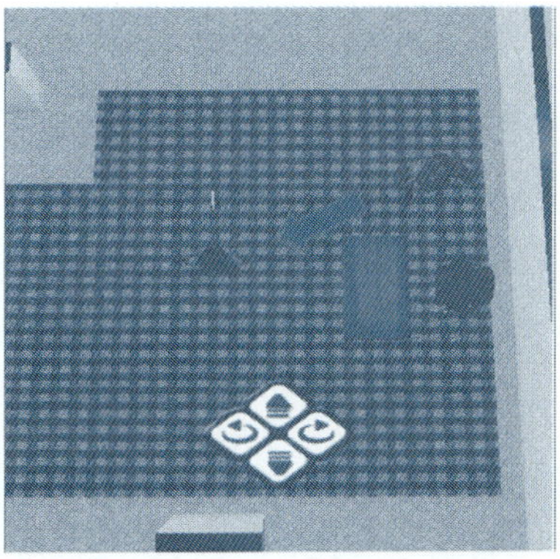

[그림 6-120] 초전 센서를 구현하기 위한 환경 생성

### 3) IRES 프로그래밍

우리는 시나리오에 맞춰 초전 센서를 이용하여 사람을 인지하여 회피하는 프로그램을 작성할 것이다.

먼저, 시나리오 2의 조건을 판단하기 위해 [그림 6-121]과 같이 1의 'Branch' 탭의 '인체감지 센서'를 2의 위치에 추가하고, 5와 같이 환경설정창을 띄운다. 센서 이름을 "DetectBody_front"로 설정하고 조건을 '감지가 안 되는 경우'로 설정한다. 이 노드는 인체가 감지되었는지 아닌지를 판단할 것이다.

3의 Y분기는 시나리오 1에 따라 50rpm으로 전진을 수행한다.

4의 N분기는 시나리오 2에 따라 30rpm으로 전진을 수행한다.

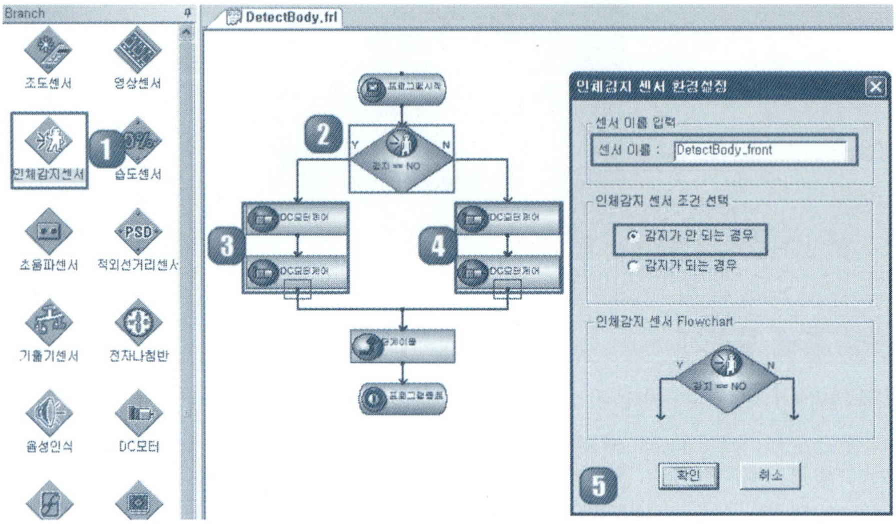


[그림 6-121] 인체감지 센서 분기 노드의 생성

[그림 6-122]는 시나리오 3을 구현한 내용이다.

6에 “ultrasonic”의 이름의 초음파 센서 분기 노드를 추가하여 장애물 감지 여부를 체크한다. 인체감지 센서에는 감지가 되었어도 초음파 센서에는 감지되지 않을 경우를 체크한 것이다.

7에서는 장애물이 인지된 경우 시나리오 3의 조건을 판단하기 위해 거리가 80cm이상인지를 체크한다. 6과 7의 Y분기에 그림의 화살표로 단계이동을 하여 시나리오 3의 조건을 만족할 때까지 시나리오 2를 수행하도록 한다.

7의 N분기에는 8과 같이 시나리오 3에 따라 10rpm으로 시계방향 회전을 수행한다.

[그림 6-123]은 시나리오 3을 구현한 내용이다.

9의 인체감지 센서 분기 노드는 “DetectBody_front”의 이름을 가지는 분기 노드로 정면에 사람이 감지되지 않을 때까지 시계방향 회전을 수행하기 위해 감지여부를 판단한다.

9의 Y분기의 단계이동을 통해 로봇 정면에 사람이 없을 때까지 시계방향 회전을 하게 된다.

10은 회전이 완료된 후 사람의 왼쪽 편으로 이동하기 위해 30rpm으로 전진을 수행한다.

11은 “DetectBody_left”의 이름을 가지는 분기 노드로 10의 전진을 왼쪽에 사람이 감지

될 때까지 수행하기 위해 감지여부를 판단하는 노드이다.

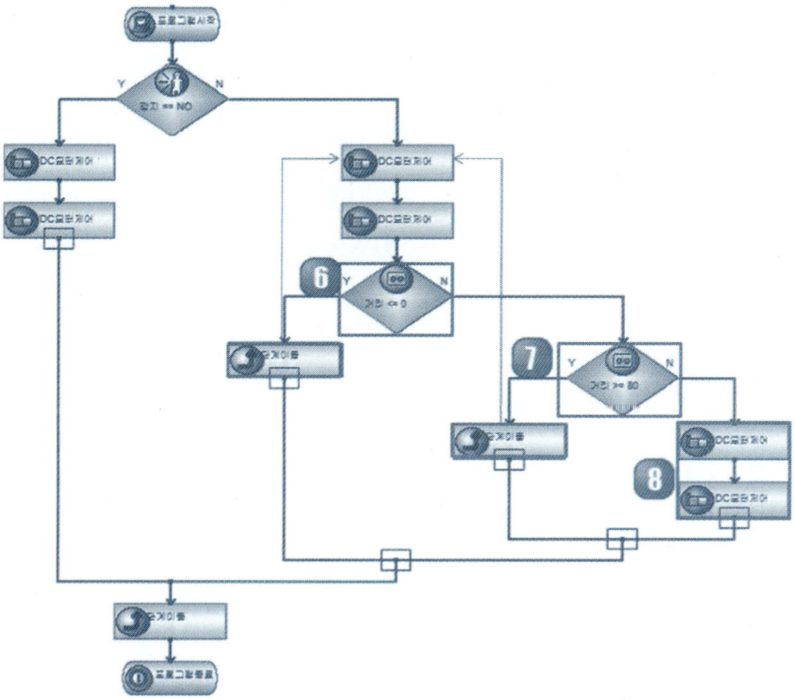

[그림 6-122] 시나리오 2, 3 구현

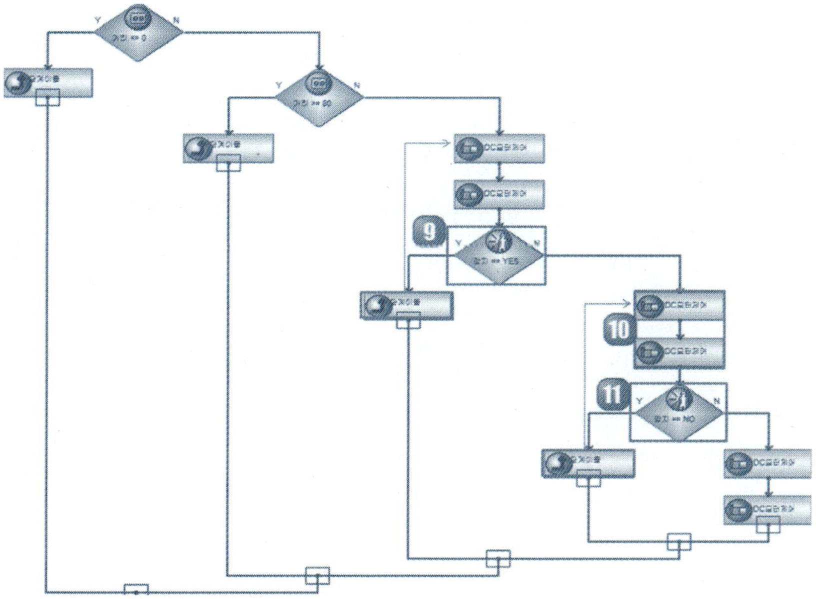

[그림 6-123] 시나리오 3 구현

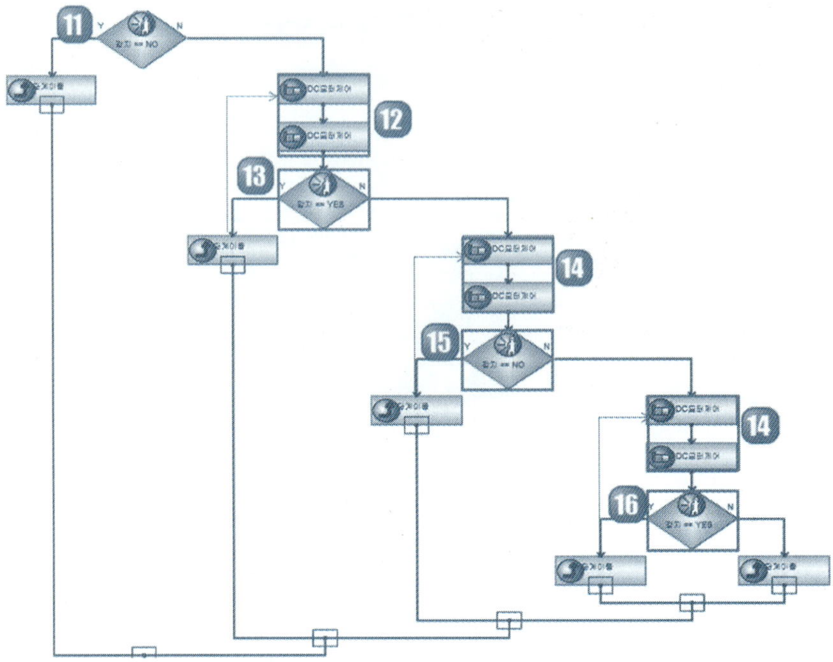

[그림 6-124] 시나리오 4 구현

11의 Y분기의 단계이동을 통해 사람의 북서쪽에 로봇이 위치하게 된다. 11의 N분기는 사람의 북서쪽에서 사람의 왼편으로 이동하기 위한 30rpm의 전진이동이다.

[그림 6-124]는 시나리오 4를 구현한 내용이다.

12는 앞에서 언급한 사람의 북서쪽에서 사람의 왼편으로 이동하기 위한 30rpm의 전진 이동이다.

13과 같이 "DetectBody_left"의 왼쪽 인체감지 센서에 사람이 인식되지 않을 때까지 반복된다. 13의 N분기는 시계반대방향으로 5rpm으로 회전하는 수행이다. 사람의 왼편으로 진행이 완료된 후 다시 사람이 뒷편으로의 방향을 찾기 위해 시계반대방향 회전을 수행한다.

15와 16의 Y분기의 단계이동을 통해 14의 시계반대방향 회전을 수행한다.

15는 "DetectBody_left" 센서에 사람이 감지되지 않는 동안이다.

16은 "DetectBody_ left" 센서에 사람이 감지되는 동안을 판단한다. 두 번의 분기를 통해 로봇은 사람의 뒤편을 바라보게 될 것이다. 회전이 마무리된 16의 N분기의 단계이동을 통해 프로그램 시작으로 이동한다.

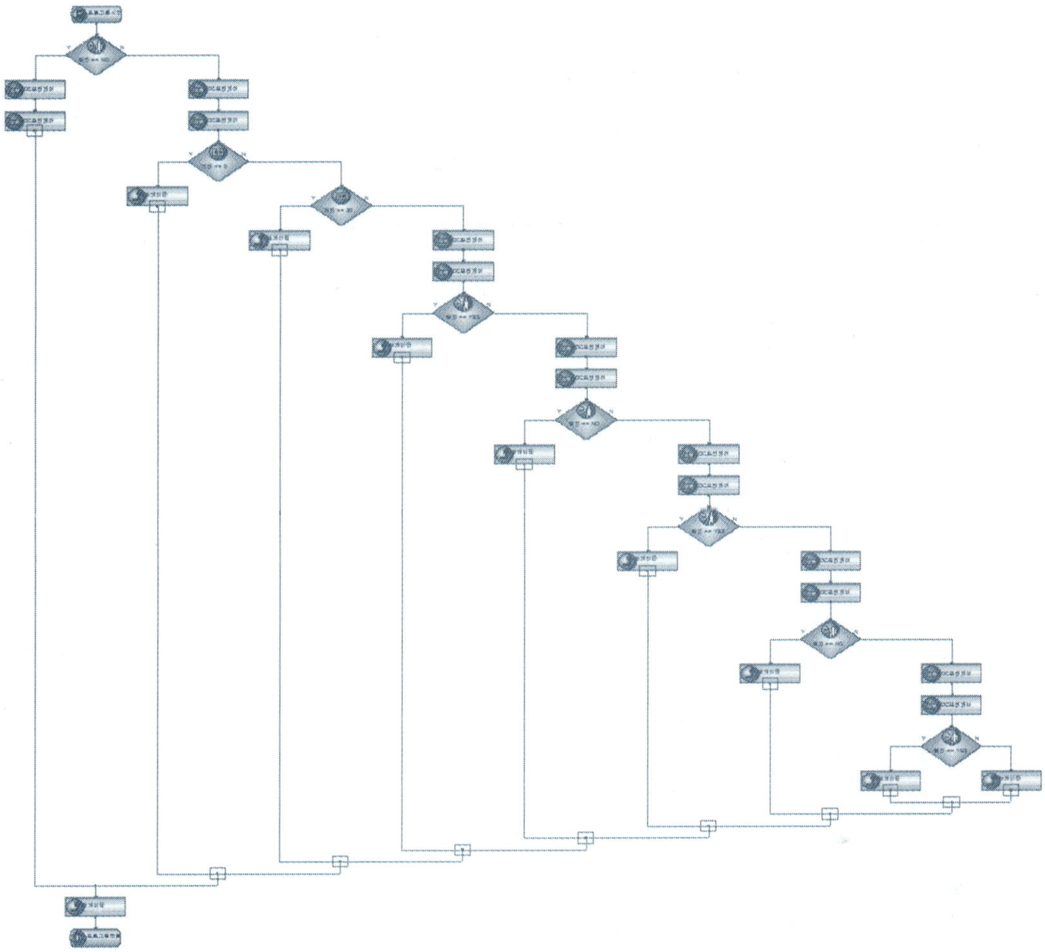

[그림 6-125] 프로그램 전체

## 4) C++ 프로그래밍

C++ 프로그래밍에서는 앞에서 구현한 나침반 센서를 활용한 왕복 구현에 인체 회피를 추가한 형태를 구현할 것이다. 시나리오는 다음과 같다.

1. 로봇은 50rpm의 속도로 전진이동을 한다.
2. 정면에 사람이 인식되면 거리가 80cm미만이 될 때까지 속도를 30rpm으로 감속하여 전진이동을 한다.
3. 사람이 인식되고 거리가 80cm 미만이면 10rpm으로 시계방향으로 회전하여 사람의 왼쪽으로 지나간다.
4. 사람의 왼쪽을 지나갈 때 다시 시계반대방향으로 회전하여 사람의 뒤편으로 이동한다.

5. 사람의 뒤편으로 가서 다시 원래의 진행방향을 유지한다.
6. 사람이 아닌 장애물이 인식되면 뒤로 돌아 진행한다.

이 절에서는 앞에서 사용된 나침반 센서를 구현한 프로그램을 수정하여 프로그램을 작성할 것이다.

[그림 6-126]은 전역변수 선언부이다. 인체탐지 센서를 사용하기 위하여 CElementRayDetectBodySensor 클래스 타입의 변수 “DB_FSensor”와 “DB_LSensor”를 1과 같이 전역변수로 추가 선언하였다.

DetectBody.cpp

```
#include "Default.h"

#define CW -1
#define CCW 1

class CDefault;

// Global Variable Define
CDefault    cdefault;
// Motor Define
CElementRotateDCMotor*  M_RWheel;
CElementRotateDCMotor*  M_LWheel;
// Ultrasonic Sensor Define
CElementRayUltrasonicSensor* USSensor;
// Infrared Sensor Define
CElementRayInfraredSensor* IF_LSensor;
CElementRayInfraredSensor* IF_RSensor;
// Compass Sensor Define
CElementCompassSensor* CPSSensor;

// DetectBody Sensor Define                      ❶
CElementRayDetectBodySensor* DB_FSensor;
CElementRayDetectBodySensor* DB_LSensor;

int WinMain(HINSTANCE hInstance,
                    HINSTANCE hPrevInstance,
                    LPTSTR    lpCmdLine,
                    int       nCmdShow)
```

[그림 6-126] 인체탐지 센서 변수의 추가

[그림 6-127]은 인체감지 센서 구현을 위한 사용자 변수 선언부이다.

2와 같이 인체감지 센서 변수에 “DetectBody_front”, “DetectBody_left” 이름을 가지고 해당 센서의 인스턴스를 얻어오는 코드를 추가한다.

3은 사람을 피하는 함수 선언을 추가한 것이다.

4는 “DB_FSensor”의 인체감지 여부를 저장하기 위한 변수로 “nDBFSensorValue”를 추가한 것이다.

```
///*************************/////////
/// user vlaue
string  sRobotName = "EIRobot1";//Robot name variable

// Motor Define
//CElementRotateDCMotor*    M_RWheel;   //Change to global variable
//CElementRotateDCMotor*  M_LWheel;    //Change to global variable
M_RWheel =  (CElementRotateDCMotor*)cdefault.GetElementObject(M_RWheel,sRobotName, "wheel_r_dcmotor");
M_LWheel =  (CElementRotateDCMotor*)cdefault.GetElementObject(M_LWheel,sRobotName, "wheel_l_dcmotor");

// Ultrasonic Sensor Define
//CElementRayUltrasonicSensor* USSensor;    //Change to global variable
USSensor = (CElementRayUltrasonicSensor*)cdefault.GetElementObject(USSensor, sRobotName, "ultrasonic");

// Infrared Sensor Define
//CElementRayInfraredSensor* IF_LSensor;  //Change to global variable
//CElementRayInfraredSensor* IF_RSensor;  //Change to global variable
IF_LSensor = (CElementRayInfraredSensor*)cdefault.GetElementObject(IF_LSensor, sRobotName, "Infrared_left");
IF_RSensor = (CElementRayInfraredSensor*)cdefault.GetElementObject(IF_RSensor, sRobotName, "Infrared_right");

// Compass Sensor Define
CPSSensor = (CElementCompassSensor*)cdefault.GetElementObject(CPSSensor, sRobotName, "Compass");

// DetectBody Sensor Define
DB_FSensor = (CElementRayDetectBodySensor*)cdefault.GetElementObject(DB_FSensor, sRobotName, "DetectBody_front");
DB_LSensor = (CElementRayDetectBodySensor*)cdefault.GetElementObject(DB_LSensor, sRobotName, "DetectBody_left");

// User define function
void Forward(int nSpeed);   //Forward Function
void Turn(int nCurrent, int nSpeed);      //180 dgree Turn Function
void Avoid(int nCPSValue);  //Avoid Human Function

// User Variable Define
int nUSSensorDistance=0;      //Ultrasonic Sensor Value

int nIFLSensorDistance=0;   //Left Infrared Sensor Value
int nIFRSensorDistance=0;   //Right Infrared Sensor Value
int nCPSSensorValue=0;      //Compass Sensor Value

int nDBFSensorValue=0;      //DetectBody_front Sensor Value

while(1)
```

[그림 6-127] 인체감지 센서 구현을 위한 사용자 변수 선언부

[그림 6-128]은 메인의 제어 코드이다.

5와 같이 인체감지 센서의 값을 "DB_FSensor"의 GetCurrent() 메소드를 통해 얻어와 변수에 저장하는 코드를 추가한다.

6과 같이 "nDBFSensorValue"의 값에 따라 제어를 한다.

- 99~112줄은 기존의 나침반 센서 구현 내용이다. 정면에 사람이 인식되지 않은 상태에서는 시나리오 6에 따라 Turn 함수를 통해 180° 회전을 한다.
  정면에 사람이 인식된 경우 7과 같이 제어한다.
- 116~119줄은 정면에 사람이 인식되고 초음파 센서에도 장애물이 인식되고 그 거리가 80cm 이하인 경우 시나리오 3, 4, 5를 수행하기 위해 Avoid() 함수로 사람을 회피하도록 제어한다.
- 120~127줄은 시나리오 1, 2를 수행한다.

CHAPTER 06

```
///control code ///
    nUSSensorDistance=USSensor->GetCurrentDist();        //Get Current Ultrasonic Sensor Value

    nIFLSensorDistance=IF_LSensor->GetCurrentDist();     //Get Current Left Infrared Sensor Value
    nIFRSensorDistance=IF_RSensor->GetCurrentDist();     //Get Current Right Infrared Sensor Value

    nCPSSensorValue=CPSSensor->GetDirection();           //Get Current Compass Sensor Value

    nDBFSensorValue=DB_FSensor->GetCurrent();            //Get Current Front DetectBody Sensor Value

    if(nDBFSensorValue==0)
    {
        if((nUSSensorDistance>0 && nUSSensorDistance<=80)&&
        (nIFLSensorDistance>0)&&
        (nIFRSensorDistance>0))  //Scenario 6
        {
            Turn(nCPSSensorValue,5);
        }
        else if(nUSSensorDistance>80)
        {
            Forward(30);    //Scenario 2
        }
        else
        {
            Forward(60);    //Scenario 1
        }
    }
    else
    {
        if((nUSSensorDistance>0 && nUSSensorDistance<=80))  //Scenario 3
        {
            Avoid(nCPSSensorValue);     //Scenario 3,4,5
        }
        else if(nUSSensorDistance>80)
        {
            Forward(30);    //Scenario 2
        }
        else
        {
            Forward(60);    //Scenario 1
        }
    }
///****************************///
```

[그림 6-128] 메인 제어 코드

[그림 6-129]~[그림 6-131]은 추가된 Avoid() 함수의 구현 내용이다.

먼저 7과 같이 로봇 정면에 위치한 “DetectBody_front” 인체감지 센서의 값을 저장할 “nDBFVal”, 로봇 왼쪽에 위치한 “DetectBody_left” 인체감지 센서의 값을 저장할 “nDBLVal”, 나침반 센서의 값을 저장할 “nCPSVal”을 선언한다.

8은 시나리오 3에 따라 사람의 왼쪽을 로봇이 바라보도록 시계방향으로 회전시키는 구현이다.

- 223번째 줄과 같이 정면의 인체감지 센서의 값을 가져와 이 값이 0일 때까지 228~231번째 줄을 반복 수행한다. 인체감지 센서의 값이 0이면 사람을 감지되지 않은 것이며, 1이면 사람이 감지된 것이다. 즉, 사람이 감지되지 않을 때까지 시계방향으로 회전을 한다.

```
216 void Avoid(int nVal){
217     int nDBFVal=0;  //Front DetectBody Sensor Value
218     int nDBLVal=0;  //Left DetectBody Sensor Value
219     int nCPSVal=0;  //Compass Sensor Value
220     while(1)    //CWRotate at Front of Human while Front DetectBody Value is not deteced
221     {
222         cout << "Avoid - CWRotate at front of human" << endl;  //Print out to Consol
223         nDBFVal=DB_FSensor->GetCurrent();
224         if(nDBFVal==0)
225             break;
226         else
227         {
228             M_RWheel->SetSpeed(10);
229             M_RWheel->SetRotateDirect(CCW);
230             M_LWheel->SetSpeed(10);
231             M_LWheel->SetRotateDirect(CCW);
232         }
233         cdefault.DataPush();
234         SendMemoryMap(cdefault.m_cData);
235 
236         GetMemoryMap(cdefault.m_cData);
237         cdefault.DataModify();
238     }
239     while(1)    //Forward to leftside of Human while Left DetectBody Value is not deteced
240     {
241         cout << "Avoid - Forward to leftside of human 1" << endl;  //Print out to Consol
242         nDBLVal=DB_LSensor->GetCurrent();
243         if(nDBLVal==1)
244             break;
245         else
246         {
247             M_RWheel->SetSpeed(30);
248             M_RWheel->SetRotateDirect(CW);
249             M_LWheel->SetSpeed(30);
250             M_LWheel->SetRotateDirect(CCW);
251         }
252         cdefault.DataPush();
253         SendMemoryMap(cdefault.m_cData);
254 
255         GetMemoryMap(cdefault.m_cData);
256         cdefault.DataModify();
257     }
```

(7: 217~219, 8: 222~237, 9: 241~256)

[그림 6-129] Avoid 함수 구현_1

8의 수행이 224번째 줄의 if문에 의해 완료되면 로봇은 사람의 왼쪽 편을 바라보게 되며, 로봇의 정면에 사람이 인식되지 않은 상태가 된다.

9는 로봇의 왼쪽 편으로 전진이동을 하는 구현이다.

- 242번째 줄과 같이 왼쪽의 인체감지 센서의 값을 가져와 이 값이 1일 때까지 247~250번째 줄을 반복 수행하게 된다. 즉, 사람이 감지될 때까지 전진이동을 한다.

9의 수행이 243번째 줄에 의해 완료되면 로봇은 사람의 북서쪽 방향에 도착하게 된다. 로봇이 사람의 왼편으로 가기 위해서는 조금 더 전진이동을 해야 한다.

[그림 6-130]에서 10은 이를 구현한 내용이다. 10은 9와는 반대로 왼쪽의 인체감지 센서의 값이 0일 때까지 전진이동을 한다.

- 262번째 줄에 의해 10의 동작이 완료되면 로봇은 사람의 왼쪽에 위치하게 된다.

11, 12는 시나리오 4를 구현하기 위해 사람의 왼쪽에서 사람의 뒤쪽으로 진행하기 위해 방향을 바꾸는 동작을 하는 내용이다. 11과 같이 인체감지 센서의 값이 1일 때까지 시계반대 방향으로 회전하게 되면 262번째 줄에 의해 11의 수행이 완료되었을 때 로봇은 원래 진행방향과 유사한 위치까지 회전하게 된다.

사람의 뒤쪽을 바라보게 하려면 조금 더 회전을 해야 하므로 12와 같이 인체감지 센서의 값이 0일 때까지 시계반대 방향으로 회전하게 되면, 300번째 줄에 의해 12의 수행이

CHAPTER 06

완료되었을 때 로봇은 사람의 뒤편을 바라보게 된다.

```
    while(1)     //Forward to leftside of Human while Left DetectBody Value is deteced
    {
```

10

```
        cout << "Avoid - Forward to leftside of human 2" << endl;  //Print out to Consol
        nDBLVal=DB_LSensor->GetCurrent();
        if(nDBLVal==0)
            break;
        else
        {
            M_RWheel->SetSpeed(30);
            M_RWheel->SetRotateDirect(CW);
            M_LWheel->SetSpeed(30);
            M_LWheel->SetRotateDirect(CCW);
        }
        cdefault.DataPush();
        SendMemoryMap(cdefault.m_cData);

        GetMemoryMap(cdefault.m_cData);
        cdefault.DataModify();
```

```
    }
    while(1)     //CCWRotate at Left of Human while Left DetectBody Value is not deteced
    {
```

11

```
        cout << "Avoid - CCWRotate at left of human 1" << endl;  //Print out to Consol
        nDBLVal=DB_LSensor->GetCurrent();
        if(nDBLVal==1)
            break;
        else
        {
            M_RWheel->SetSpeed(10);
            M_RWheel->SetRotateDirect(CW);
            M_LWheel->SetSpeed(10);
            M_LWheel->SetRotateDirect(CW);
        }
        cdefault.DataPush();
        SendMemoryMap(cdefault.m_cData);

        GetMemoryMap(cdefault.m_cData);
        cdefault.DataModify();
```

```
    }
    while(1)     //CCWRotate at Left of Human while Left DetectBody Value is deteced
    {
```

12

```
        cout << "Avoid - CCWRotate at left of human 2" << endl;  //Print out to Consol
        nDBLVal=DB_LSensor->GetCurrent();
        if(nDBLVal==0)
            break;
        else
        {
             M_RWheel->SetSpeed(10);
            M_RWheel->SetRotateDirect(CW);
            M_LWheel->SetSpeed(10);
            M_LWheel->SetRotateDirect(CW);
        }
        cdefault.DataPush();
        SendMemoryMap(cdefault.m_cData);

        GetMemoryMap(cdefault.m_cData);
        cdefault.DataModify();
```

```
    }
```

[그림 6-130] Avoid 함수 구현 2

12의 수행이 완료되면 로봇은 시나리오 4와 같이 사람의 뒤편으로 이동해야 한다.

[그림 6-131]의 13과 14는 사람의 뒤쪽으로 이동하는 구현이다. 13과 같이 인체감지 센서의 값이 1일 때까지 전진이동을 하게 되면 319번째 줄에 의해 13의 수행이 완료되었을 때 로봇은 사람의 남서쪽에 위치하게 된다.

사람의 뒤쪽으로 이동하려면 조금 더 전진을 해야 하므로 14와 같이 인체감지 센서의 값이 0일 때까지 전진이동을 하게 되면, 338번째 줄에 의해 14의 수행이 완료되었을 때 로봇은 사람의 뒤편에 위치하게 된다. 14의 수행이 완료되면 로봇은 시나리오 5와 같이 원래의 진행방향으로 전진이동을 해야 한다.

```
    while(1)     //Forward to back of Human while Left DetectBody Value is not deteced
    {
        cout << "Avoid - Forward to back of human 1" << endl;  //Print out to Consol
        nDBLVal=DB_LSensor->GetCurrent();
        if(nDBLVal==1)
            break;
        else
        {
            M_RWheel->SetSpeed(30);
            M_RWheel->SetRotateDirect(CW);
            M_LWheel->SetSpeed(30);
            M_LWheel->SetRotateDirect(CCW);
        }
        cdefault.DataPush();
        SendMemoryMap(cdefault.m_cData);

        GetMemoryMap(cdefault.m_cData);
        cdefault.DataModify();
    }
    while(1)     //Forward to back of Human while Left DetectBody Value is deteced
    {
        cout << "Avoid - Forward to back of human 2" << endl;  //Print out to Consol
        nDBLVal=DB_LSensor->GetCurrent();
        if(nDBLVal==0)
            break;
        else
        {
            M_RWheel->SetSpeed(30);
            M_RWheel->SetRotateDirect(CW);
            M_LWheel->SetSpeed(30);
            M_LWheel->SetRotateDirect(CCW);
        }
        cdefault.DataPush();
        SendMemoryMap(cdefault.m_cData);

        GetMemoryMap(cdefault.m_cData);
        cdefault.DataModify();
    }
```

13 (317–332), 14 (336–351)

[그림 6-131] Avoid 함수 구현_3

```
353     while(1)     //Find Direction
354     {
355         cout << "Avoid - Find Direction " << nVal << endl;  //Print out to Consol
356         nCPSVal=CPSSensor->GetDirection();
357
358         if(nCPSVal==nVal)
359             return;
360         else if(nCPSVal<nVal)
361         {
362             if(nVal-nCPSVal<20)
363             {
364                 M_RWheel->SetSpeed(1);
365                 M_RWheel->SetRotateDirect(CW);
366                 M_LWheel->SetSpeed(1);
367                 M_LWheel->SetRotateDirect(CW);
368             }else
369             {
370                 M_RWheel->SetSpeed(5);
371                 M_RWheel->SetRotateDirect(CW);
372                 M_LWheel->SetSpeed(5);
373                 M_LWheel->SetRotateDirect(CW);
374             }
375         }
376         else if(nCPSVal>nVal)
377         {
378             if(nCPSVal-nVal<20)
379             {
380                 M_RWheel->SetSpeed(1);
381                 M_RWheel->SetRotateDirect(CCW);
382                 M_LWheel->SetSpeed(1);
383                 M_LWheel->SetRotateDirect(CCW);
384             }else
385             {
386                 M_RWheel->SetSpeed(5);
387                 M_RWheel->SetRotateDirect(CCW);
388                 M_LWheel->SetSpeed(5);
389                 M_LWheel->SetRotateDirect(CCW);
390             }
391         }
392
393         cdefault.DataPush();
394         SendMemoryMap(cdefault.m_cData);
395
396         GetMemoryMap(cdefault.m_cData);
397         cdefault.DataModify();
398     }
399 }
```

15 (355–398)

[그림 6-132] Avoid 함수 구현_4

[그림 6-132]의 15는 원래의 진행방향을 찾는 구현이다.

356번째 줄과 같이 나침반 센서의 현재 값을 가져와 Avoid() 함수의 매개변수로 전달된 Avoid() 함수를 호출하기 이전의 나침반 센서값과 비교하여 원래의 진행방향을 찾는다.

CHAPTER 06

이 구현은 Turn() 함수의 구현과 유사하며 단지 목표방향이 180° 회전 값이 아닌 매개변수로 전달된 값이라는 것만 차이가 있다.

### 5) 시뮬레이션 결과 화면

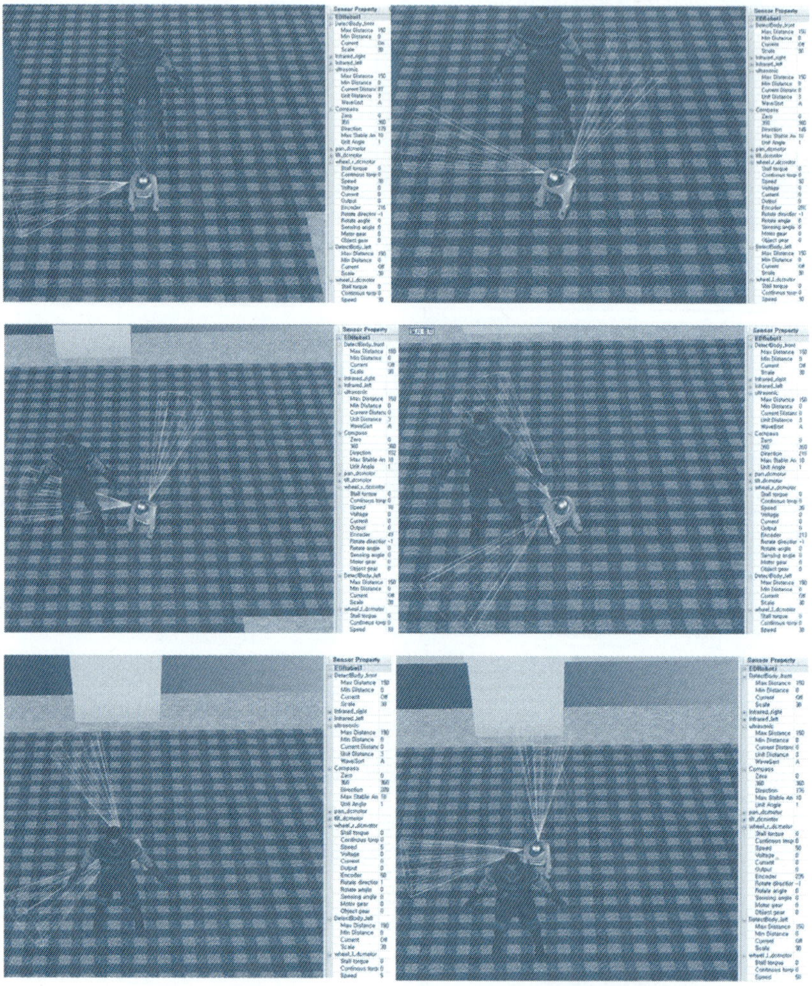

[그림 6-133] 인체감지 센서 제어 결과 시뮬레이션 화면

### 6) 심화 실습

- 앞의 실습을 통해 초전 센서에 의해 측정된 값을 이용한 제어를 실습하였다. 이 실습에서 우리는 사람의 왼편을 지나가도록 제어하였다. 이번에는 앞에서 배운 다른 센서(적외선/초음파/초전 등)들을 추가하여 사람의 위치에 따라 왼쪽으로 회피할지 오른쪽으로 회피할지를 결정하여 회피하는 제어를 실습해보자.

# 07장 EDRS를 활용한 로봇 제어 심화 실습

## 01 EDRS를 활용한 미로찾기 실습

### 1-1 미로찾기 제어

#### 1) 목표와 과제

**(1) 목 표**

이 절에서 실습하는 프로그래밍의 목표는 "로봇의 다양한 센서와 모터 제어를 통해 미로를 찾아나가기"이다. 앞에서 배운 다양한 모터 제어와 센서 제어를 적절히 수행하여 미로를 찾아가는 구현을 하도록 할 것이다.

**(2) 과 제**

이 절에서는 미로를 통과하는 가장 간단한 알고리즘을 이용하여 미로찾기를 구현해 볼 것이다. 미로를 통과하는 가장 간단한 방법은 '왼쪽 벽을 따라가기'이다.

즉, 왼쪽 벽에 손을 대고 이동을 하기만 하면 언젠가는 미로를 통과한다는 것이다. 이를 위한 시나리오는 다음과 같다.

1. 로봇의 왼쪽에 벽이 감지되면 직진한다.
2. 로봇의 왼쪽에 벽이 감지되지 않으면 좌회전한다.
3. 로봇의 왼쪽에 벽이 있으나 앞에 장애물이 있을 경우 우회전한다.

## 2) EDRS 환경구축

### (1) 가상 로봇 만들기

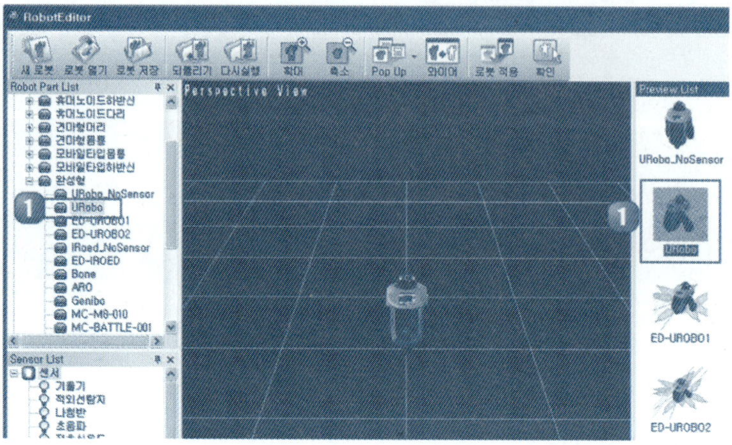

[그림 7-1] 미로찾가를 위한 가상 로봇 만들기

'RobotEditor'를 통해 새로운 로봇을 [그림 7-1]의 1에 해당하는 '완성형-URobo'를 생성한다. URobo는 기본적으로 초음파 센서 4개와 적외선 센서 5개, 인체감지 센서 1개가 장착된 로봇이다.

### (2) 가상 환경 만들기

[그림 7-2]와 같이 2의 '지형-미로'를 선택하여 적용시킨다.

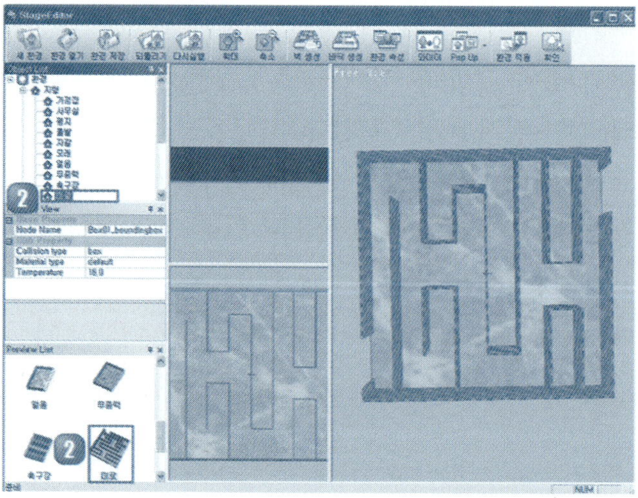

[그림 7-2] 미로찾기를 위한 가상 환경 만들기

**참고**

미로 지형은 StateEditor의 벽생성, 바닥생성 기능을 사용해 사용자가 원하는 미로 지형을 손쉽게 만들 수 있다.

### 3) IRES 프로그래밍

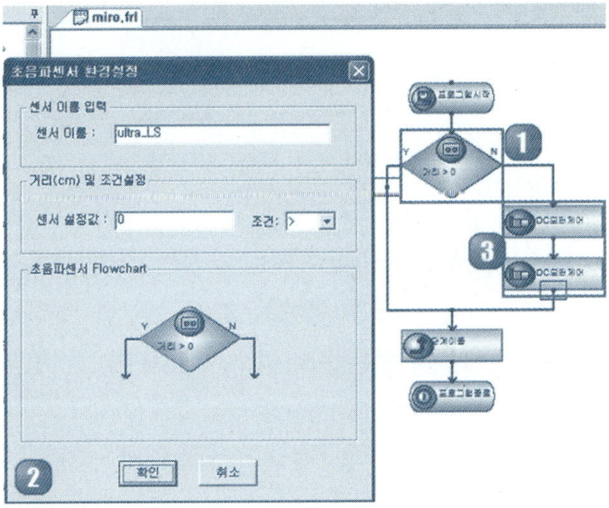


[그림 7-3] 시나리오 2 구현

[그림 7-3]과 같이 1의 위치에 '초음파 센서' 분기객체를 삽입하고 2와 같이 센서 이름은 "ultra_LS", 조건은 0보다 크므로 설정한다. 이 분기 노드는 현재 왼쪽에 벽이 존재하는지 여부를 판단한다.

벽이 없을 경우인 N분기의 위치에 3과 같이 왼쪽으로(반시계방향) 5rpm 속도로 회전하는 구현을 삽입한다. 3은 왼쪽 벽을 찾을 때까지 반복할 것이다.

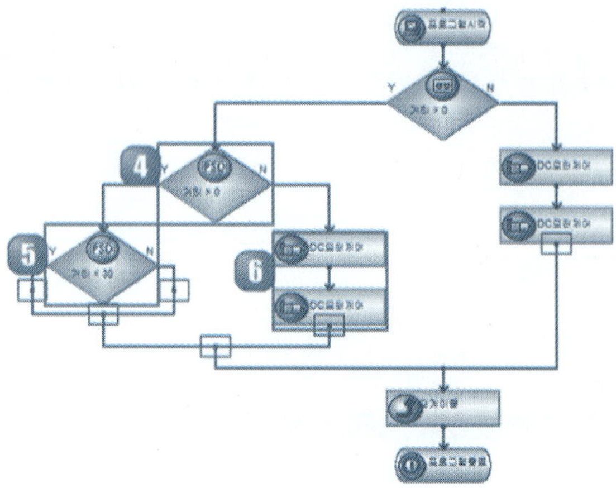

[그림 7-4] 시나리오 1 구현

[그림 7-4]의 4와 5는 "infrared_F"의 이름을 가지는 적외선 센서이다. 4를 통해 정면에 장애물이 있는지를 감지하고 5를 통해 우회전 여부를 결정한다.

6은 왼쪽에 벽이 있고 장애물이 없는 시나리오 1에 해당하는 경우이며 50rpm으로 전진을 수행하는 부분이다.

[그림 7-5]는 마지막으로 시나리오 3을 구현한 부분이다.

[그림 7-4]의 5의 Y분기에서는 로봇을 우회전시켜야 하며 N분기에서는 감속을 수행해야 한다.

8은 30rpm으로 감속시켜 전진을 수행하는 부분이며, 7은 5rpm으로 시계방향 회전을 하는 부분이다.

이 시계방향 회전 수행은 9의 조건이 만족할 때까지 수행되며, 9는 "infrared_LS"의 값이 70보다 큰지를 판단한다.

**참고**

이 절에서 구현한 왼쪽벽 따라가기 알고리즘은 매우 간단한 형태로 구현되었다. 실제 상황이나 시뮬레이션 상황에서는 여러 변수들이 많이 존재하므로 더 많은 조건이나 제어가 필요하게 될 것이다.

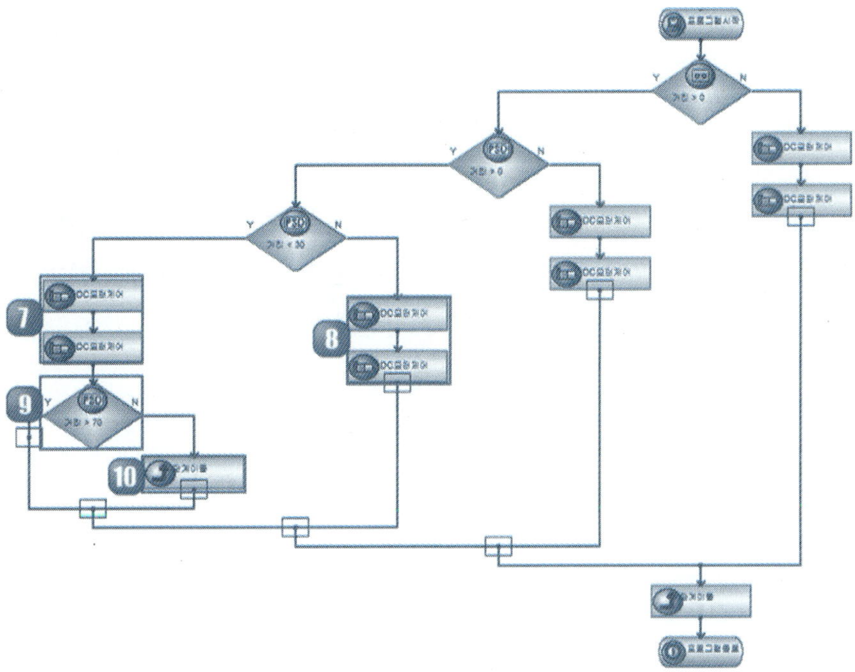


[그림 7-5] 시나리오 3 구현

### 4) C++ 프로그래밍

3)에서는 미로를 통과하는 가장 간단한 알고리즘을 이용하여 미로찾기를 구현해 보았다. 이번에는 같은 알고리즘을 사용하지만 조금 더 정밀하게 제어해 보도록 할 것이다. 수정된 시나리오는 다음과 같다.

1. 로봇의 왼쪽에 벽이 감지되면 직진한다.
2. 로봇의 왼쪽에 벽이 감지되지 않으면 좌회전한다.
3. 로봇의 왼쪽에 벽이 있으나 앞에 장애물이 있을 경우 우회전한다.
4. 로봇이 주행중 한쪽 벽에 가까워지면 맞은편으로 휘어져 전진한다.
5. 로봇이 주행중 한쪽 벽에 너무 가까워지면 반대 방향으로 회전한다.

[그림 7-6]은 이 절의 목표를 수행하기 위해 사용할 전역변수들을 선언한 부분이다. 1과 같이 CElementRayInfraredSensor 클래스 타입의 "IRF", "IRL", "IRR"을 선언한다. 각각 정면, 왼쪽 대각선, 오른쪽 대각선에 장착된 적외선 센서의 변수이다. 2는 왼쪽에 달려 있는 초음파 센서로 CElementRayUltrasonicSensor 클래스 타입의

"ULS"를 선언한다.

모터는 18~19번째 줄처럼 앞 절에서와 같이 선언한다.

3은 사용자 정의 함수 중에 DiagonalLeftForward() 함수를 사용하는 함수가 있어 이 함수만 전역으로 선언하였다.

DiagonalLeftForward() 함수는 왼쪽으로 휘어져서 전진하는 동작을 수행하는 함수로 매개변수가 'true'이면 좌우 바퀴가 20rpm 차이로 왼쪽으로 휘어져 전진하며, 'false'이면 좌우 바퀴가 2rpm 차이로 왼쪽으로 휘어져 전진한다.

miro.cpp

```
1   #include "Default.h"
2
3   #define CW -1
4   #define CCW 1
5
6   class CDefault;
7   // Global Variable Define
8   CDefault     cdefault;
9   // Infrared Sensor Define
10  CElementRayInfraredSensor * IRF;
11  CElementRayInfraredSensor * IRL;
12  CElementRayInfraredSensor * IRR;
13
14  // Ultrasonic Sensor Define
15  CElementRayUltrasonicSensor *ULS;
16
17  // Motor Define
18  CElementRotateDCMotor*  M_RWheel;
19  CElementRotateDCMotor*  M_LWheel;
20
21  // Global User Define Function
22  void DiagonalLeftForward(bool flag);//Diagonal Left Forward Function
23
24  int WinMain(HINSTANCE hInstance,
25              HINSTANCE hPrevInstance,
26              LPTSTR    lpCmdLine,
27              int       nCmdShow)
```

[그림 7-6] 미로찾기 전역 선언부

[그림 7-7]은 사용자 변수 선언부이다.

4와 같이 적외선 센서의 인스턴스를 "infrared_F", "infrared_FL", "infrared_FR"의 이름으로 얻어온다.

5와 같이 초음파 센서의 인스턴스도 "ultra_LS"의 이름으로 얻어온다.

6은 사용자 함수의 선언이다.

Forward 함수는 앞절과 마찬가지이며, LeftTurn 함수는 전진할 공간이 확보될 때까지 왼쪽으로 회전하는 함수이며, RightTurn 함수는 전진할 공간이 확보될 때까지 오른쪽으로 회전하는 함수이다.

LeftTurn 함수의 경우 매개변수로 'true'를 전달하면 왼쪽 골목 방향으로 회전 및 전진하는 수행을 한다.

DiagonalRightForward 함수는 좌우 바퀴가 2rpm의 속도차로 오른쪽 방향으로 휘어져

[그림 7-7] 미로찾기 사용자 변수 선언부

전진하는 함수이다.

7은 각 센서의 값을 저장할 변수이며, “IFDis”는 정면의 적외선 센서의 거리값, “ILDis”는 왼쪽 대각선 방향을 가리키는 적외선 센서의 거리값, “IRDis”는 오른쪽 대각선 방향을 가리키는 적외선 센서의 거리값, “ULDis”는 왼쪽 초음파 센서의 거리값을 저장한다.

[그림 7-8]은 미로찾기를 위한 메인 제어문이다.

8은 각 센서의 거리값을 가져오는 부분이다. 먼저 시나리오 2를 구현한다.

9와 같이 왼쪽 초음파 센서의 값을 비교하여 왼쪽에 벽이 존재하는가 여부를 판단한다. 만일 왼쪽 벽이 존재하지 않다면 왼쪽으로 회전하여 나가야 한다. LeftTrun 함수를 ‘true’를 매개변수로 전달하여 수행하도록 한다.

10은 왼쪽에 벽이 있는 상황에서 장애물을 만났을 경우인 시나리오 3을 구현한 내용이다.

장애물이 감지되고 25cm 미만으로 접근했을 때 RightTurn 함수를 통해 오른쪽으로 직진가능한 공간이 확보될 때까지 회전한다.

11은 각각 시나리오 5를 구현한 내용이다.

왼쪽 또는 오른쪽 벽과 좌우 적외선 센서와의 거리가 30cm 미만이면 왼쪽 또는 오른쪽으로 회전하여 직진할 공간을 확보한다. 이 때 LeftTrun 함수는 ‘false’를 매개변수로 던져서 직진 공간 확보 수행임을 나타낸다.

```
    while(1)
    {
[8]
        IFDis=IRF->GetCurrentDist();//Get Current Front Ultrasonic Sensor Value
        ILDis=IRL->GetCurrentDist();//Get Current Left Front Ultrasonic Sensor Value
        IRDis=IRR->GetCurrentDist();//Get Current Right Front Ultrasonic Sensor Value
        ULDis=ULS->GetCurrentDist();//Get Current Left Infrared Sensor Value

[9]
        if( ULDis == 0 )          // Scenario 2
        {
            cout << "LeftTurn_LeftUltraSonic Not Detected" << endl;
            LeftTurn(true);
        }
[10]
        else if(IFDis > 0 && IFDis < 25 )     // Scenario 3
        {
            cout << "RightTurn_At_End" << endl;
            RightTurn();
        }
[11]
        else if(ILDis > 0 && ILDis < 30)     // Scenario 5
        {
            cout << "RightTurn_At_RIGHTEND" << endl;
            RightTurn();
        }
[12]
        else if( ILDis >= 30 && ILDis < 78) // Scenario 4
        {
            DiagonalRightForward();
        }
[11]
        else if(IRDis > 0 && IRDis < 30)     // Scenario 5
        {
            cout << "LeftTurn_At_LEFTEND" << endl;
            LeftTurn(false);
        }
[12]
        else if(IRDis >= 30 && IRDis < 78)  // Scenario 4
        {
            DiagonalLeftForward(false);
        }
[13]
        else                                // Scenario 1
        {
            Forward(50);
        }
        cdefault.DataPush();
        SendMemoryMap(cdefault.m_cData);

        GetMemoryMap(cdefault.m_cData);
        cdefault.DataModify();

    }

    cdefault.DeleteDummyObj();
    CloseMemoryMap();

    delete []cdefault.m_cData;

    return 0;
}
```

[그림 7-8] 미로찾기 메인 제어문

⑫는 각각 시나리오 4를 구현한 내용이다.

왼쪽 또는 오른쪽 벽에 치우쳤을 경우의 제어이며, 78cm 미만으로 가까워지면 약간의 각도(2rpm)로 반대편으로 휘어지며 전진하게 한다. 이 때 DigonalLeftForward 함수는 'false'를 매개변수로 전달하여 2rpm차이로 움직임을 나타내야 한다.

⑬은 시나리오 1에 해당하며, 모든 경우가 해당되지 않는 단지 왼쪽에 벽만 존재하는 경우이다.

이번에는 메인 제어문에 사용된 함수들을 살펴보기로 한다.

[그림 7-9]는 LeftTurn 함수의 구현 내용이다.

LeftTurn 함수는 매개변수와 상관없이 기본적으로 ⑭와 같이 10rpm 속도로 시계반대 방향 회전을 수행한다.

회전의 수행의 완료는 매개변수에 따라 달라진다. 매개변수가 'true'인 경우 ⑮를 수행

```
121 void LeftTurn(bool flag) //flag - true : Left Ultrasonic Not Detected, false : general
122 {
123     cout << "LeftTurn" << endl;
124     int nIFDis = 0;
125     int nULDis = 0;
126     while(1)
127     {
128         M_RWheel->SetSpeed(10);
129         M_RWheel->SetRotateDirect(CW);
130         M_LWheel->SetSpeed(10);
131         M_LWheel->SetRotateDirect(CW);
132 
133         cdefault.DataPush();
134         SendMemoryMap(cdefault.m_cData);
135         GetMemoryMap(cdefault.m_cData);
136         cdefault.DataModify();
137 
138         nIFDis = IRF->GetCurrentDist();
139         nULDis = ULS->GetCurrentDist();
140         cout << nIFDis << endl;
141         if ( flag )  //flag - true : Left Ultrasonic Not Detected
142         {
143             if( nULDis >0){
144                 while(1){
145                     cout << "LeftTurn_1" << endl;
146 
147                     DiagonalLeftForward(true);
148 
149                     cdefault.DataPush();
150                     SendMemoryMap(cdefault.m_cData);
151                     GetMemoryMap(cdefault.m_cData);
152                     cdefault.DataModify();
153 
154                     nULDis = ULS->GetCurrentDist();
155                     nIFDis = IRF->GetCurrentDist();
156                     if(nULDis>0&&(nIFDis>=80||nIFDis == 0))
157                     {
158                         return;
159                     }
160                 }
161             }
162         }
163         else //flag - false : General Left Turn
164         {
165             if(nIFDis >= 80|| nIFDis == 0)
166             {
167                 break;
168             }
169         }
170     }
171 }
```

[그림 7-9] 미로찾기 LeftTurn 함수

하고 'false'인 경우 ⑯을 수행한다. ⑯은 전면에 장착된 적외선 센서에 감지된 장애물과의 거리가 80cm이상이거나 장애물이 감지되지 않을 경우 회전을 완료하게 한다.

⑮는 왼쪽에 벽이 없는 경우의 회전이며, 시계반대방향 회전은 왼쪽에 장착된 초음파 센서에 벽이 감지되었을 경우 멈춘다. 그 이후 왼쪽에 있던 통로로 진입하기 위해 왼쪽으로 휘어져 전진하는 수행을 한다.

147번째 줄과 같이 DiagonalLeftForward 함수를 매개변수 'true'로 호출하여 20rpm이상의 차이로 회전각도를 높인다. 이 수행은 왼쪽에 벽이 있고, 전면의 적외선 센서에 감지된 장애물이 80cm이상이거나 장애물이 감지되지 않을 때까지 수행하게 된다.

[그림 7-10]은 10rpm의 속도로 시계방향으로의 회전을 수행하는 RightTurn 함수이다. 이 회전의 수행는 LeftTurn과 마찬가지로 전면에 장착된 적외선 센서에 감지된 장애물과의 거리가 80cm 이상이거나 장애물이 감지되지 않을 경우 완료된다.

```
void RightTurn()
{
    cout << "RightTurn" << endl;
    int nIFDis = 0;
    while(1)
    {
        nIFDis = IRF->GetCurrentDist();
        cout << nIFDis << endl;

        M_RWheel->SetSpeed(10);
        M_RWheel->SetRotateDirect(CCW);
        M_LWheel->SetSpeed(10);
        M_LWheel->SetRotateDirect(CCW);

        cdefault.DataPush();
        SendMemoryMap(cdefault.m_cData);
        GetMemoryMap(cdefault.m_cData);
        cdefault.DataModify();

        if(nIFDis >= 80 || nIFDis == 0)
            break;
    }
}
```

[그림 7-10] 미로찾기 RightTurn 함수

[그림 7-11]은 DiagonalLeftForward 함수와 DiagonalRightForward 함수의 구현이다. DiagonalLeftForward 함수의 경우 매개변수에 따라 그 수행을 다르게 한다. 매개변수가 'true'인 경우 ⑰을 수행하며, 'false'인 경우 ⑱을 수행한다.

⑰은 왼쪽에 벽이 없는 경우 해당 통로로 진입하기 위한 수행으로 좌/우 바퀴의 속도를 20rpm차로 급격한 휘어짐 각도로 전진하도록 한다.

⑱은 직진 중 오른쪽 벽에 가까워졌을 때 직진성을 확보하기 위한 수행으로 좌/우 바퀴의 속도를 2rpm 차이로 전진한다.

```
void DiagonalLeftForward(bool flag)
{
    cout << "Diagonal Left" << endl;
    if(flag)                                   // ⑰
    {
        M_RWheel->SetSpeed(40);
        M_RWheel->SetRotateDirect(CW);
        M_LWheel->SetSpeed(20);
        M_LWheel->SetRotateDirect(CCW);
    }
    else                                       // ⑱
    {
        M_RWheel->SetSpeed(42);
        M_RWheel->SetRotateDirect(CW);
        M_LWheel->SetSpeed(40);
        M_LWheel->SetRotateDirect(CCW);
    }
}

void DiagonalRightForward(void)
{
    cout << "Diagonal Right" << endl;
    M_RWheel->SetSpeed(40);
    M_RWheel->SetRotateDirect(CW);
    M_LWheel->SetSpeed(42);
    M_LWheel->SetRotateDirect(CCW);
}
```

[그림 7-11] 미로찾기 DiagonalForward 함수

## 5) 시뮬레이션 결과 화면

[그림 7-12] 미로찾기 제어 결과 시뮬레이션 화면

# 02 영상처리의 원리

## 2-1 디지털 영상처리 개요

영상처리(Image Processing)는 사진 또는 그림, 영상 등을 디지털화하여 컴퓨터에서 이를 처리하는 기술로서 많은 응용분야에서 사용되고 있는 넓은 영역을 총칭한다. 이러한 영상처리 기술은 낡고 훼손된 영상을 원본 영상과 가깝게 복원하며, 영상 내에 포함된 잡음을 제거하거나 색상과 영상의 질을 개선하거나 저하하기도 한다. 또한 영상에 포함된 정보를 최대한 잘 표현하기 위해 두드러진 특징을 더욱 강조하며, 다른 영상과 합성하여 새로운 영상을 만들기도 하며, 저장공간의 절약과 전송속도를 높이기 위해 영상의 크기를 압축할 뿐 아니라, 자동 색상조절, 물체 및 문자인식 등과 같은 기술을 수행한다.

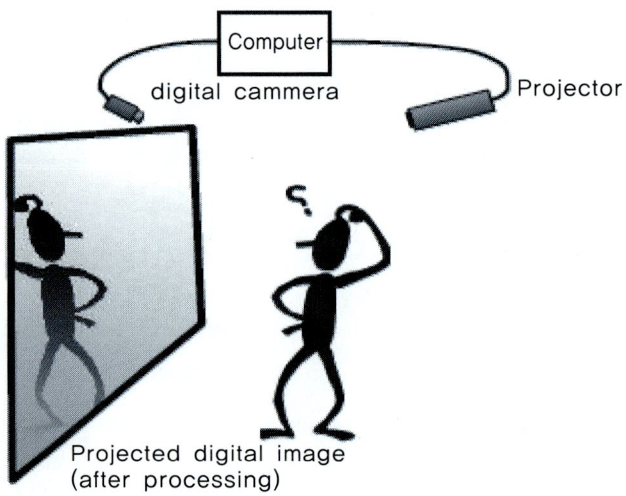


[그림 7-13] 영상처리 인식

인간은 기본적으로 시각적인 생물이다. 사람이 거울에 비쳐지면 거울은 사람과 똑같은 행동을 한다. 만약 로봇이 사람을 사람과 똑같은 행동을 하게 하려면 어떻게 해야 할까? 사람은 환경에 대한 정보 중 99% 이상을 눈에 의존한다. 영상처리란 이처럼 우리에게 친숙한 영상을 카메라나 스캐너 등을 통하여 전자적으로 얻은 후 여러 가지 목적에 따라 컴퓨터와 여러 가지 알고리즘을 적용하여 처리하는 것이다.

영상처리는 이와 같은 의문점에 대해 해결책을 제시하고 그 의문점에 대한 해답을 찾는 과정을 말한다.

## 2-2 색상 인식

### 1) 시각과 인식

인간이 사물을 보는 것처럼 로봇이 사물을 인식하게 하려면 여러분은 어떤 방법으로 사물을 인식하게 할 것인가?

현재의 카메라도 인간의 눈처럼 비슷한 구조를 가졌지만 카메라가 보내온 정보를 인간의 뇌처럼 인식하려면 컴퓨터에게 인간이 명령을 줘야 한다. 컴퓨터는 단지 0과 1만 알기 때문이다.

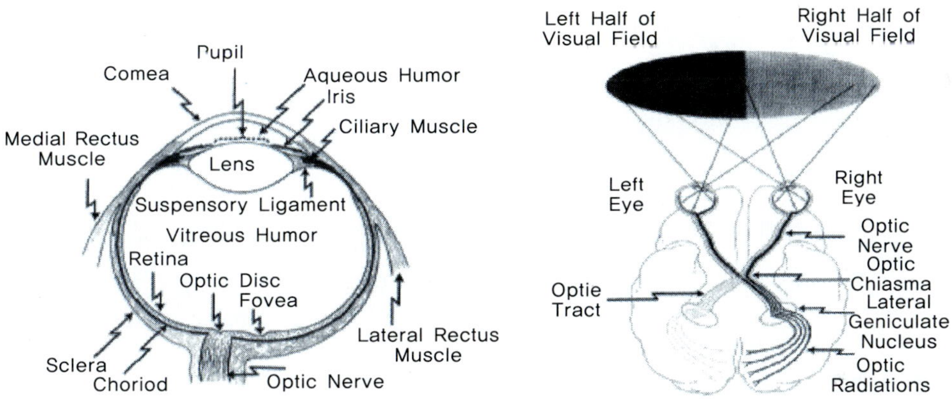


[그림 7-14] 인간의 눈구조와 영상인식 과정

### 2) 색상의 이해

컬러 영상정보를 인지하는 방법은 세 가지 지각 변수로 분류되는데 색상(hue), 채도(saturation), 명도(brightness)가 그것이다. 컬러 영상은 흑백영상에 비교해서 훨씬 많은 정보를 가지고 있다. 그래서 색상 모델을 이용하여 영상의 색상을 추출할 수 있으며 이를 이용해 물체를 인식할 수 있다.

RGB 모델은 가장 흔히 사용되는 색상 모델로서 CRT 모니터나 컴퓨터 그래픽에서 사용되고 있다. Red(255, 0, 0), Green(0, 255, 0), Blue(0, 0, 255)의 색을 조합해서 색을 만들어 낼 수 있다.

RGB 색상은 결합하면 흰색이 되기 때문에 첨가 색상이라고도 한다. 모든 색상을 하나로 혼합하면 흰색이 만들어지는 것은 모든 빛이 반사되어 보이기 때문이다. 첨가 색상은 조명, 비디오 및 모니터에 사용된다. 예를 들어, 모니터는 빨강, 녹색 및 파랑 형광체를 통해 빛을 방출하여 색상을 만든다.

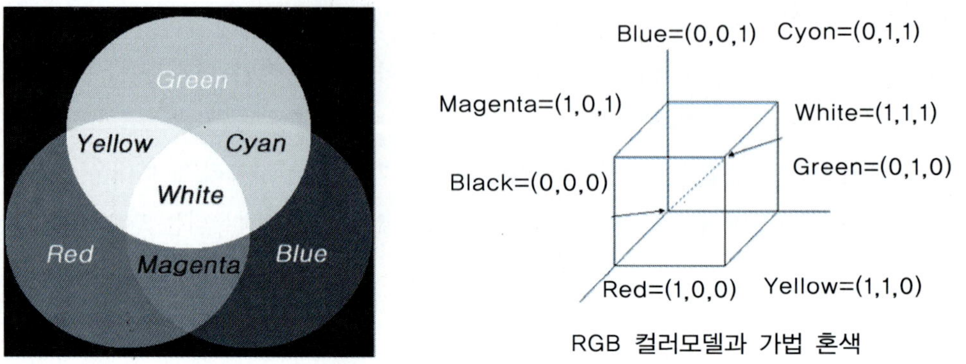


[그림 7-15] RGB 컬러모델

### 3) 패턴 인식

#### (1) 패턴 인식 개요

패턴 인식이란 공학적 접근법을 이용하여 인공지능의 실제 구현 문제인 센싱된 대상을 인식하는 문제를 주로 다룬다. 패턴 인식을 여러 방식으로 정의할 수 있겠지만 "계산이 가능한 기계적인 장치(컴퓨터)가 어떠한 대상을 인식하는 문제를 다루는 인공지능의 한 분야"라고 정의한다.

패턴 인식에서 패턴이란 사람이 인식하려는 정보를 물리적으로 표현한 대상물로 정의할 수 있으며, 인식은 대상물의 존재를 아는 인지(cognition)의 과정에서 한걸음 더 나아가 구체적인 의미나 정보를 판정하는 것을 의미한다. 패턴 인식 시스템의 구성요소에 따른 처리과정을 그림으로 나타내면 [그림 7-16]과 같다.

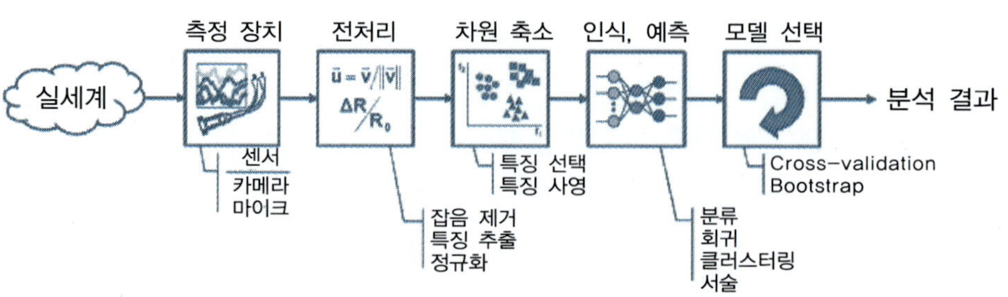


[그림 7-16] 패턴 인식 과정

[그림 7-16]을 다르게 표현하자면 “입력 영상이 n개의 카테고리 중 어디에 속하는지?”에 대한 답을 구하는 것이다.

### (2) 농담정규화 정합

① 농담정규화 정합(NGC : Normalized Gray-Level Correlation) 개요

템플레이트 정합 : 검사할 영상이 주어졌을 때 미리 주어진 템플레이트 영상을 이용하여 검사할 영상 내부에 있는 유사한 영상 패턴을 찾아낸다.

- 연산횟수
- 템플레이트 크기 : M*N
- 검사할 영사의 기 : R*C
- 겹칩이 발생하는 횟수 : (R-M)*(C-N)

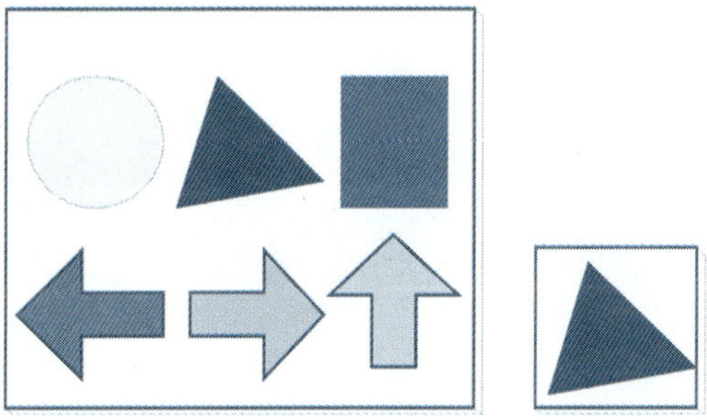


[그림 7-17] 탐색할 영상과 템플레이트 영상

NGC(Normalized Gray-level Correlation) 정합 알고리즘은 템플레이트 영상을 입력영상에 겹쳐가면서 두 겹친 부분이 얼마나 밝기가 유사한지 검사하는 방법이다.

템플레이트 정합을 통한 알고리즘 중에는 MAD(Mean Absolute Difference), MSD (Mean Square Difference) 알고리즘이 있는데 이 알고리즘 같은 경우는 밝기값이 변하게 되면 정확한 패턴 인식이 불가능하다. 하지만 NGC 알고리즘은 입력영상에서 취한 비교할 영상영역의 밝기 평균을 구해서 평균값을 빼버린 영상을 만들고 이 영상을 비교하기 위한 영상으로 사용하는 방법을 생각할 수가 있다.

이때 유사하게 템플레이트 영상도 밝기의 평균을 계산하여 평균 밝기값을 템플레이트와 비교할 검사 영상의 비교영역을 밝기에 대해 정규화시켜 비교한다면 전체적인 조명의 밝기가 높아지거나 낮아진다고 하여도 패턴의 비교가 가능할 것이다.

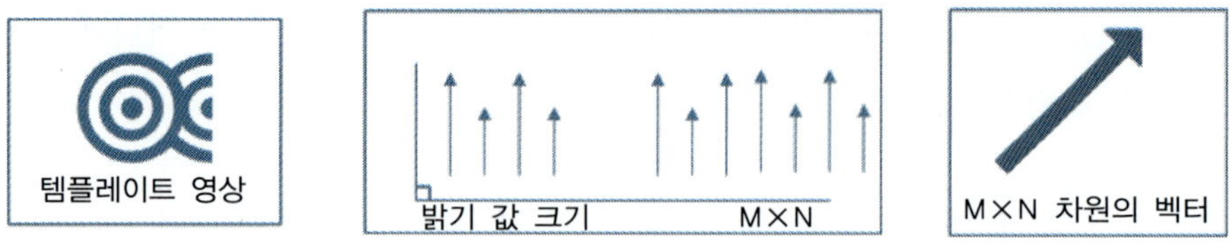


[그림 7-18] 다차원 공간에서의 영상 벡터 정의

[그림 7-18]은 상의 크기 M × N이다. 화소수가 전부 M × N개가 있으므로 이 화소수를 수평축으로 하고 화소의 밝기값을 수직축으로 해서 펼친 그래프가 중간에 있는 밝기 그래프이다. 이 때 화소수만큼 큰 이론적인 고차원을 정의한다면 이 템플레이트의 화소값 데이터는 M × N개의 차원상에 놓여 있는 하나의 벡터가 된다.

$$r = \frac{a \bullet b}{|a| \bullet |b|} = \frac{\sum_{i=0}^{M}\sum_{j=0}^{N} a(i,j)b(i,j)}{\sqrt{\sum_{i=0}^{M}\sum_{j=0}^{N} a(i,j) \sum_{i=0}^{M}\sum_{j=0}^{N} b(i,j)^2}}$$

$$r = \frac{(MN)\sum gt - (\sum g)\sum t}{\sqrt{[(MN)\sum g^2 - (\sum g^2)][(MN)\sum t^2 - (\sum t^2)]}}$$

위 두 식다 평균밝기를 빼서 정규화시킨 두 영상을 두 벡터 비교식을 이용하여 유사도를 검사하는 수식이다. 유사도 값을 이용하여 두 그림과의 인식률을 가지고 패턴을 인식할 수 있다.

## 4) USB 카메라 영상처리

### (1) USB 카메라의 이해

[그림 7-19]처럼 USB 카메라는 렌즈를 통한 영상을 CCD에 저장함하고 이 저장된 값을 버퍼에 저장해서 이 값을 파일로 저장하거나 모니터로 볼 수 있게 된다.

USB 카메라의 CCD(Charge Coupled Device)는 빛의 신호를 전기적인 신호로 바꿔주는 역할을 하며 수많은 광전소자로 구성되어 있고 그 소자들을 픽셀 또는 화소라고 표현한다.

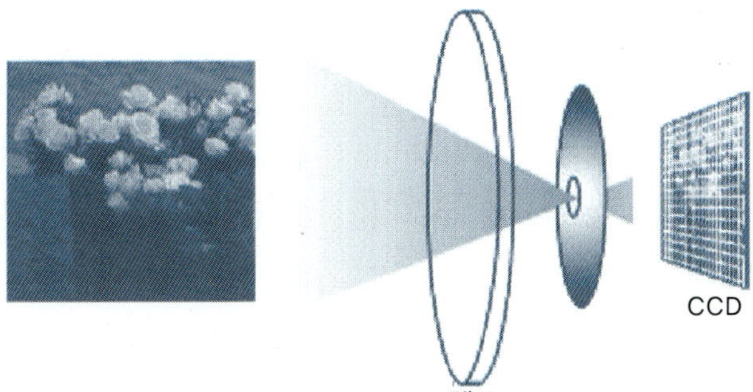


[그림 7-19] CCD 카메라의 원리

## 03 영상처리를 활용한 향상된 미로찾기 실습

### 3-1 영상처리를 활용한 미로찾기 제어

#### 1) 목표와 과제

**(1) 목 표**

이 절에서 실습하는 프로그래밍의 목표는 "로봇의 카메라 센서 및 다양한 센서와 모터 제어를 통해 미로를 찾아나가기"이다. 카메라 센서 및 앞에서 배운 다양한 모터 제어와 센서 제어를 적절히 수행하여 미로를 찾아가는 구현을 하도록 할 것이다.

**(2) 과 제**

이 절에서는 앞에서 수행한 미로를 통과하는 구현에 영상처리 제어를 추가하여 좀 더 향상된 미로찾기를 해 볼 것이다.

이 과제는 IRES 프로그램은 제외하고 CPP 프로그램으로만 작성할 것이다. 이를 위한 시나리오는 다음과 같다.

1. 로봇이 앞쪽 벽과 가까워졌을 때 진로지시 화살표를 인식하여 화살표가 왼쪽 방향 화살표이면 좌회전을 한다. 화살표가 오른쪽 방향 화살표이면 우회전을 한다.
2. 로봇이 앞쪽 벽과 가까워졌을 때 진로지시 화살표가 없거나 인식되지 못했을 경우 왼쪽에 벽이 있으면 좌회전을 하고, 그렇지 않을 경우 우회전을 한다.
3. 로봇이 주행중 앞쪽 벽과 가까워지면 감속한다.

4. 로봇이 주행중 한쪽 벽에 가까워지면 맞은편으로 휘어져 전진한다.
5. 로봇이 주행중 한쪽 벽에 너무 가까워지면 반대 방향으로 회전한다.
6. 로봇이 앞쪽 벽과 가까워지지 않았으나 진로지시 화살표가 인식되고 왼쪽 또는 오른쪽에 벽이 없을 경우 화살표가 왼쪽 방향 화살표이면 좌회전을 하고 오른쪽 방향 화살표이면 우회전을 한다.
7. 위의 경우에 해당되지 않으면 전진한다.

## 2) EDRS 환경구축

### (1) 가상 로봇 만들기

앞에서 사용한 로봇과 같이 [그림 7-20]의 1에 해당하는 '완성형-URobo'를 생성한다. 여기에 [그림 7-21]과 같이 외부의 영상을 얻기 위해 2의 카메라 센서를 3의 위치에 부착한다.

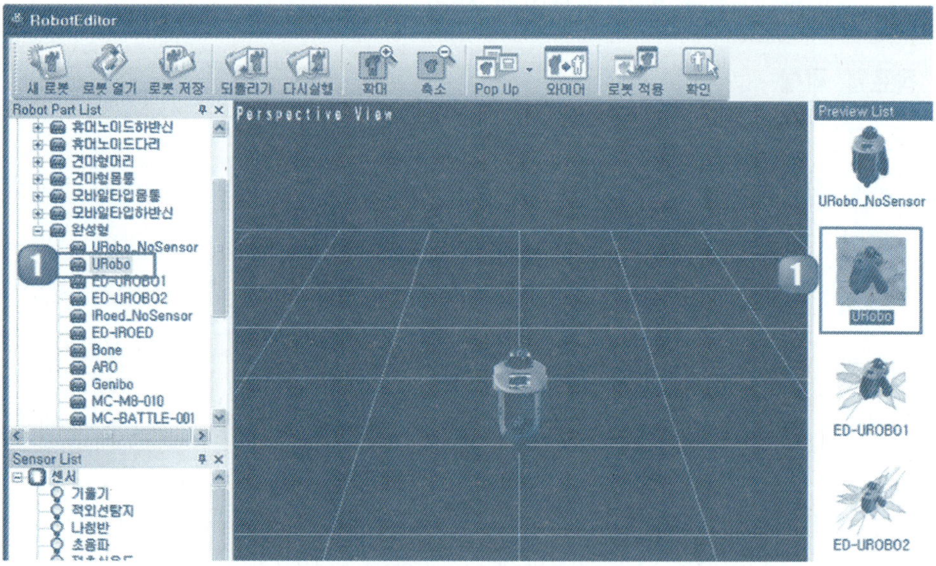


[그림 7-20] 영상처리를 위한 가상 로봇 만들기

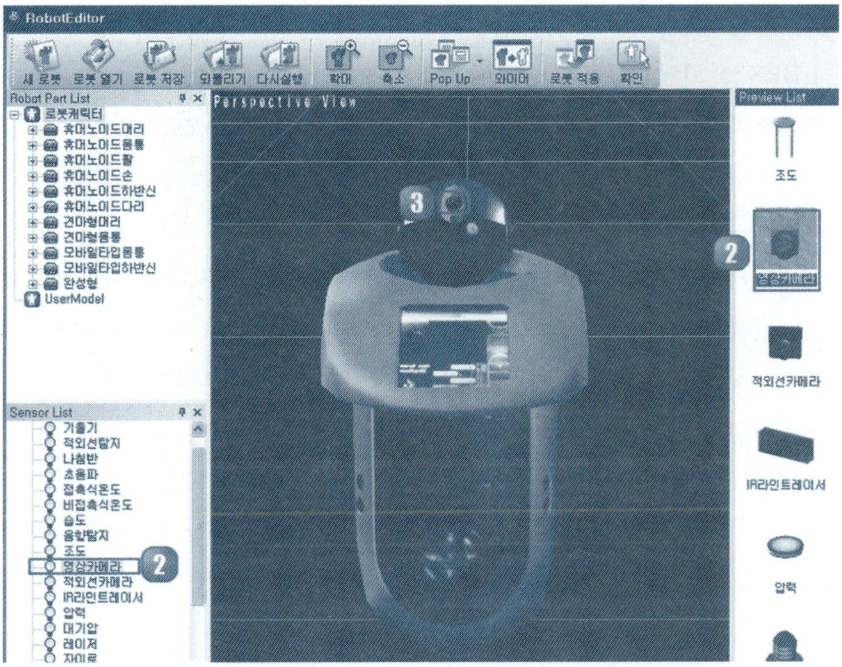


[그림 7-21] 영상처리를 위한 가상 로봇에 카메라 부착하기

## (2) 가상 환경 만들기

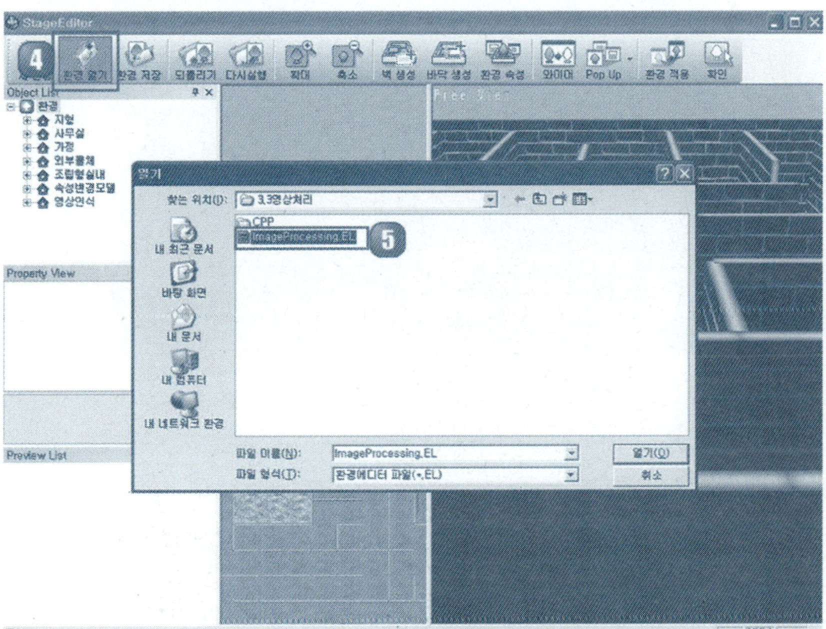


[그림 7-22] 영상처리를 위한 가상 환경 불러오기

EDRS에서 기본적으로 제공되는 환경요소의 미로 지형은 방향지시 화살표가 없다. 따라서, EDRS 설치시 생성되는 예제의 환경 파일을 불러올 것이다.

[그림 7-22]와 같이 4의 환경열기 툴바 버튼을 눌러 열기창을 호출한다.

EDRS의 설치 폴더에서 'Project−03영상처리' 폴더의 'ImageProcess.EL' 파일을 불러오기 한다.

[그림 7-23]은 생성된 가상 로봇과 가상 환경이 적용된 EDRS에서의 화면이다.

이 미로는 그림의 □에 해당하는 부분에 총 13개의 진로 방향을 지시하는 화살표가 표시되어 있다. 이 절의 목표를 수행하기 위해 [그림 7-23]의 6, 7은 특별히 고려해야 한다.

6은 영상처리에 있어서 유의해야 할 부분이다. 6의 위치는 그림자가 존재하는 부분이라 조명이 충분한 다른 지역들과는 다르게 처리되어야 할 것이다.

7의 위치에 로봇이 있을 경우 다른 경우와 다르게 정면의 벽 끝에서의 움직임이 아니라 중간 지점에서 통로를 찾아야 한다는 것을 고려해야 한다.

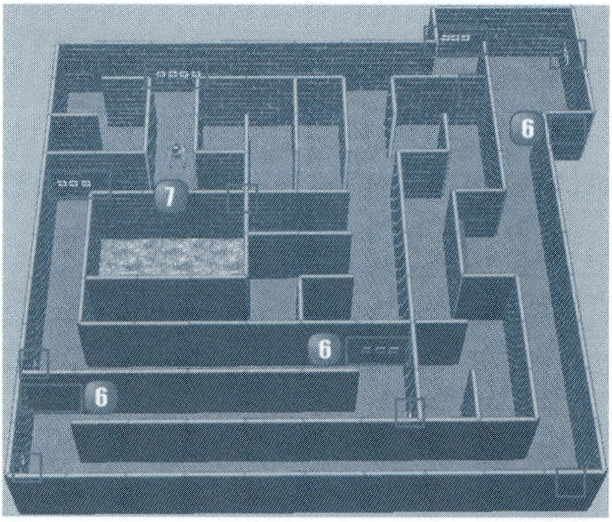


[그림 7-23] 영상처리를 위한 EDRS 설정

### 3) C++ 프로그래밍

영상처리를 위한 프로그램 구현은 앞의 미로찾기 프로그램 구현을 수정하여 구현할 것이다. [그림 7-24]는 전역변수들을 선언한 부분이다.

ImageProcessing.cpp

```
#include "Default.h"

#define CW -1
#define CCW 1

class CDefault;
// Global Variable Define
CDefault    cdefault;
// Infrared Sensor Define
CElementRayInfraredSensor * IRF;
CElementRayInfraredSensor * IRL;
CElementRayInfraredSensor * IRR;
// Ultrasonic Sensor Define
CElementRayUltrasonicSensor *ULS;
CElementRayUltrasonicSensor *URS;      ①
// Motor Define
CElementRotateDCMotor* M_RWheel;
CElementRotateDCMotor* M_LWheel;
// Camera Sensor Define
CElementPicCameraSensor* Camera;       ②

int WinMain(HINSTANCE hInstance,
            HINSTANCE hPrevInstance,
            LPTSTR    lpCmdLine,
            int       nCmdShow)
{
```

[그림 7-24] 영상처리를 위한 전역 선언부

앞의 내용과 유사하나 [그림 7-24]의 1과 같이 CElementRayUltrasonicSensor 클래스 타입의 "URS"가 추가로 선언되었다.

그리고 카메라 영상을 받아오기 위해 2와 같이 CElementPicCameraSensor 클래스 타입의 "Camera"를 추가하였다. 기존에 전역함수로 선언했던 DiagnolLeftForward 함수는 전역으로 사용될 필요가 없어 사용자 변수 선언부로 옮겨졌다.

[그림 7-25]는 사용자 변수 선언부이다. 추가된 초음파 센서 "URS"의 인스턴스를 얻기 위해 3과 같이 "ultra_RS"의 이름으로 인스턴스를 얻어오는 구현이 추가되었다.

4와 같이 "CameraSensor01"의 이름으로 카메라 센서의 인스턴스를 얻어오는 구현도 추가되었다.

사용자 함수는 5와 같이 이전에 전역함수로 선언되었었던 DiagonalLeftForward 함수가 선언되었으며, RightTurn 함수는 매개변수 bool flag가 추가되어 수정되었다.

사용자 변수도 6과 같이 "URS"의 센서값을 담을 "URDis"가 추가되었다.

7은 영상처리에 사용되는 사용자 변수들이다. "rbImage"는 CRbImage 클래스 타입의 객체로 영상처리 기능을 가지고 있는 객체이다.

"pImage"는 카메라를 통해 들어온 영상을 저장하기 위한 포인터 변수이다.

"iDistance"는 카메라와 대상과의 거리를 담을 변수이다.

"iAngle"은 카메라와 대상과의 각도를 저장할 변수이다.

"bLResult1", "bLResult2", "bRResult1", "bRResult2"는 영상처리로 화살표가 인식되었는지 여부를 저장할 변수들이다.

```
int WinMain(HINSTANCE hInstance,
            HINSTANCE hPrevInstance,
            LPTSTR    lpCmdLine,
            int       nCmdShow)
{
    //CDefault    cdefault; //Change to global variable
    OpenMemoryMap();

    GetRegistryData(cdefault.m_nDataCnt, cdefault.m_nObjCnt);
    cdefault.m_cData = new char[cdefault.m_nDataCnt];
    memset(cdefault.m_cData, 0, cdefault.m_nDataCnt);
    GetMemoryMap(cdefault.m_cData);

    cdefault.DataParsing();

    ///************************////////
    /// user vlaue

    string  sRobotName = "EDRobot1";    //Robot Name Variable

    // Motor Define
    M_RWheel =  (CElementRotateDCMotor*)cdefault.GetElementObject(M_RWheel,sRobotName, "wheel_r_dcmotor");
    M_LWheel =  (CElementRotateDCMotor*)cdefault.GetElementObject(M_LWheel,sRobotName, "wheel_l_dcmotor");

    // Infrared Sensor Define
    IRF = (CElementRayInfraredSensor*)cdefault.GetElementObject(IRF,sRobotName, "infrared_F");
    IRL = (CElementRayInfraredSensor*)cdefault.GetElementObject(IRF,sRobotName, "infrared_FL");
    IRR = (CElementRayInfraredSensor*)cdefault.GetElementObject(IRF,sRobotName, "infrared_FR");

    // Ultrasonic Sensor Define
    ULS = (CElementRayUltrasonicSensor*)cdefault.GetElementObject(ULS, sRobotName, "ultra_LS");
    URS = (CElementRayUltrasonicSensor*)cdefault.GetElementObject(URS, sRobotName, "ultra_RS");

    // Camera Sensor Define
    Camera = (CElementPicCameraSensor*)cdefault.GetElementObject(Camera, sRobotName, "CameraSensor01");

    void Forward(int nSpeed);   //Forward Function
    void LeftTurn(bool flag);   //Left Turn Function
    void RightTurn(bool flag);  //Right Turn Function
    void DiagonalLeftForward(bool flag);//Diagonal Left Forward Function
    void DiagonalRightForward();    //Diagonal Right Forward Function

    int IFDis = 0;  // Front Infrared Sensor Value
    int ILDis = 0;  // LeftFront Infrared Sensor Value
    int IRDis = 0;  // RightFront Infrared Sensor Value
    int ULDis = 0;  // Left Ultrasonic Sensor Value
    int URDis = 0;  // Right Ultrasonic Sensor Value

    CRbImage    rbImage;    //Image Processing Object
    char*       pImage;     //Image Variable
    int         iDistance=0;//Distance between Camera and Image
    int         iAngle=0;   //Angle between Camera and Image
    bool        bLResult1, bLResult2, bRResult1, bRResult2; //Recognition Y/N
    bLResult1 = 0; bLResult2 = 0; bRResult1 = 0; bRResult2 = 0;

    while(1)
```

[그림 7-25] 영상처리를 위한 사용자 변수 선언부

[그림 7-26]과 [그림 7-27]은 영상처리를 위한 메인 제어문이다.

8은 "URS" 센서의 거리값을 가져오는 부분이며, 9는 CElementPicCameraSensor 클래스의 GetImageData() 메소드를 통해 카메라의 영상을 "pImage" 변수에 저장하는 부분이다. 먼저 시나리오 6을 구현한다.

10과 같이 앞의 장애물과의 거리가 많이 떨어진 거리에서 왼쪽 초음파 센서에 벽이 감지되지 않을 때의 조건을 확인한 후 91번째 줄과 같이 왼쪽 편으로 이동하는 것이 맞는지를 영상인식을 통해 확인하여, 92~93번째 줄과 같이 왼쪽 화살표가 인식되면 좌회전을 하도록 한다. 여기서 사용된 CRbImage 클래스의 GetImagePattern() 메소드는 주어진 영상에서 화살표의 방향을 인식하는 메소드이다.

```
77      while(1)
78      {
79          ///control code ///
80          IFDis=IRF->GetCurrentDist();//Get Current Front Infrared Sensor Value
81          ILDis=IRL->GetCurrentDist();//Get Current Left Front Infrared Sensor Value
82          IRDis=IRR->GetCurrentDist();//Get Current Right Front Infrared Sensor Value
83          ULDis=ULS->GetCurrentDist();//Get Current Left Ultrasonic Sensor Value
84          URDis=URS->GetCurrentDist();//Get Current Rogjt Ultrasonic Sensor Value
85
86          pImage = Camera->GetImageData();    //Get Camera Image
87
88          if( IFDis > 130 && IFDis < 180 && ULDis == 0 ) //Scenario 6
89          {
90              // Try Recognize Left Arrow
91              bLResult1 =rbImage.GetImagePattern(pImage, 3, 255, 0, 0, iDistance, iAngle);
92              if( bLResult1 == true)
93                  LeftTurn(true);
94          }
95          else if( IFDis > 130 && IFDis < 180 && URDis == 0 ) //Scenario 6
96          {
97              // Try Recognize Right Arrow
98              bRResult1 =rbImage.GetImagePattern(pImage, 5, 255, 0, 0, iDistance, iAngle);
99              if( bRResult1 == true)
100                 RightTurn(true);
101         }
102         else if(IFDis > 0 && IFDis < 25 )    //Scenario 1
103         {
104             // Try Recognize Left Arrow
105             bLResult1 = rbImage.GetImagePattern(pImage, 3, 255, 0, 0, iDistance, iAngle);
106             // Try Recognize Left Arrow in Shadow
107             bLResult2 = rbImage.GetImagePattern(pImage, 3, 155, 0, 0, iDistance, iAngle);
108             // Try Recognize Right Arrow
109             bRResult1 = rbImage.GetImagePattern(pImage, 5, 255, 0, 0, iDistance, iAngle);
110             // Try Recognize Right Arrow in Shadow
111             bRResult2 = rbImage.GetImagePattern(pImage, 5, 94, 0, 0, iDistance, iAngle);
112
113             cout << "bLResult1 : " << bLResult1 << endl;
114             cout << "bLResult2 : " << bLResult2 << endl;
115             cout << "bRResult1 : " << bRResult1 << endl;
116             cout << "bRResult2 : " << bRResult2 << endl;
117
118             if(bLResult1 == true || bLResult2 == true)
119             {
120                 cout << "Arrow Detected" << endl;
121                 cout << "Camera Detected.... Turn Left" << endl;
122                 LeftTurn(false);
123             }
124             else if(bRResult1 == true || bRResult2 == true)
125             {
126                 cout << "Arrow Detected" << endl;
127                 cout << "Camera Detected.... Turn Right" << endl;
128                 RightTurn(false);
129             }
130             else if((ILDis >0 && ILDis < 18)||(IRDis > 0 && IRDis < 18))    // Scenario 2
131             {
132                 if(ULDis==0)
133                     LeftTurn(false);
134                 else
135                     RightTurn(false);
136             }
137         }
```

[그림 7-26] 영상처리를 위한 메인 제어문_1

이 메소드는 7개의 매개변수가 전달되며 순서대로 영상이미지, 인식할 패턴, 인식할 패턴의 색깔 R, G, B, 대상과의 거리를 저장할 변수, 대상과의 각도를 저장할 변수를 매개변수로 전달해야 한다.

인식할 패턴은 0은 원, 1은 사각형, 2는 삼각형, 3은 왼쪽 방향 화살표, 4는 윗방향 화살표, 5는 오른쪽 방향 화살표이다. 91번째 줄에서 사용된 인식할 패턴의 색깔은 255, 0, 0으로 이것은 빨간색 색상을 나타낸다.

11은 10과는 반대로 오른쪽에 통로가 열려 있고 오른쪽 화살표가 인식되는지를 판단하는 부분이다.

12는 시나리오 1을 구현한 부분이다. 장애물과의 거리가 25cm미만으로 가까워졌을 때 영상을 인식하도록 한다.

- 105번째 줄과 109번째 줄은 10, 11에서와 같으나, 107번째 줄과 111번째 줄의 RGB

CHAPTER 07

값이 다르게 설정되어 있다. [그림 7-23]에서 표시된 어두운 지역의 화살표를 인식하기 위해 해당 색깔을 달리한 것이다.

시뮬레이션이 아닌 실제 구현에서는 현재의 조도값에 따라 다르게 인식하도록 구현을 해야 할 것이다.

- 118~123번째 줄은 왼쪽 화살표가 인식되었을 경우이며, LeftTurn() 함수를 호출하여 왼쪽으로 회전하며 전진공간을 확보할 것이다.
- 124~129번째 줄은 오른쪽 화살표가 인식되었을 경우이며, RightTurn() 함수를 호출하여 오른쪽 방향으로 회전하여 전진공간을 확보할 것이다.
- 130~136번째 줄은 시나리오 2를 구현한 내용이며 영상 인식이 실패했거나, 진행방향 지시가 없을 경우, 왼쪽 벽 따라가기 알고리즘으로 왼쪽 벽이 인식되지 않으면 왼쪽으로 아니면 오른쪽으로 회전하도록 한다.

13

```
		else if((ILDis > 0 && ILDis < 30)||(IRDis > 0 && IRDis < 30))   // Scenario 5
		{
			if(ILDis>0 && IRDis>0)
			{
				if(ILDis>=IRDis)
					LeftTurn(false);
				else
					RightTurn(false);
			}
			else if(ILDis > 0 && ILDis < 30)
				RightTurn();
			else if(IRDis > 0 && IRDis < 30)
				LeftTurn(false);

		}
```

14

```
		else if( (ILDis >= 30 && ILDis < 78)||(IRDis >= 30 && IRDis < 78))  // Scenario 4
		{
			if(ILDis>0&&IRDis>0)
			{
				if(ILDis>=IRDis)
					DiagonalLeftForward(false);
				else
					DiagonalRightForward();
			}
			else if(ILDis >= 30 && ILDis < 78)
				DiagonalRightForward();
			else if(IRDis >= 30 && IRDis < 78)
				DiagonalLeftForward(false);
		}
```

15

```
		else
		{
			if(IFDis>0 && IFDis<60) // Scenario 3
				Forward(30);
			else                    // Scenario 7
				Forward(60);
		}


	///***************************///
		cdefault.DataPush();
		SendMemoryMap(cdefault.m_cData);

		GetMemoryMap(cdefault.m_cData);
		cdefault.DataModify();

	}
```

[그림 7-27] 영상처리를 위한 메인 제어문_2

[그림 7-27]의 13과 14는 각각 시나리오 3과 4를 구현한 내용이며, 앞에서 왼쪽 치우침과 오른쪽 치우침을 구별하여 구현한 내용을 하나로 합친 구현이다.

이렇게 합친 이유는 실제로 한쪽으로만 치우쳤음에도 불구하고 양쪽 센서의 값이 모두 78cm 미만으로 측정될 경우가 상황에 따라 발생한다.

이 경우 else if문에 의해 상황을 판단하지 못하고 앞에 선언된 if문에 의해 왼쪽 치우침으로 판단해버리는 오류가 발생하여 140~146번째 줄과 155~161번째 줄과 같이 어느쪽으로 치우침이 더 큰지를 판단하여 방향조율을 하도록 수정하였다.

15의 169는 시나리오 3에 의해 30rpm으로 감속하는 구현이다.

이번에는 메인 제어문에 사용된 함수들의 수정된 내용을 살펴보기로 한다.

[그림 7-28]은 LeftTurn 함수의 구현내용이다.

앞의 LeftTurn 함수에서 매개변수가 true일 때 부분이 왼쪽벽을 따라가기 알고리즘으로 구현함에 의해 복잡하게 구현되었으나, 여기에서는 방향지시가 있어 단순히 정면의 벽과 근접한 후의 좌회전인지 거리가 떨어져 있는 상태에서인지만 구별하면 된다.

벽과 근접시에는 "nIRDis"의 값이 회전중에 전진공간이 확보될 때까지 50이상으로 멀어질 경우가 없지만, 거리가 떨어져 있는 경우 그렇지 않기 때문에 217~221번째 줄과 같이 "flag"가 'true'이면 정면의 적외선 센서만으로 회전종료 조건을 확인한다.

```
194 void LeftTurn(bool flag) //flag - true : UFDis>130, false : UFDis<25
195 {
196     cout << "LeftTurn" << endl;
197     int nIFDis = 0;
198     int nIRDis = 0;
199     int nULDis = 0;
200     while(1)
201     {
202         M_RWheel->SetSpeed(5);
203         M_RWheel->SetRotateDirect(CW);
204         M_LWheel->SetSpeed(5);
205         M_LWheel->SetRotateDirect(CW);
206 
207         cdefault.DataPush();
208         SendMemoryMap(cdefault.m_cData);
209         GetMemoryMap(cdefault.m_cData);
210         cdefault.DataModify();
211 
212         nIFDis = IRF->GetCurrentDist();
213         nIRDis = IRR->GetCurrentDist();
214         cout << nIFDis << endl;
215         if ( flag )  //flag - true : UFDis>130
216         {
217             if(nIFDis == 0)
218             {
219                 break;
220             }
221         }
222         else //flag - false : UFDis<25
223         {
224             if(nIRDis >= 50|| nIFDis == 0)
225             {
226                 break;
227             }
228         }
229     }
230 }
```

16

[그림 7-28] 영상처리를 위한 LeftTurn 함수

그리고 앞과 달리 왼쪽 초음파 센서 대신 오른쪽 적외선 센서를 사용하여 확인한다.

[그림 7-29]는 LeftTurn 함수의 수행과 마찬가지로 flag 매개변수가 추가되었으며, IRL 센서를 추가로 사용하여 전진공간을 확보한다.

[그림 7-30]은 Forward, DiagonalLeftForward, DiagonalRightForward 함수의 구현이며 앞과 바뀐 내용은 없다.

```
void RightTurn(bool flag)//flag - true : UFDis>130, false : UFDis<25
{

    cout << "RightTurn" << endl;
    int nIFDis = 0;
    int nILDis = 0;
    while(1)
    {
        M_RWheel->SetSpeed(5);
        M_RWheel->SetRotateDirect(CCW);
        M_LWheel->SetSpeed(5);
        M_LWheel->SetRotateDirect(CCW);

        cdefault.DataPush();
        SendMemoryMap(cdefault.m_cData);
        GetMemoryMap(cdefault.m_cData);
        cdefault.DataModify();

        nIFDis = IRF->GetCurrentDist();
        nILDis = IRL->GetCurrentDist();
        cout << nIFDis << endl;
        if(flag)      //flag - true : UFDis>130
        {
            if(nIFDis == 0)
                break;
        }
        else          //flag - false : UFDis<25
        {
            if(nILDis >= 50 || nIFDis == 0)
                break;
        }
    }
}
```

17

[그림 7-29] 영상처리를 위한 RightTurn 함수

```
void Forward(int nSpeed)
{
    cout << "Forward" << endl;
    M_RWheel->SetSpeed(nSpeed);
    M_RWheel->SetRotateDirect(CW);
    M_LWheel->SetSpeed(nSpeed);
    M_LWheel->SetRotateDirect(CCW);
}


void DiagonalLeftForward(bool flag)
{
    cout << "Diagonal Left" << endl;
    if(flag)
    {
        M_RWheel->SetSpeed(40);
        M_RWheel->SetRotateDirect(CW);
        M_LWheel->SetSpeed(20);
        M_LWheel->SetRotateDirect(CCW);
    }
    else
    {
        M_RWheel->SetSpeed(42);
        M_RWheel->SetRotateDirect(CW);
        M_LWheel->SetSpeed(40);
        M_LWheel->SetRotateDirect(CCW);
    }
}

void DiagonalRightForward(void)
{
    cout << "Diagonal Right" << endl;
    M_RWheel->SetSpeed(40);
    M_RWheel->SetRotateDirect(CW);
    M_LWheel->SetSpeed(42);
    M_LWheel->SetRotateDirect(CCW);
}
```

[그림 7-30] 영상처리를 위한 그 외 함수

### 5) 시뮬레이션 결과 화면

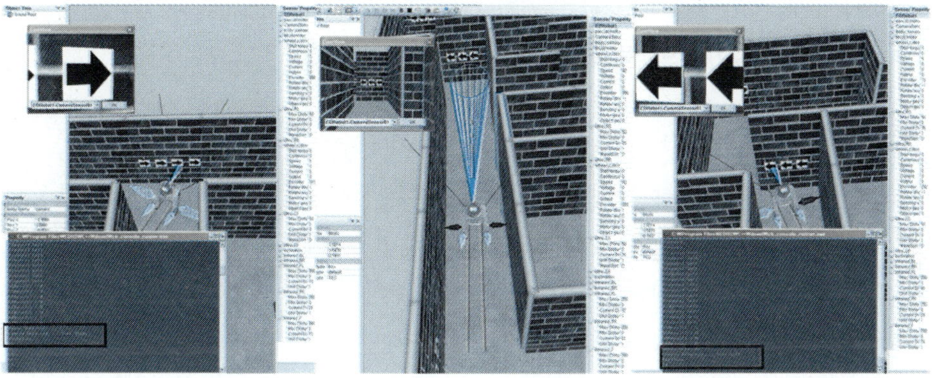

[그림 7-31] 영상처리 제어 결과 시뮬레이션 화면

**참고**

결과 화면에 나타난 카메라 영상은 EDRS에서 오른쪽 마우스 버튼을 클릭하면 그림과 같은 팝업메뉴가 나온다. 여기에서 "카메라 영상"을 선택하면 "CamView" 팝업창이 나타나며 아래의 콤보박에서 카메라 센서를 선택하면 해당 카메라의 영상이 나타난다.

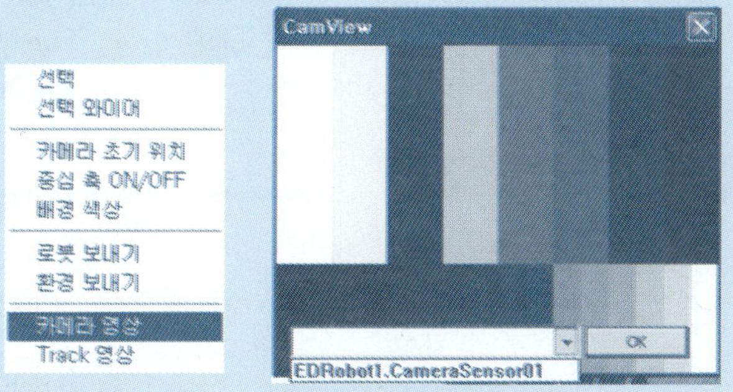


[그림 7-32]

# 04 라인 트레이서의 이해와 EDRS를 활용한 라인 감지 실습

## 4-1 라인 트레이서의 이해

### 1) 라인 트레이서란

라인 트레이서(Line Tracer)는 line(라인 : 선) + tracer(트레이서 : 추적자)의 합성어로 말 그대로 "선을 추적하는 로봇"을 말한다. 다시말하면, 바닥에 그려져 있는 흰색이나 검정색의 선을 따라 움직이는 주행 로봇이다. 이러한 라인 트레이서 로봇은 산업현장 등에서 무인차량으로 사용되어 물품을 이동시키는 수단으로 가장 많이 사용된다.

라인 트레이서는 기본이 되는 기능인 라인을 검출하는 기능을 가져야 한다. 이는 주로 적외선 센서를 활용하여 구현된다. [그림 7-33]과 같이 빛의 성질에 의하여 검정색 부분에서는 빛이 흡수되어 발광부에 나온 빛이 수광부에 전달되지 않고, 흰색부분에서는 빛이 반사되어 수광부에 빛이 전달되어 IC에 신호를 주게 되는 원리를 사용한다.

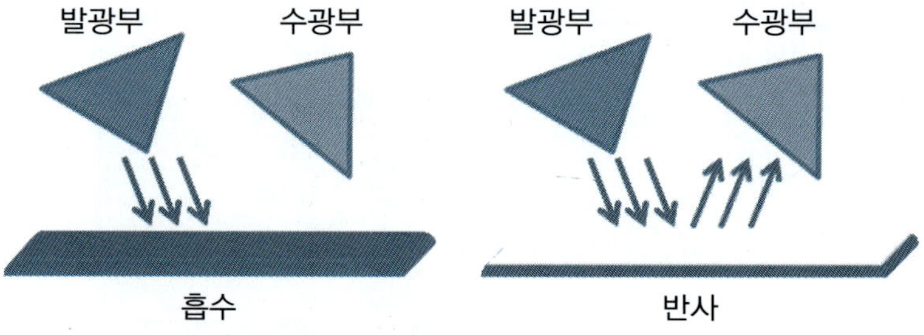


[그림 7-33] 라인 트레이서의 원리

### 2) 라인 트레이서를 위한 센서의 배치

일반적으로 사용되는 센서의 배치는 [그림 7-34]와 같다. 실제 센서의 배치는 라인 트레이서를 구현하는 알고리즘과 매우 밀접한 연관성이 있으므로, 적용하고자 하는 알고리즘에 따라 적합한 형태로 센서를 배치해야 한다. 또한 센서의 개수는 3조에서 8조까지 다양한 형태로 사용할 수 있으며 이 역시 구현하는 알고리즘에 적합한 형태로 결정해야 한다.

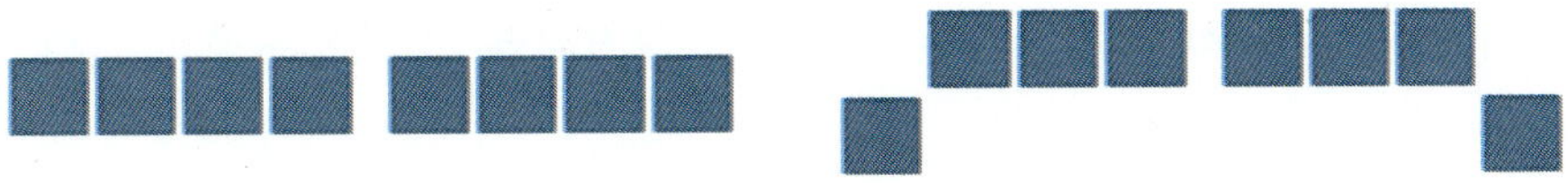

(a) (b)

[그림 7-34] 라인 트레이서의 일반적인 센서 배치

### 3) 라인 트레이서의 기본 알고리즘

라인 트레이서의 기본 알고리즘은 간단하다. [그림 7-35]의 (a)와 같은 경우 정상적으로 라인위에 있을 경우이며, (b)의 경우 로봇이 라인의 오른쪽에 있는 상태이므로 로봇을 왼쪽으로 이동시켜야 한다. (c)의 경우 라인의 왼쪽에 있는 상태이므로 오른쪽으로 이동시켜야 한다.

[그림 7-35] 라인 트레이서의 기본 알고리즘

## 4-2 라인 감지 센서를 이용한 라인 인식 제어

### 1) 목표와 과제

#### (1) 목 표

이 절에서 실습하는 프로그래밍의 목표는 "로봇의 라인 감지 센서를 이용하여 라인을 인식하고 로봇을 제어하기"이다. 로봇의 라인 감지 센서를 사용하여 바닥의 검은색 라인을 인식하고 지금까지 배웠던 제어를 사용하여 로봇을 적절하게 움직여 보자.

#### (2) 과 제

이 절에서 구현해야할 과제는 [그림 7-36]과 같이 바닥에 그려진 검은 선을 따라 로봇이 주행하도록 하는 제어이다. 로봇의 제어 시나리오는 다음과 같다.

1. 로봇의 라인 감지 센서의 중앙에 선이 감지되거나, 좌우 모두에서 감지되면 로봇은 30rpm의 속도로 전진이동을 한다.
2. 로봇의 라인 감지 센서의 왼편에서 선이 감지되면 로봇을 오른쪽으로 회전시킨다.

3. 로봇의 라인 감지 센서의 오른편에서 선이 감지되면 로봇을 왼쪽으로 회전시킨다.

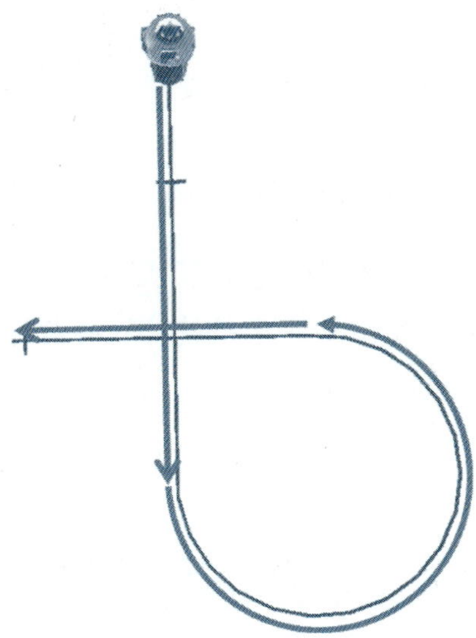

[그림 7-36] 라인 트레이서의 로봇 이동경로

## 2) EDRS 환경구축

### (1) 가상 로봇 만들기

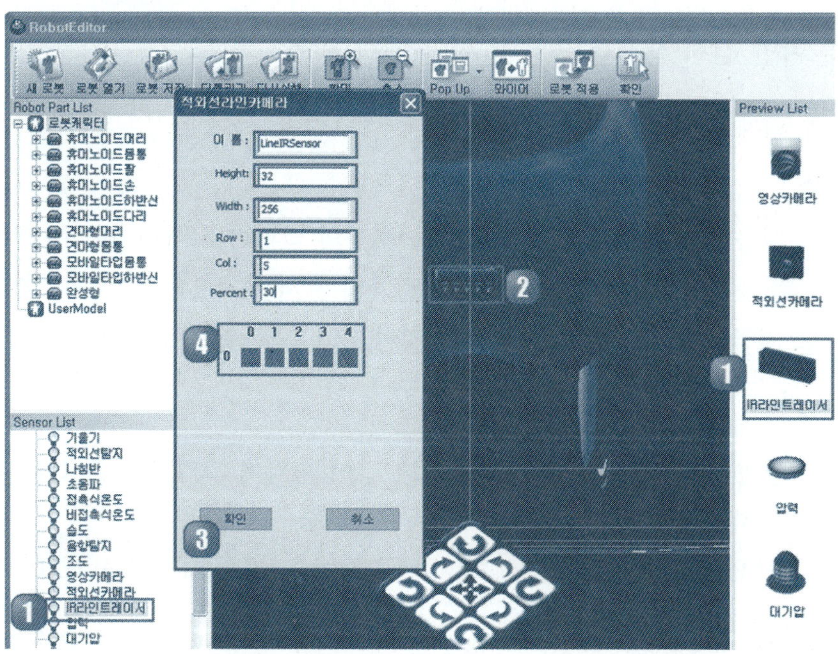


[그림 7-37] 라인 트레이서를 구현하기 위한 로봇 생성

이 절에서 사용할 로봇은 '완성형-URobot'를 생성한 후 [그림 7-37]의 1과 같이 'IR 라인 트레이서' 센서를 2의 위치에 부착한다. 라인 트레이서의 구현에 있어서 이 센서의 위치와 방향은 매우 중요하므로 알고리즘에 맞게 적합한 위치에 부착하여야 한다.

3과 같이 환경설정창을 열어 이름을 "LineIRSensor"로 Height 32, Width 256, Row 1, Col 5, Percent 30으로 설정한다.

Height와 Width는 EDRS에서 보여주는 센싱 이미지의 대화상자 크기를 설정하는 것이다.

Row와 Col은 'IR 라인 트레이서' 센서의 IR 센서의 개수이다.

Row와 Col의 설정에 따라 4와 같이 모습을 볼 수 있다. 마지막 Percent는 하나의 셀에서 라인을 인식하는데 있어서 셀 크기의 몇 % 이상을 차지하고 있을 때 인식하게 할 것인지를 설정하는 부분이다. 이는 라인의 두께와 밀접한 관련이 있다.

현재 설정된 센서의 상태에서는 로봇 입장에서는 오른쪽 끝이 (0, 0)의 셀이다. 만일 로봇 입장에서 (0, 0)의 셀이 왼쪽 끝에 오도록 하려면 센서를 회전시켜서 설정해야 한다.

### (2) 가상 환경 만들기

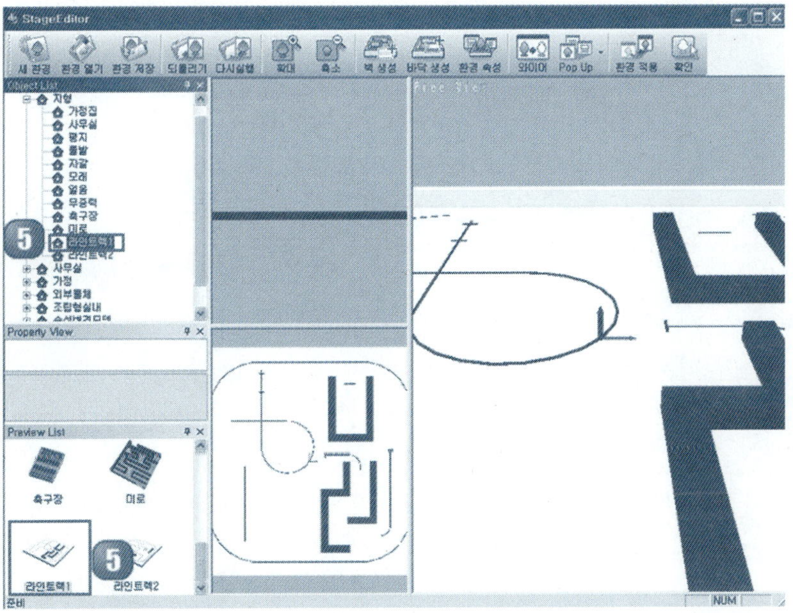


[그림 7-38] 라인 트레이서를 구현하기 위한 환경 생성

이 절에서 사용할 가상 환경은 [그림 7-38]과 같이 '지형-라인트랙1'을 적용하여, 라인 트레이서를 위한 환경을 구축한다.

### 3) IRES 프로그래밍

우리는 시나리오에 맞춰 IR라인 트레이서 센서를 이용하여 선을 따라 주행하는 로봇을 구현할 것이다.

먼저, 시나리오 2, 3의 조건을 판단하기 위해 [그림 7-39]와 같이 1의 'Branch' 탭의 'IR라인 트레이서'를 2와 3의 위치에 추가하고, 4와 같이 환경설정창을 띄운다.

2는 'Left'로 3은 'Right'로 설정한다. 2의 Y분기는 왼쪽 2개의 센서 중 하나이상에서 감지되었을 때이다.

3의 Y분기는 오른쪽 센서 중 하나이상에서 감지되었을 때이다. 3의 N분기는 가운데 셀에서만 감지되었거나 어느 셀에서도 감지되지 않았을 때이다.

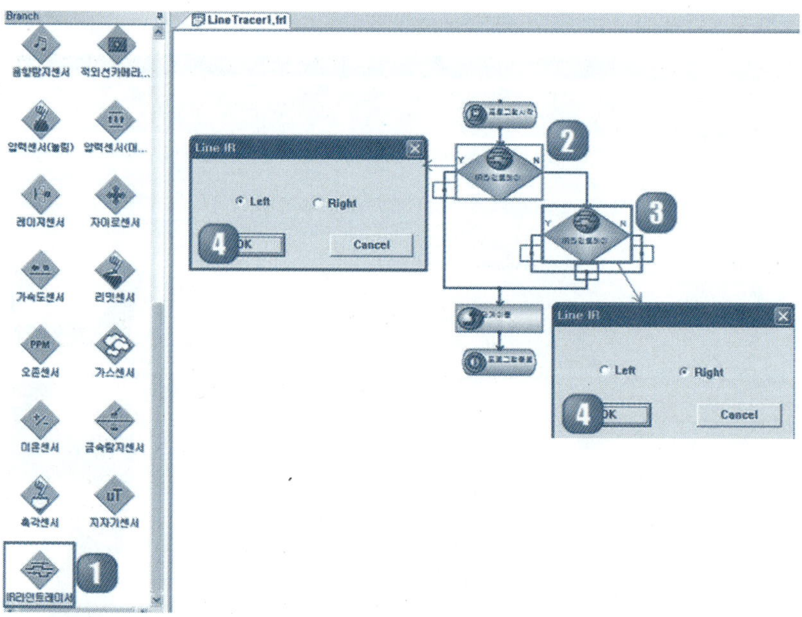


[그림 7-39] IR 라인 트레이서 센서 분기 노드의 생성

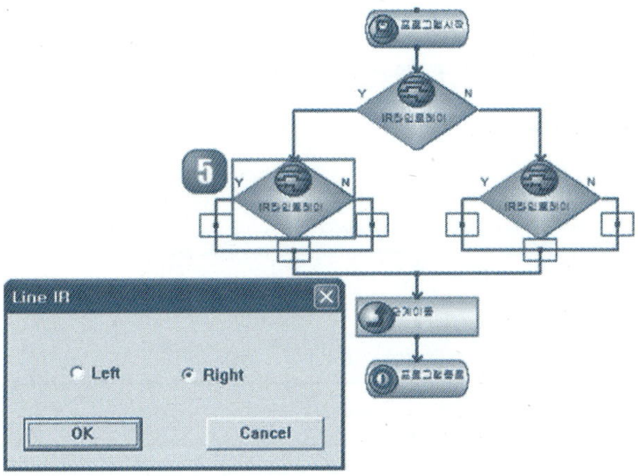

[그림 7-40] 왼쪽/오른쪽 모두 감지되었을 경우를 위한 분기 노드 생성

[그림 7-40]은 왼쪽뿐만 아니라 오른쪽에도 선이 감지되었을 때를 위해 IR 라인 트레이서 센서 분기를 추가한다.

[그림 7-41]은 각 조건에 따른 수행을 구현한 내용이다.

6은 좌, 우 모두 감지되었을 때의 수행으로 30rpm으로 전진하도록 한다.

7은 왼쪽에 선이 감지된 경우의 수행이며 10rpm으로 시계방향 회전을 한다. 만일, 가상 로봇 생성에서 센서를 180° 회전하였다면 로봇을 시계반대방향으로 회전시켜야 한다.

8은 7과는 반대로 오른쪽에 선이 감지된 경우이므로 로봇을 시계방향으로 회전시킨다.

9는 30rpm으로 전진하는 구현이다.

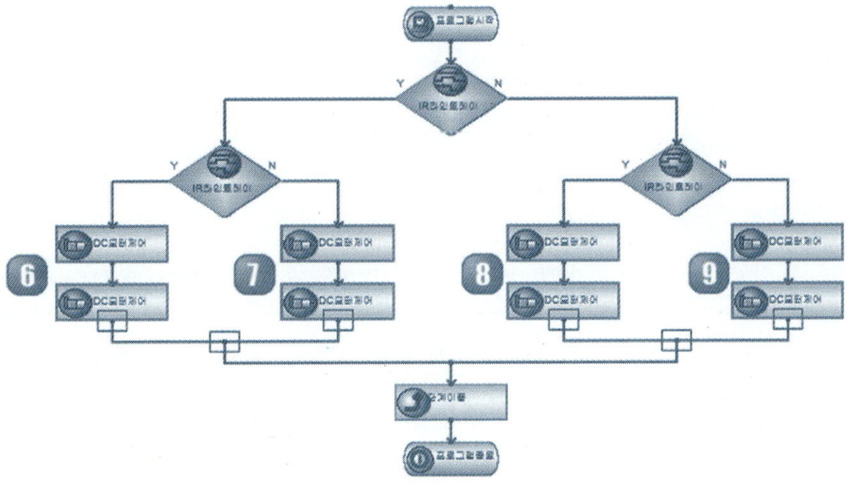

[그림 7-41] 각 조건에 따른 수행 구현

### 4) C++ 프로그래밍

이 절의 C++ 구현에서 사용되는 함수에서는 단지 바퀴의 모터만 사용하므로 1과 같이 모터만 전역변수로 선언한다.

LineTracer1.cpp

```
#include "Default.h"

#define CW -1
#define CCW 1

class CDefault;

// Motor Define
CElementRotateDCMotor*  M_RWheel;   //right_wheel Variable
CElementRotateDCMotor*  M_LWheel;   //left_wheel Variable

int WinMain(HINSTANCE hInstance,
                        HINSTANCE hPrevInstance,
                        LPTSTR    lpCmdLine,
                        int       nCmdShow)
```

[그림 7-42] 라인 트레이서 구현을 위한 전역변수 선언

[그림 7-43]은 사용자 변수 선언부이다.

로봇의 이름설정이나 모터의 인스턴스를 얻는 과정은 앞의 내용들과 다르지 않다.

라인 트레이서를 위한 IR 센서를 사용하기 위해 2와 같이 CElementLineIRSensor 클래스 타입의 "LineIR" 변수를 선언하고 "LineIRSensor"의 이름으로 인스턴스를 얻어온다.

3은 사용될 함수를 선언한 부분이다.

```
int WinMain(HINSTANCE hInstance,
                        HINSTANCE hPrevInstance,
                        LPTSTR    lpCmdLine,
                        int       nCmdShow)
{
    CDefault    cdefault;

    OpenMemoryMap();

    GetRegistryData(cdefault.m_nDataCnt, cdefault.m_nObjCnt);
    cdefault.m_cData = new char[cdefault.m_nDataCnt];
    memset(cdefault.m_cData, 0, cdefault.m_nDataCnt);
    GetMemoryMap(cdefault.m_cData);

    cdefault.DataParsing();

    ///************************////////
    /// user vlaue

    string  sRobotName = "EDRobot1";    //Robot Name Variable

    //get wheel dcmotor instance
    M_RWheel=(CElementRotateDCMotor*)cdefault.GetElementObject(M_RWheel,sRobotName,"wheel_r_dcmotor");
    M_LWheel=(CElementRotateDCMotor*)cdefault.GetElementObject(M_LWheel,sRobotName,"wheel_l_dcmotor");

    // LineIRSensor Define
    CElementLineIRSensor *  LineIR;
    LineIR = (CElementLineIRSensor*)cdefault.GetElementObject(LineIR,sRobotName,"LineIRSensor");

    void Forward(int nSpeed);   //Forward Function
    void LineLeftTurn();        //Left Turn Function on Line
    void LineRightTurn();       //Right Turn Function on Line

    while(1)
    {
```

[그림 7-43] 라인 트레이서 구현을 위한 사용자 변수 선언

```
while(1)
{
///control code ///
    if(LineIR !=NULL)
    {
        if(LineIR->CheckIR(0,2)>0)   // Scenario 1
        {
            Forward(30);
        }
        else if(LineIR->CheckIR(0,0)>0||LineIR->CheckIR(0,1)>0) // Scenario 3
        {
            LineLeftTurn();
        }
        else if(LineIR->CheckIR(0,3)>0||LineIR->CheckIR(0,4)>0) // Scenario 2
        {
            LineRightTurn();
        }
        else
        {
            Forward(20);
        }
    }
///****************************///
```

**[그림 7-44]** 라인 트레이서 구현을 위한 메인 제어부

[그림 7-44]는 라인 트레이서 구현을 위한 메인 제어부이다.

4는 시나리오 1의 전진조건을 판단하고 전진하는 구현이다.

5는 시나리오 3의 좌회전 조건을 판단하고 좌회전하는 구현이다.

6은 시나리오 2의 우회전 조건을 판단하고 우회전하는 구현이다.

7은 어느 셀에도 선이 감지되지 않은 경우이며 전진을 수행한다. IR센서의 감지여부 확인은 CElementLineIRSensor 클래스의 CheckIR() 메소드를 사용하여 확인할 수 있다.

첫 번째 매개변수는 행(Row)번호이며, 두 번째 매개변수는 열(Col)번호이다. 이 번호들은 인덱스(Index) 기반으로 0부터 시작이 되며, [그림 7-44]의 4를 참조하여 호출하면 된다.

[그림 7-45]는 사용된 함수들의 구현이다.

Forward 함수는 앞의 절의 Forward 함수와 똑같으며, LineLeftTurn 함수와 LineRight Turn 함수는 각각 시계방향, 반시계방향 회전을 구현한다.

```
void Forward(int nSpeed)
{
    cout << "Forward : "<< nSpeed << endl;
    M_RWheel->SetSpeed(nSpeed);
    M_RWheel->SetRotateDirect(CW);
    M_LWheel->SetSpeed(nSpeed);
    M_LWheel->SetRotateDirect(CCW);
}
void LineLeftTurn()
{
    cout << "Line Left Turn" << endl;
    M_RWheel->SetSpeed(10);
    M_RWheel->SetRotateDirect(CCW);
    M_LWheel->SetSpeed(10);
    M_LWheel->SetRotateDirect(CCW);
}

void LineRightTurn()
{
    cout << "Line Right Turn" << endl;
    M_RWheel->SetSpeed(10);
    M_RWheel->SetRotateDirect(CW);
    M_LWheel->SetSpeed(10);
    M_LWheel->SetRotateDirect(CW);
}
```

[그림 7-45] 함수의 구현

### 5) 시뮬레이션 결과 화면

[그림 7-46] 라인 트레이서 제어 결과 시뮬레이션 화면

**참고**

결과 화면에 나타난 IR 라인 트레이서 뷰창은 EDRS에서 오른쪽 마우스 버튼을 클릭하면 그림과 같은 팝업메뉴가 나온다. 여기에서 "Track 영상"을 선택하면 "IR Line Tracer Viewer" 팝업창이 나타난다.

[그림 7-47]

### 6) 심화 실습

- 앞의 실습을 통해 라인 트레이서의 기본 제어를 "라인트랙1"에서 실습하였다. 이번에는 "라인트랙2"의 환경지형에 있는 폐곡선 트랙에서도 제어해보자.
- "라인트랙1" 환경지형에서 |---------| 형태의 트랙에서 왕복주행을 하는 라인 트레이서를 제어해보자.

## 05 EDRS를 활용한 라인 트레이서 실습

### 5-1 라인 트레이서 제어

### 1) 목표와 과제

#### (1) 목 표

이 절에서 실습하는 프로그래밍의 목표는 "EDRS를 활용하여 라인 트레이서 로봇을 제어하기"이다. 앞에서 배운 기본 제어를 활용하여 복잡한 시나리오상에서의 라인 트레이서 제어를 수행해 볼 것이다.

#### (2) 과 제

이 절에서 구현해야 할 과제는 [그림 7-48]과 같이 바닥에 그려진 검은 선을 따라 로봇이 주행하도록 하는 제어이다. 로봇의 제어 시나리오는 다음과 같다.

1. 로봇은 라인을 감지하며 [그림 7-48]의 1~12까지 주행을 한다.
2. 실선 화살표는 주행구간이며, 작은 점선 화살표는 감속구간, 긴 점선 화살표는 회전 구간이다.
3. 6에서는 180° 회전을 하며, 12에서는 정지를 한다.

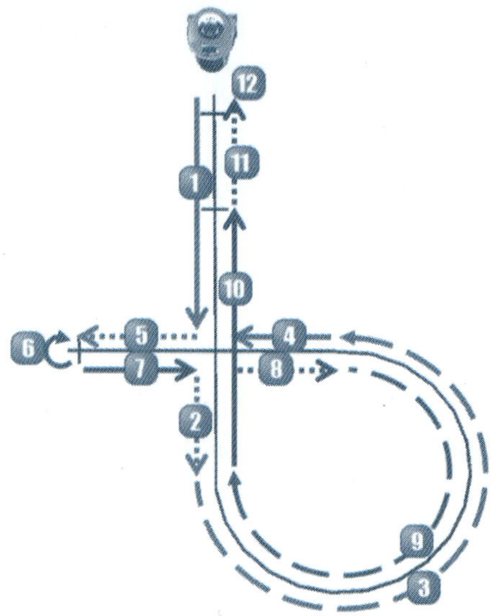

[그림 7-48] 라인 트레이서의 이동경로

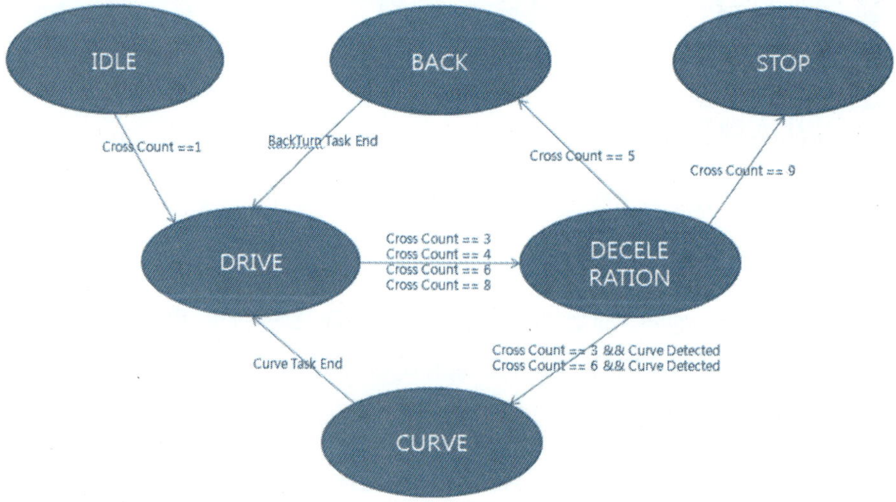


[그림 7-49] 라인 트레이서의 구현 시나리오의 상태 다이어그램 분석

[그림 7-49]는 이 절에서 구현해야 할 과제를 분석하여 상태 다이어그램으로 나타낸 것이다. 이러한 상태다이어그램은 복잡한 문제에 있어서 이를 분석할 때 특정 대상의 상태를 관점으로 분석하여 문제를 단순화시킴으로써 문제해결에 도움을 줄 수 있는 분석방법이다.

[그림 7-48]을 살펴보면 주행하는 방법이 구간별로 직진주행, 감속주행, 곡선주행, 뒤로돌기로 나뉘어져 있음을 알 수 있다. 또한 각각의 주행은 주로 + 표시에 의해 나누어짐을 발견할 수 있다.

구간별 주행방법인 직진주행(DRIVE), 감속주행(DECELERATION), 곡선주행(CURVE), 뒤로돌기(BACK)의 4가지 상태를 정의하고 시작(IDLE)과 끝(STOP)을 추가로 정의하였다. 각각의 상태에서 다른 상태로 변경되는 것을 전이(Transition)라 하고 그림의 화살표에 해당한다. 각 전이는 특정 조건에 의해 발생한다.

IDLE에서 DRIVE로의 전이는 [그림 7-48]의 1 구간에 있는 제일 처음의 +를 만나면 일어난다. 이것은 로봇의 주행시작을 의미하게 된다.

두 번째 +를 만난 후 교차로인 +를 다시 만나면 DRIVE → DECELERATION으로 감속구간에 진입한다. 감속구간에서는 왼쪽으로 휘어지는 선을 발견하게 되면 곡선주행 구간이 나타난 것이므로 CURVE 상태로 전이된다. 곡선주행이 완료되면 DRIVE로 전이된다.

다시 교차로인 +를 만나면 DECELERATION으로 전이되고 반환점인 +를 만나면 BACK으로 전이되어 뒤로 회전하게 된다. 회전이 완료되면 DRIVE로 전이된다.

다시 교차로인 +를 만나면 DECELERATION으로 전이되고 오른쪽으로 휘어지는 선을 만나면 CURVE로 전이된다. 곡선주행이 완료되면 DRIVE로 전이되고 다시 교차로인 +를 만난 후 다시 +를 만난 후에 DECELERATION으로 전이되고 출발지점이었던 +를 만나면 STOP으로 전이되어 수행이 완료된다.

### 2) EDRS 환경구축

#### (1) 가상 로봇 만들기

이 절에서 사용할 로봇은 앞과 마찬가지로 '완성형－URobot'를 생성한 후 'IR라인 트레이서' 센서를 부착한다.

[그림 7-50]과 같이 환경설정창을 열어 이름을 "LineIRSensor"로 Height 32, Width 256, Row 2, Col 8, Percent 30으로 설정한다.

Row와 Col의 설정에 따라 보이는 2의 셀 배치도에서 (0, 0), (0, 7), (1, 1)~(1, 6)의

셀을 마우스로 클릭하여 비활성화시킨다.
빨간색은 활성화 파란색은 비활성화 상태를 나타낸다.

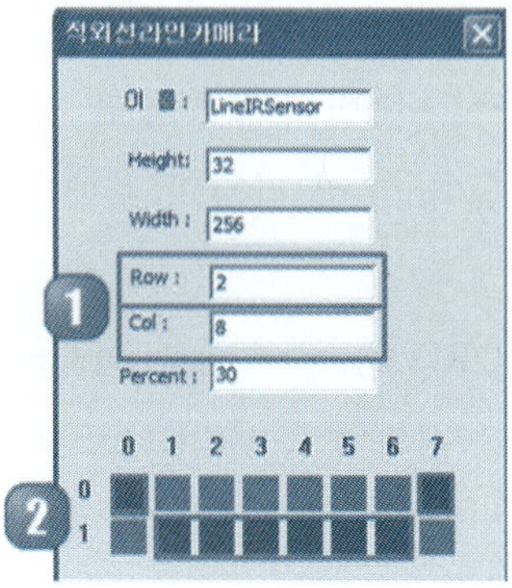


[그림 7-50] 라인 트레이서를 구현하기 위한 로봇 생성

### (2) 가상 환경 만들기

이 절에서 사용할 가상 환경은 앞의 환경과 같다.

## 3) C++ 프로그래밍

이 절의 구현은 IRES로 구현이 불가능하다. 따라서 C++로만 구현을 할 것이다.

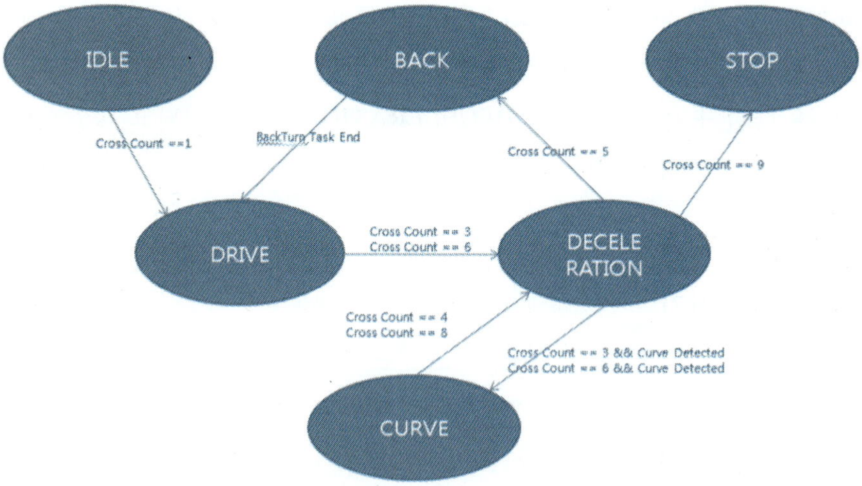


[그림 7-51] 라인 트레이서의 구현 시나리오의 오류 수정 상태 다이어그램

[그림 7-51]의 상태 다이어그램의 CrossCount가 3일 때와 6일 때, 오류가 발생한다.

이는 DRIVE → DECELERATION → CURV → DRIVE의 전이가 무한으로 반복되는 오류이다. 이 문제를 수정한 상태 다이어그램이 [그림 7-51]이다.

CURVE에서의 전이가 DECELERATION으로 변경되었으며 조건도 변경되었다.

기존의 DRIVE → DECELERATION의 전이 조건 중 4와 8이 CURVE → DECELERATION으로 바뀌었다.

그럼 이 상태 다이어그램을 바탕으로 프로그램을 작성해보도록 한다.

[그림 7-52]는 라인 트레이서 구현은 전역변수 선언부이다.

상태 다이어그램의 각 상태를 나타내는 상수를 1과 같이 선언하였다. 이 값들은 2의 "nStatus" 변수에 상태에 따라 할당될 것이다.

- 14~20번째 줄은 앞에서 사용자 변수 선언부에 정의되어 있던 부분을 전역변수로 바꾼 것이다.
- 23~30번째 줄은 IR라인 트레이서 센서의 각 셀의 값을 저장하기 위한 변수로 "nIR1 ~nIR8"의 이름으로 선언하였다.

2의 "nCrossCnt"는 +의 개수를 저장하기 위한 변수이다.

LineTracer2.cpp

```
1  #include "Default.h"
2
3  #define CW -1
4  #define CCW 1
5
6  #define IDLE 0
7  #define DRIVE 1
8  #define DECELERATION 2
9  #define CURVE 3
10 #define BACK 4
11 #define STOP 5
12
13 class CDefault;
14 CDefault    cdefault;
15
16 // Motor Define
17 CElementRotateDCMotor*  M_RWheel;   //right_wheel Variable
18 CElementRotateDCMotor*  M_LWheel;   //left_wheel Variable
19 // LineIRSensor Define
20 CElementLineIRSensor *  LineIR;
21
22 // LineIRSensor Cell Value Variable
23 int nIR1=0;
24 int nIR2=0;
25 int nIR3=0;
26 int nIR4=0;
27 int nIR5=0;
28 int nIR6=0;
29 int nIR7=0;
30 int nIR8=0;
31
32 // Cross Count Variable
33 int nCrossCnt=0;
34 // Drive Status Variable
35 int nStatus=IDLE;
36
37 int WinMain(HINSTANCE hInstance,
38                       HINSTANCE hPrevInstance,
39                       LPTSTR    lpCmdLine,
40                       int       nCmdShow)
```

[그림 7-52] 라인 트레이서의 구현 전역변수 선언부

```
///************************///////
/// user vlaue

string  sRobotName = "EDRobot1";    //Robot Name Variable

//get wheel dcmotor instance
M_RWheel=(CElementRotateDCMotor*)cdefault.GetElementObject(M_RWheel,sRobotName,"wheel_r_dcmotor");
M_LWheel=(CElementRotateDCMotor*)cdefault.GetElementObject(M_LWheel,sRobotName,"wheel_l_dcmotor");

// LineIRSensor Define
LineIR = (CElementLineIRSensor*)cdefault.GetElementObject(LineIR,sRobotName,"LineIRSensor");

void Forward(int nFlag, int nSpeed);    //Forward Function : flag 0-small right, flag 1-straight, flag 2-small left
void LineLeftTurn(int nSpeed);          //Left Turn Function on Line
void LineRightTurn(int nSpeed);         //Right Turn Function on Line
void LineBackTurn();                    //180 Degree Turn Function on Line
void LineLeftCurveTracking();           //Left Curve Line Drive Function
void LineRightCurveTracking();          //Right Curve Line Drive Function
void Stop();                            //Robot Drive Stop Function

while(1)
{
```

[그림 7-53] 라인 트레이서의 구현 사용자 변수 선언부

[그림 7-53]은 라인 트레이서 구현을 위한 사용자 변수 선언부이다. 각각의 센서와 모터 인스턴스를 가져온 후 3과 같이 사용될 함수를 선언하였다.

Forward 함수는 앞과 달리 매개변수 "nFlag"를 추가하였다. 이 매개변수의 값이 0이면 오른쪽으로 1rpm 속도차 만큼 휘어져 전진할 것이며, 2이면 왼쪽으로 휘어질 것이다. 1인 경우는 속도차 없이 직진하도록 구현될 것이다.

LineLeftTurn 함수와 LineRightTurn 함수도 앞과 달리 매개변수 "nSpeed"를 추가하였다. 이는 상황에 따라 방향을 전환하는 크기를 달리하기 위해서이다.

LineBackTurn 함수는 180° 뒤로 회전하는 함수이며, LineLeftCurveTracking 함수와 LineRightCurveTracking 함수는 각각 좌/우의 곡선을 주행하는 함수이다.

[그림 7-54]~[그림 7-56]은 메인 제어부이다.

[그림 7-54]의 74~81번째 줄은 각 셀변수에 해당 IR셀 값을 얻어오는 부분이다. "nIR1"과 "nIR7"은 (1, 0), (1, 7)의 값을 가져오는 것을 확인하고 잘못 설정하지 않도록 주의하도록 한다. 만일 센서 환경설정에서 비활성화한 셀의 값을 가져올 경우 해당 값은 −1로 할당된다.

4는 +를 확인하는 부분이다. 앞쪽 6개의 셀 중 4개 이상이 모두 선을 인식하면 +가 인식된 것으로 확인하고 "nCrossCnt"를 증가시킨다.

[그림 7-54]의 5부터 [그림 7-55]의 6까지는 각각의 상황에 따라 상태를 전이시키는 부분이다.

- 91~96번째 줄은 처음 +을 만났을 때 상태를 IDLE에서 DRIVE 상태로 전이한다.
- 97~101번째 줄은 3번째 +인 교차로 지점을 지나갈 때이며, DRIVE 상태에서 DECELERATION 상태로 전이시켜 감속지역임을 나타낸다.
- 102~110번째 줄은 교차로를 지나 감속주행을 하다가 "nIR6"가 선을 인식했을 때 좌

로 휘어지는 곡선 주행 코스가 나타남을 판단하고 LineLeftCurveTracking 함수를 호출하여 곡선 주행을 수행하고 수행이 완료되면 CURVE 상태로 전이한다.

```
while(1)
{
///control code ///
    nIR1 = LineIR->CheckIR(1,0);
    nIR2 = LineIR->CheckIR(0,1);
    nIR3 = LineIR->CheckIR(0,2);
    nIR4 = LineIR->CheckIR(0,3);
    nIR5 = LineIR->CheckIR(0,4);
    nIR6 = LineIR->CheckIR(0,5);
    nIR7 = LineIR->CheckIR(0,6);
    nIR8 = LineIR->CheckIR(1,7);

    if(LineIR !=NULL)
    {
        //Cross Check
        if((nIR2>0&&nIR3>0&&nIR4>0&&nIR5>0)||(nIR3>0&&nIR4>0&&nIR5>0&&nIR6>0)||(nIR4>0&&nIR5>0&&nIR6>0&&nIR7>0))
        {
            nCrossCnt++;
            cout << "Cross Count : " << nCrossCnt << endl;
        }
        if(nCrossCnt==1) //IDLE->DRIVE Transition
        {
            cout << "START" << endl;
            cout << "DRIVE" << endl;
            nStatus=DRIVE;
        }
        else if(nCrossCnt==2&&nStatus==DRIVE) //DRIVE->DECELERATION Transition
        {
            cout << "DECELERATION" << endl;
            nStatus=DECELERATION;
        }
        else if(nCrossCnt==3&&nStatus==DECELERATION) //DECELERATION->CURVE Transition
        {
            if(nIR6>0&&nIR5<1&&nIR7<1)
            {
                cout << "CURVE" << endl;
                LineLeftCurveTracking();
                nStatus=CURVE;
            }
        }
```

[그림 7-54] **라인 트레이서**의 구현 메인 제어부_1

```
        else if(nCrossCnt==4)     //CURVE->DECELERATION Transition
        {
            cout << "DECELERATION" << endl;
            nStatus=DECELERATION;
        }
        else if(nCrossCnt==5&&nStatus==DECELERATION) //DECELERATION->BACK->DRIVE Transition
        {
            cout << "BACK" << endl;
            nStatus=BACK;
            LineBackTurn();
            cout << "BackTurn Task End" << endl;
            cout << "DRIVE" << endl;
            nStatus=DRIVE;

        }
        else if(nCrossCnt==6&&nStatus==DRIVE) //DRIVE->DECELERATION Transition
        {
            cout << "DECELERATION" << endl;
            nStatus=DECELERATION;
        }
        else if(nCrossCnt==6&&nStatus==DECELERATION)//DECELERATION->CURVE Transition
        {
            if(nIR3>0&&nIR2<1&&nIR4<1)
            {
                cout << "CURVE" << endl;
                LineRightCurveTracking();
                nStatus=CURVE;
            }
        }
        else if(nCrossCnt==8)//CURVE->DECELERATION Transition
        {
            cout << "DECELERATION" << endl;
            nStatus=DECELERATION;
        }
        else if(nCrossCnt==9)//DECELERATION->STOP Transition
        {
            cout << "Stop" << endl;
            nStatus=STOP;
            Stop();
        }
```

[그림 7-55] 라인 트레이서의 구현 메인 제어부_2

- 111~115번째 줄은 반환점으로 가지전의 교차로 지점을 지나갈 때이며, 감속을 위해 DECELERATION 상태로 전이한다.
- 116~125번째 줄은 반환점에 있는 +를 만났을 때이며, LineBackTurn 함수를 통해 180° 회전을 한 후 상태를 DRIVE 상태로 전이한다.
- 126~130번째 줄은 반환점을 돌은 후 다시 교차로 지점을 지나갈 때이며, DECELERATION 상태로 전이한다.
- 131~139번째 줄은 교차로를 지나 감속 주행을 하다가 "nIR3"가 선을 인식했을 때 우로 휘어지는 곡선주행 코스가 나타남을 판단하고 LineRightCurveTracking 함수를 호출하여 곡선주행을 수행하고 수행이 완료되면 CURVE 상태로 전이한다.
- 140~144번째 줄은 곡선주행 완료 후 교차로를 지난 후 나오는 +를 지날 때이며, DECELERATION 상태로 전이하고, 145~150은 출발점이었던 +에 도착했을 때 Stop 함수를 통해 로봇을 멈추게 한다.

7

```
            // Driving
            if(nIR4>0||nIR5>0)
            {
                if(nIR4>0&&nIR5>0)
                {
                    if(nStatus==DECELERATION)
                        Forward(1,20);
                    else
                        Forward(1,50);
                }
                else if(nIR4>0)
                {
                    if(nStatus==DECELERATION)
                        Forward(2,20);
                    else
                        Forward(2,50);
                }
                else if(nIR5>0)
                {
                    if(nStatus==DECELERATION)
                        Forward(0,20);
                    else
                        Forward(0,50);
                }
            }
            else if(nIR2>0)
                LineRightTurn(5);
            else if(nIR3>0)
                LineRightTurn(10);
            else if(nIR5>0)
                LineLeftTurn(5);
            else if(nIR6>0)
                LineLeftTurn(10);
            else if(nIR1>0)
                LineRightTurn(15);
            else if(nIR8>0)
                LineLeftTurn(15);
            else
                Forward(1,50);
        }
    ///****************************///
```

[그림 7-56] 라인 트레이서의 구현 메인 제어부_3

[그림 7-56]은 주행을 위한 구현이며, 곡선주행이나 180° 회전, 멈춤은 함수를 호출하여 수행하고 그 외의 주행은 7에서 처리하게 된다.

- 153~176번째 줄은 센서의 가운데 2개의 셀이 감지된 경우이며 이 경우 직진을 한다. 상태가 DECELERATION의 감속 구간일 경우 20rpm으로 그 외의 경우 50rpm으로 주행한다.

"nIR4"만 선을 인식하면 Forward 함수의 매개변수 "nFlag"를 2로 전달하여 오른쪽으로 미세하게 휘도록 하여 중앙에 선이 오도록 하고, "nIR5"만 선을 인식하면 반대로 0을 매개변수로 전달하여 왼쪽으로 미세하게 휘도록 한다. 만일 모두 인식된 경우 1을 매개변수로 전달하여 직진하도록 한다.

- 177~188번째 줄은 각 셀의 인식에 따라 방향전환을 시키는 부분이며 중앙에서 멀수록 그 크기를 늘린다.

[그림 7-57]은 메인 제어부에서 사용하는 Forward, LineLeftTurn, LineRightTurn 함수이다. 기존 앞의 함수와 크게 다르지는 않으며 8의 Forward 함수의 경우 매개변수 "nFlag"에 따라 속도를 1씩 감소하여 오른쪽 또는 왼쪽으로 미세하게 휘어져 전진하도록 수정되었다. 9의 LineLeftTurn과 LineRightTurn 함수는 앞의 구현에서 매개변수로 속도값을 받아 설정하도록 변경되었다.

```
void Forward(int nFlag, int nSpeed)
{
    cout << "Forward : "<< nFlag << "," << nSpeed << endl;
    M_RWheel->SetSpeed(nSpeed);
    M_RWheel->SetRotateDirect(CW);
    M_LWheel->SetSpeed(nSpeed);
    M_LWheel->SetRotateDirect(CCW);
    if(nFlag==0)
        M_LWheel->SetSpeed(nSpeed-1);
    else if(nFlag==2)
        M_RWheel->SetSpeed(nSpeed-1);
}
```

```
void LineLeftTurn(int nSpeed)
{
    cout << "Line Left Turn" << endl;
    M_RWheel->SetSpeed(nSpeed);
    M_RWheel->SetRotateDirect(CW);
    M_LWheel->SetSpeed(nSpeed);
    M_LWheel->SetRotateDirect(CW);
}

void LineRightTurn(int nSpeed)
{
    cout << "Line Right Turn" << endl;
    M_RWheel->SetSpeed(nSpeed);
    M_RWheel->SetRotateDirect(CCW);
    M_LWheel->SetSpeed(nSpeed);
    M_LWheel->SetRotateDirect(CCW);
}
```

[그림 7-57] 라인 트레이서의 구현 Forward, LineLeftTurn, LineRightTurn 함수

[그림 7-58]은 180° 회전하는 LineBackTurn 함수이다.

10은 더 이상 선이 검출되지 않을 때까지 전진하는 구현이며, 11의 256번째 줄의 if문을 통해 더 이상 선이 검출되지 않으면 회전을 시작하고 "nIR3"에 선이 검출되면 회전을 중지한다.

```
void LineBackTurn()
{
    while(1)
    {
        cout << "Line Back Turn - Forward" << endl;
        Forward(1,28);
        cdefault.DataPush();
        SendMemoryMap(cdefault.m_cData);

        GetMemoryMap(cdefault.m_cData);
        cdefault.DataModify();

        nIR1 = LineIR->CheckIR(1,0);
        nIR2 = LineIR->CheckIR(0,1);
        nIR3 = LineIR->CheckIR(0,2);
        nIR4 = LineIR->CheckIR(0,3);
        nIR5 = LineIR->CheckIR(0,4);
        nIR6 = LineIR->CheckIR(0,5);
        nIR7 = LineIR->CheckIR(0,6);
        nIR8 = LineIR->CheckIR(1,7);
        if(!nIR1&&!nIR2&&!nIR3&&!nIR4&&!nIR5&&!nIR6&&!nIR7&&!nIR8)
        {
            while(1){
                cout << "Line Back Turn - Turn " << endl;
                LineRightTurn(15);

                cdefault.DataPush();
                SendMemoryMap(cdefault.m_cData);

                GetMemoryMap(cdefault.m_cData);
                cdefault.DataModify();

                nIR3 = LineIR->CheckIR(0,2);
                if(nIR3>0)
                    break;
            }
            break;
        }
    }
}
```

10 (cout ~ cdefault.DataModify() 블록), 11 (if ~ break 블록)

[그림 7-58] 라인 트레이서의 구현 LineBackTurn 함수

[그림 7-59]는 12의 LineLeftCurveTracking 함수와 13의 LineRightCurveTracking 함수의 구현이다. 각각 좌/우 바퀴의 속도차를 줘서 휘어져 직진을 하게 되며, 각각 "nIR3", "nIR6"에서 선이 검출되면 진행을 중지한다.

```
void LineLeftCurveTracking()
{
    while(1)
    {
        cout << "LineLeftCurveTracking" << endl;
        M_RWheel->SetSpeed(25);
        M_RWheel->SetRotateDirect(CW);
        M_LWheel->SetSpeed(19);
        M_LWheel->SetRotateDirect(CCW);
        cdefault.DataPush();
        SendMemoryMap(cdefault.m_cData);

        GetMemoryMap(cdefault.m_cData);
        cdefault.DataModify();
        nIR3 = LineIR->CheckIR(0,2);
        if(nIR3>0)
            return;
    }
}
void LineRightCurveTracking()
{
    while(1)
    {
        cout << "LineRightCurveTracking" << endl;
        M_RWheel->SetSpeed(19);
        M_RWheel->SetRotateDirect(CW);
        M_LWheel->SetSpeed(25);
        M_LWheel->SetRotateDirect(CCW);
        cdefault.DataPush();
        SendMemoryMap(cdefault.m_cData);

        GetMemoryMap(cdefault.m_cData);
        cdefault.DataModify();
        nIR6 = LineIR->CheckIR(0,5);
        if(nIR6>0)
            return;
    }
}
```

12 (LineLeftCurveTracking), 13 (LineRightCurveTracking)

[그림 7-59] 라인 트레이서의 구현 LineLeft/RightCurveTracking 함수

[그림 7-60]은 Stop 함수의 구현이며, 좌/우 바퀴의 속도를 0으로 설정하여 로봇을 정지시킨다.

14

```
void Stop()
{
    while(1)
    {
        M_RWheel->SetSpeed(0);
        M_RWheel->SetRotateDirect(CW);
        M_LWheel->SetSpeed(0);
        M_LWheel->SetRotateDirect(CCW);
        cdefault.DataPush();
        SendMemoryMap(cdefault.m_cData);

        GetMemoryMap(cdefault.m_cData);
        cdefault.DataModify();
    }
}
```

[그림 7-60] 라인 트레이서의 구현 Stop 함수

### 4) 시뮬레이션 결과 화면

[그림 7-61] 라인 트레이서 제어 결과 시뮬레이션 화면

### 5) 심화 실습

- 앞의 실습을 통해 라인 트레이서의 제어를 실습하였다. 이번에는 "라인트랙1" 및 "라인트랙2"의 환경지형에 있는 다양한 라인트랙에서 각종 장애물 및 제약사항에 따라 제어해보자.

# 참고문헌


[1] 차세대 퍼스널 로봇 시장, 야노 경제연구소, 2004.
[2] World Robotics 2004, IFR/UN ECE, 2004.
[3] Technology Roadmap -로봇, 한국산업기술평가원, 2001.
[4] NTRM(인공지능 및 지능 로봇 기술), 2002.
[5] 국가 지능 로봇 육성 기본계획 수립방안 연구, 과학기술부, 2001.
[6] 지능형 로봇 산업, 차세대 성장동력 실천계획안, 2003.
[7] 지능형 로봇, 산업기술혁신 5개년계획 산업별보고서, 한국산업기술평가원, 2003.
[8] 지능형 로봇, 차세대 성장동력 국제산업기술협력지도, 한국산업기술재단, 2004.
[9] 로봇, 국제산업기술협력지도, 한국산업기술재단, 2004.
[10] 지능형 로봇 산업 비전과 발전전략, 산업자원부 산업기계과, 2005.
[11] 로봇 산업의 육성방안, 한국공학한림원, 2004.
[13] 퍼스널 로봇 기반기술개발(차세대 신기술개발사업 제2단계 수행을 위한 산업분석), 산업자원부, 2004.
[14] 차세대 성장동력사업 인력수급조사 결과 및 양성방안, 교육인적자원부, 2005.
[15] 지능형 로봇 발전전략 워크샵, 산업자원부/정보통신부, 2005.
[16] 차세대 성장동력 산업기술 로드맵 Kick-off 워크샵, 산업자원부/한국산업기술재단, 2005.
[17] 지능형 로봇의 산업유망성 평가 -자동차 제조용 지능형 로봇 시스템 등 16개 분야-, 한국과학기술정보연구원, 2005.
[18] 21C에 다가오는 로봇 사회창조를 위한 기술전략조사보고서, (사)일본기계공업연합회, 2002.
[19] Entertainment + Health Care 로봇 기술개발에 관한 산업분석, 산업자원부, 2005.
[20] 지능형 로봇 산업의 기반조성을 위한 종합지원체계구축, 산업자원부, 2004.
[21] 로봇의 신규산업분야에 관한 니즈 조사보고서, (사)일본로봇공업회, 1998.
[22] 21세기에 있어서의 로봇 산업 고도화를 위한 과제와 역할에 관한 조사 연구, (사)일본로봇공업회, 2000.
[23] 네트워크 로봇의 실현을 향해서, (사)일본로봇공업회/일본 총무성, 2003.
[24] [이미지센서#3] 센서구조 및 Bayer/Interpolation에 대하여
[25] 월간 로봇 기술 "지능형 로봇의 시각 시스템 기술", 2008년 5월~7월호.
[26] http://www.3dtool.com/kor/menu01/down_07.htm (주)이너텍 홈페이지
[27] 남상엽, 정완균, 최혁렬, 이효영, "EDRS를 이용한 지능형 로봇 시뮬레이션 구성 및 응용", 상학당. 2008.
[28] 남상엽, 정완균, 유범재, "비주얼 C++를 이용한 지능형 로봇 프로그래밍", 상학당, 2007.
[29] 남상엽, 정완균, 오상록, 김석중, "그래픽/비주얼 C++를 이용한 지능형 로봇시스템 제어", 상학당, 2009.
[30] 남상엽, 김동한, 조도현, 김석중, "C언어를 이용한 모바일 로보틱스 제어", 상학당, 2009.

# 찾아보기

## 저자 약력


### 남 상 엽

- 공학박사
- 삼성종합기술원 정보시스템연구소 근무
- 모토로라 반도체통신(주) 기술연구소 근무
- (현) 국제대학 IT계열 교수

### 정 완 균

- U.C.Berkeley 방문학자(1985~1986)
- Carnegie Mellon University, Robotics Institute 교환교수(1988~1989)
- 포항공과대학교 기계공학과 교수(1987~현재)
- 지능형 이동로봇 연구실(국가지정연구실)
- 다수 로봇 관련 국제저널 편집인

### 김 주 원

- (주) ED 지능형 로봇 소프트웨어팀


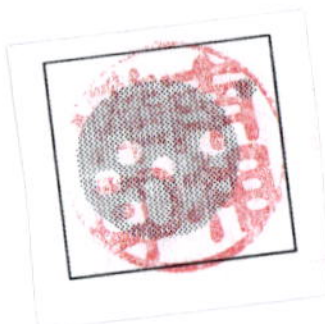


**지능형 로봇 C++ 프로그래밍**

2010년 6월 15일 1판 1쇄 발행

저 자 남상엽 · 정완균 · 김주원
발행인 남 승 우

발행처 도서출판 상尙 학學 당堂

서울시 동작구 조홍1길 4(사당3동 220-43)
TEL : 02) 595-1692~4
FAX : 02) 595-1394
E-mail : namdoo6@unitel.co.kr
신고 : 2-155호 (1968. 11. 29)

(CD 포함) **정가 22,000원**

ISBN 978-89-93383-79-9 93560



※ 이 책의 저작권은 저자에게 있으며, 저자의 동의 없이 복사 · 인용 · 복제 · 전재를 금합니다.